ŒUVRES

DE

VOLTAIRE.

TOME XIII.

DE L'IMPRIMERIE DE FIRMIN DIDOT FRÈRES,
RUE JACOB, N° 24.

ŒUVRES
DE
VOLTAIRE

AVEC

PRÉFACES, AVERTISSEMENTS,
NOTES, ETC.

PAR M. BEUCHOT.

TOME XIII.

POÉSIES.—TOME II.

A PARIS,

CHEZ LEFÈVRE, LIBRAIRE,
RUE DE L'ÉPERON, N° 6.

FIRMIN DIDOT FRÈRES, LIBRAIRES,
RUE JACOB, N° 24.

M DCCC XXXIII.

ÉPITRES.

AVERTISSEMENT DU NOUVEL ÉDITEUR.

Il y a nécessairement un peu d'arbitraire dans la classification de certaines pièces de poésie de Voltaire. La XLVIe des épîtres n'a que seize vers, et l'on en compte dix-sept dans une pièce à Maupeou, qui a été mise parmi les *Poésies mêlées*, année 1771 (voyez tome XIV).

La pièce connue et citée sous le nom d'*Épître à Uranie* a toujours été considérée comme poëme; et c'est à ce titre que je l'ai laissée dans le tome XII.

Depuis 1823 j'avais rejeté une *Épître à Richelieu* et une autre intitulée *Les héros du Rhin*, qui n'étaient admises que depuis 1817 dans les OEuvres de Voltaire. Aucun éditeur ne les ayant rétablies, je n'ai pas de raison d'abandonner une opinion qui paraît généralement adoptée, et je ne donne pas ces deux épîtres.

Denina, dans son *Essai sur la vie et le règne de Frédéric* (page 120), parle d'une *Épître que Voltaire composa sous le nom d'un ami qui, en le plaignant de sa disgrace (et de la scène de Francfort, en 1753), le blâmait en même temps de s'être exposé à de tels revers*. Denina, peu flatté de la manière dont Voltaire avait parlé de lui dans *l'Homme aux quarante écus* (voyez tome XXXIV, page 97), répétait avec complaisance ce qu'avait dit l'auteur d'un ouvrage intitulé *Frédéric-le-Grand*, in-8° (sans date); et 1785, in-18. Dans cet ouvrage anonyme, on rapporte cent vers de la pièce attribuée à Voltaire. Après avoir pris lecture de ces vers, j'ai douté plus que jamais que Voltaire en fût l'auteur, et je me suis bien gardé de l'introduire dans ses OEuvres.

Le volume de *Lettres inédites de Voltaire, de madame Denis*, etc., Paris, Mongie aîné, 1821, in-8° (et in-12), contient, page 212, une *Épître inédite adressée au roi de Prusse par Voltaire*, en 1758. En voici les deux derniers vers :

> Nous verrons si Frédéric
> A étudié le droit public.

Le dernier vers suffit, ce me semble, pour motiver le rejet de la pièce.

Malgré mon desir d'éviter les doubles emplois, j'en ai laissé quelques uns : ce sont les épîtres XV, XXVII, XXXIV, LI, LXVIII, LXXVI, et XCII. Si ces doubles emplois ne sont pas tous indispensables, l'utilité de la plupart du moins est incontestable.

BEUCHOT.

ÉPITRES.

ÉPITRE I.

A MONSEIGNEUR,

FILS UNIQUE DE LOUIS XIV[1].

1706 ou 1707.

Noble sang du plus grand des rois,
Son amour et notre espérance,
Vous qui, sans régner sur la France,
Régnez sur le cœur des François[2],
Pourrez-vous souffrir que ma veine[3],
Par un effort ambitieux,
Ose vous donner une étrenne,
Vous qui n'en recevez que de la main des dieux ?
La nature en vous fesant naître[4]
Vous étrenna de ses plus doux attraits,
Et fit voir dans vos premiers traits
Que le fils de Louis était digne de l'être.
Tous les dieux à l'envi vous firent leurs présents :
Mars vous donna la force et le courage ;
Minerve, dès vos jeunes ans,
Ajouta la sagesse au feu bouillant de l'âge ;
L'immortel Apollon vous donna la beauté :
Mais un dieu plus puissant, que j'implore en mes peines,
Voulut aussi me donner mes étrennes,
En vous donnant la libéralité.

NOTES ET VARIANTES DE L'ÉPITRE I.

¹ Ces vers furent présentés à ce prince par un soldat des Invalides : l'auteur avait environ douze ans lorsqu'il les fit. K.

² On rimait alors pour les yeux : M. de Voltaire suivait en cela l'exemple des poëtes du siècle de Louis XIV; mais il ne tarda pas à s'apercevoir que la rime était faite pour l'oreille : il entreprit le premier d'accorder l'orthographe avec la prononciation, et fit voir le ridicule d'écrire le peuple *français*, comme *saint François*. Plusieurs écrivains ont senti la justesse de ses observations, et ont adopté son système. K.

³ VARIANTE. Souffrez-vous que ma vieille veine.

⁴ VAR. On a dit qu'à votre naissance
    Mars vous donna la vaillance,
  Minerve la sagesse, Apollon la beauté;
  Mais un dieu plus puissant, etc.

ÉPITRE II.

A Mᵐᵉ LA COMTESSE DE FONTAINES¹,

SUR SON ROMAN DE LA COMTESSE DE SAVOIE.

1713.

La Fayette et Segrais, couple sublime et tendre,
Le modèle, avant vous, de nos galants écrits,
Des champs élysiens, sur les ailes des Ris,
  Vinrent depuis peu dans Paris :
D'où ne viendrait-on pas, Sapho, pour vous entendre?
 A vos genoux tous deux humiliés,

Tous deux vaincus, et pourtant pleins de joie,
Ils mirent leur *Zaïde* aux pieds
De *la Comtesse de Savoie*.
Ils avaient bien raison : quel dieu, charmant auteur,
Quel dieu vous a donné ce langage enchanteur,
La force et la délicatesse,
La simplicité, la noblesse,
Que Fénelon seul avait joint ;
Ce naturel aisé dont l'art n'approche point ?
Sapho, qui ne croirait que l'Amour vous inspire ?
Mais vous vous contentez de vanter son empire ;
De Mendoce amoureux vous peignez le beau feu [2],
Et la vertueuse faiblesse
D'une maîtresse
Qui lui fait, en fuyant, un si charmant aveu.
Ah ! pouvez-vous donner ces leçons de tendresse,
Vous qui les pratiquez si peu ?
C'est ainsi que Marot, sur sa lyre incrédule,
Du dieu qu'il méconnut prôna la sainteté :
Vous avez pour l'amour aussi peu de scrupule ;
Vous ne le servez point, et vous l'avez chanté.

Adieu ; malgré mes épilogues,
Puissiez-vous pourtant, tous les ans,
Me lire deux ou trois romans,
Et taxer quatre synagogues [3] !

NOTES ET VARIANTE DE L'ÉPITRE II.

[1] Marie-Louise-Charlotte de Pelard de Givry, comtesse de Fontaines, est morte le 8 septembre 1730, à soixante-dix ans. Elle

était veuve de Nicolas de Fontaines, maréchal de camp. La première édition de l'*Histoire de la comtesse de Savoie*, un volume in-12, n'a paru qu'en 1726. B.

² VAR.   Vous nous peignez Mendoce en feu,
         Et la vertueuse faiblesse
         De sa chancelante maîtresse.

³ Madame la comtesse de Fontaines était fille du marquis de Givry, commandant de Metz, qui avait favorisé l'établissement des juifs dans cette ville; ceux-ci, par reconnaissance, lui avaient fait une pension considérable qui était passée à ses enfants. K.

ÉPITRE III.

A M. L'ABBÉ SERVIEN¹,

PRISONNIER AU CHATEAU DE VINCENNES.

1714.

Aimable abbé, dans Paris autrefois
La Volupté de toi reçut des lois;
Les Ris badins, les Graces enjouées,
A te servir des long-temps dévouées,
Et dès long-temps fuyant les yeux du roi,
Marchaient souvent entre Philippe et toi,
Te prodiguaient leurs faveurs libérales,
Et de leurs mains marquaient dans leurs annales,
En lettres d'or, mots et contes joyeux,
De ton esprit enfants capricieux.
 O doux plaisirs, amis de l'innocence,
Plaisirs goûtés au sein de l'indolence,

Et cependant des dévots inconnus !
O jours heureux ! qu'êtes-vous devenus ?
Hélas ! j'ai vu les Graces éplorées,
Le sein meurtri, pâles, désespérées ;
J'ai vu les Ris tristes et consternés,
Jeter les fleurs dont ils étaient ornés ;
Les yeux en pleurs, et soupirant leurs peines,
Ils suivaient tous le chemin de Vincennes,
Et, regardant ce château malheureux,
Aux beaux-esprits, hélas ! si dangereux,
Redemandaient au destin en colère
Le tendre abbé qui leur servait de père.

N'imite point leur sombre désespoir ;
Et, puisqu'enfin tu ne peux plus revoir
Le prince aimable à qui tu plais, qui t'aime,
Ose aujourd'hui te suffire à toi-même.
On ne vit pas au donjon comme ici :
Le destin change, il faut changer aussi.
Au sel attique, au riant badinage,
Il faut mêler la force et le courage ;
A son état mesurant ses desirs,
Selon les temps se faire des plaisirs,
Et suivre enfin, conduit par la nature,
Tantôt Socrate, et tantôt Épicure.
Tel dans son art un pilote assuré,
Maître des flots dont il est entouré,
Sous un ciel pur où brillent les étoiles,
Au vent propice abandonne ses voiles,
Et, quand la mer a soulevé ses flots,
Dans la tempête il trouve le repos :
D'une ancre sûre il fend la molle arène,

Trompe des vents l'impétueuse haleine ;
Et, du trident bravant les rudes coups,
Tranquille et fier, rit des dieux en courroux.
   Tu peux, abbé, du sort jadis propice
Par ta vertu corriger l'injustice ;
Tu peux changer ce donjon détesté
En un palais par Minerve habité.
Le froid ennui, la sombre inquiétude,
Monstres affreux, nés dans la solitude,
De ta prison vont bientôt s'exiler.
Vois dans tes bras de toutes parts voler
L'oubli des maux, le sommeil desirable ;
L'indifférence, au cœur inaltérable,
Qui, dédaignant les outrages du sort,
Voit d'un même œil et la vie et la mort ;
La paix tranquille, et la constance altière,
Au front d'airain, à la démarche fière,
A qui jamais ni les rois ni les dieux,
La foudre en main, n'ont fait baisser les yeux.
   Divinités des sages adorées,
Que chez les grands vous êtes ignorées !
Le fol amour, l'orgueil présomptueux,
Des vains plaisirs l'essaim tumultueux,
Troupe volage à l'erreur consacrée,
De leurs palais vous défendent l'entrée.
Mais la retraite a pour vous des appas :
Dans nos malheurs vous nous tendez les bras ;
Des passions la troupe confondue
A votre aspect disparaît éperdue.
Par vous, heureux au milieu des revers,
Le philosophe est libre dans les fers.

Ainsi Fouquet, dont Thémis fut le guide,
Du vrai mérite appui ferme et solide,
Tant regretté, tant pleuré des neuf Sœurs,
Le grand Fouquet, au comble des malheurs,
Frappé des coups d'une main rigoureuse,
Fut plus content dans sa demeure affreuse,
Environné de sa seule vertu,
Que quand jadis, de splendeur revêtu,
D'adulateurs une cour importune
Venait en foule adorer sa fortune.
 Suis donc, abbé, ce héros malheureux;
Mais ne va pas, tristement vertueux,
Sous le beau nom de la philosophie,
Sacrifier à la mélancolie,
Et par chagrin, plus que par fermeté,
T'accoutumer à la calamité.
 Ne passons point les bornes raisonnables.
Dans tes beaux jours, quand les dieux favorables
Prenaient plaisir à combler tes souhaits,
Nous t'avons vu, méritant leurs bienfaits,
Voluptueux avec délicatesse,
Dans tes plaisirs respecter la sagesse.
Par les destins aujourd'hui maltraité,
Dans ta sagesse aime la volupté.
D'un esprit sain, d'un cœur toujours tranquille,
Attends qu'un jour, de ton noir domicile
On te rappelle au séjour bienheureux.
Que les Plaisirs, les Graces, et les Jeux,
Quand dans Paris ils te verront paraître,
Puissent sans peine encor te reconnaître.
Sois tel alors que tu fus autrefois:

Et cependant que Sully quelquefois
Dans ton château vienne, par sa présence,
Contre le sort affermir ta constance.
Rien n'est plus doux, après la liberté,
Qu'un tel ami dans la captivité.
Il est connu chez le dieu du Permesse :
Grand sans fierté, simple et doux sans bassesse,
Peu courtisan, partant homme de foi,
Et digne enfin d'un oncle tel que toi [1].

NOTE DE L'ÉPITRE III.

[1] L'abbé Servien ne fut jamais mêlé dans aucune affaire d'état ou d'église : c'était un homme de plaisir ; et vraisemblablement quelque aventure un peu trop bruyante avait été la cause de sa prison. La fin du règne de Louis XIV est une des époques où la licence des mœurs s'est montrée avec le plus de liberté. Le mépris et l'indignation qu'excitait l'hypocrisie de la cour fesaient presque regarder cette licence comme une marque de noblesse d'ame et de courage.

Cette épitre est précieuse : on y voit que, dès l'âge de vingt ans, M. de Voltaire avait déjà une philosophie douce, vraie, et sans exagération, telle qu'on la retrouve dans tous ses ouvrages. On y voit aussi que l'on parlait encore de Fouquet avec éloge : la haine pour son persécuteur Colbert n'était pas éteinte ; ce ne fut que sous le gouvernement du cardinal de Fleury qu'on s'avisa de le croire un grand homme.

L'abbé Servien mourut en 1716. K.

— L'abbé Servien était fils du surintendant Abel Servien. Ses mœurs étaient affreuses. Un jour, au parterre de l'Opéra, un jeune homme qu'il pressait vivement lui dit : « Que me veut ce b..... de prêtre ? — Monsieur, répondit l'abbé, je n'ai pas l'honneur d'être prêtre. » C'est Duclos qui rapporte cette anecdote dans ses *Mémoires secrets sur la régence.* B.

ÉPITRE IV.

A Mme DE MONTBRUN-VILLEFRANCHE.

1714[1].

    Montbrun, par l'Amour adoptée,
    Digne du cœur d'un demi-dieu,
Et, pour dire encor plus, digne d'être chantée
    Ou par Ferrand, ou par Chaulieu;
    Minerve et l'enfant de Cythère
Vous ornent à l'envi d'un charme séducteur;
Je vois briller en vous l'esprit de votre mère
    Et la beauté de votre sœur:
    C'est beaucoup pour une mortelle.
Je n'en dirai pas plus: songez bien seulement
A vivre, s'il se peut, heureuse autant que belle;
Libre des préjugés que la raison dément,
Aux plaisirs où le monde en foule vous appelle,
    Abandonnez-vous prudemment.
Vous aurez des amants, vous aimerez sans doute:
Je vous verrai, soumise à la commune loi,
Des beautés de la cour suivre l'aimable route,
    Donner, reprendre votre foi.
Pour moi, je vous louerai; ce sera mon emploi.
Je sais que c'est souvent un partage stérile,
    Et que La Fontaine et Virgile
Recueillaient rarement le fruit de leurs chansons.

D'un inutile dieu malheureux nourrissons,
Nous semons pour autrui. J'ose bien vous le dire,
Mon cœur de la Duclos fut quelque temps charmé;
L'amour en sa faveur avait monté ma lyre :
Je chantais la Duclos; d'Uzès[2] en fut aimé :
 C'était bien la peine d'écrire!
Je vous louerai pourtant; il me sera trop doux
 De vous chanter, et même sans vous plaire;
 Mes chansons seront mon salaire :
 N'est-ce rien de parler de vous?

NOTES DE L'ÉPITRE IV.

[1] Dans le *Choix des Mercures*, tome XVII, page 68, il est dit que l'auteur composa cette pièce à seize ans. Il en avait vingt en 1714. B.

[2] La Duclos, disait Voltaire (voyez tome LI, page 32), prend tous les matins quelques prises de séné et de casse, et le soir plusieurs prises du comte d'Uzès. B.

ÉPITRE V.

A M. LE PRINCE DE VENDOME,

GRAND-PRIEUR DE FRANCE[1].

1715.

Je voulais par quelque huitain,
Sonnet, ou lettre familière,
Réveiller l'enjouement badin

De votre altesse chansonnière ;
Mais ce n'est pas petite affaire
A qui n'a plus l'abbé Courtin [2]
Pour directeur et pour confrère.
   Tout simplement donc je vous dis
Que dans ces jours, de Dieu bénis,
Où tout moine et tout cagot mange
Harengs saurets et salsifis,
Ma muse, qui toujours se range
Dans les bons et sages partis,
Fait avec faisans et perdrix
Son carême au château Saint-Ange.
Au reste, ce château divin,
Ce n'est pas celui du saint-père,
Mais bien celui de Caumartin [3],
Homme sage, esprit juste et fin,
Que de tout mon cœur je préfère
Au plus grand pontife romain,
Malgré son pouvoir souverain
Et son indulgence plénière.
   Caumartin porte en son cerveau
De son temps l'histoire vivante ;
Caumartin est toujours nouveau
A mon oreille qu'il enchante ;
Car dans sa tête sont écrits
Et tous les faits et tous les dits
Des grands hommes, des beaux-esprits ;
Mille charmantes bagatelles,
Des chansons vieilles et nouvelles,
Et les annales immortelles
Des ridicules de Paris.

Château Saint-Ange, aimable asile,
Heureux qui dans ton sein tranquille
D'un carême passe le cours !
Château que jadis les Amours
Bâtirent d'une main habile
Pour un prince qui fut toujours
A leur voix un peu trop docile,
Et dont ils filèrent les jours !
Des courtisans fuyant la presse,
C'est chez toi que François premier
Entendait quelquefois la messe,
Et quelquefois par le grenier
Rendait visite à sa maîtresse.
De ce pays les citadins
Disent tous que dans les jardins
On voit encor son ombre fière
Deviser sous des marronniers
Avec Diane de Poitiers,
Ou bien la belle Ferronière.
Moi chétif, cette nuit dernière,
Je l'ai vu couvert de lauriers ;
Car les héros les plus insignes
Se laissent voir très volontiers
A nous, feseurs de vers indignes.
Il ne traînait point après lui
L'or et l'argent de cent provinces,
Superbe et tyrannique appui
De la vanité des grands princes ;
Point de ces escadrons nombreux
De tambours et de hallebardes,
Point de capitaine des gardes,

Ni de courtisans ennuyeux;
Quelques lauriers sur sa personne,
Deux brins de myrte dans ses mains,
Étaient ses atours les plus vains;
Et de v..... quelques grains
Composaient toute sa couronne.
«Je sais que vous avez l'honneur,
Me dit-il, d'être des orgies
De certain aimable prieur,
Dont les chansons sont si jolies
Que Marot les retient par cœur,
Et que l'on m'en fait des copies.
Je suis bien aise, en vérité,
De cette honorable accointance;
Car avec lui, sans vanité,
J'ai quelque peu de ressemblance :
Ainsi que moi, Minerve et Mars
L'ont cultivé dès son enfance;
Il aime comme moi les arts,
Et les beaux vers par préférence [4];
Il sait de la dévote engeance,
Comme moi, faire peu de cas;
Hors en amour, en tous les cas
Il tient, comme moi, sa parole;
Mais enfin, ce qu'il ne sait pas,
Il a, comme moi, la v......
J'étais encor dans mon été
Quand cette noire déité,
De l'Amour fille dangereuse [5],
Me fit du fleuve de Léthé
Passer la rive malheureuse.

Plaise aux diéux que votre héros
Pousse plus loin ses destinées,
Et qu'après quelque trente années
Il vienne goûter le repos
Parmi nos ombres fortunées!
En attendant, si de Caron
Il ne veut remplir la voiture,
Et s'il veut enfin tout de bon
Terminer la grande aventure,
Dites-lui de troquer Chambon
Contre quelque once de mercure. »

NOTES ET VARIANTES DE L'ÉPITRE V.

1 Philippe de Vendôme, né le 23 auguste 1655, mort le 24 janvier 1727. B.

2 Voltaire en parle dans sa lettre à Genonville, de 1719; voyez tome LI, page 61. B.

3 Voyez la note, tome LV, page 679. B.

4 Var.   Et les beaux vers par préférence;
Ainsi que moi loin de la France
Il essuya quelques hasards.
Il sait de la dévote engeance, etc.

5 Var.   De l'amour fille malheureuse,
Me fit de l'onde du Léthé
Boire à longs traits l'onde oublieuse.

ÉPITRE VI.

A M. L'ABBÉ DE ***[1],

QUI PLEURAIT LA MORT DE SA MAÎTRESSE.

1715.

Toi qui fus des plaisirs le délicat arbitre,
Tu languis, cher abbé; je vois, malgré tes soins,
Que ton triple menton, l'honneur de ton chapitre,
    Aura bientôt deux étages de moins.
Esclave malheureux du chagrin qui te dompte,
      Tu fuis un repas qui t'attend!
      Tu jeûnes comme un pénitent;
      Pour un chanoine quelle honte!
Quels maux si rigoureux peuvent donc t'accabler?
Ta maîtresse n'est plus; et, de ses yeux éprise,
Ton ame avec la sienne est prête à s'envoler!
Que l'amour est constant dans un homme d'église!
Et qu'un mondain saurait bien mieux se consoler!
      Je sais que ta fidèle amie
      Te laissait prendre en liberté
    De ces plaisirs qui font qu'en cette vie
On desire assez peu ceux de l'éternité:
      Mais suivre au tombeau ce qu'on aime,
      Ami, crois-moi, c'est un abus.
      Quoi! pour quelques plaisirs perdus
      Voudrais-tu te perdre toi-même?

Ce qu'on perd en ce monde-ci,
Le retrouvera-t-on dans une nuit profonde?
    Des mystères de l'autre monde
    On n'est que trop tôt éclairci.
Attends qu'à tes amis la mort te réunisse,
    Et vis par amitié pour toi :
Mais vivre dans l'ennui, ne chanter qu'à l'office,
    Ce n'est pas vivre, selon moi.
    Quelques femmes toujours badines,
    Quelques amis toujours joyeux,
    Peu de vêpres, point de matines,
    Une fille, en attendant mieux :
    Voilà comme l'on doit sans cesse
    Faire tête au sort irrité ;
    Et la véritable sagesse
    Est de savoir fuir la tristesse
    Dans les bras de la volupté.

NOTE DE L'ÉPITRE VI.

[1] Quelques personnes croient que cette épitre fut adressée à l'abbé Servien, à qui est adressée l'épitre III. B.

ÉPITRE VII.

A UNE DAME

UN PEU MONDAINE ET TROP DÉVOTE[1].

1715.

Tu sortais des bras du Sommeil,
Et déja l'œil du jour voyait briller tes charmes,
Lorsque le tendre Amour parut à ton réveil;
Il te baisait les mains, qu'il baignait[2] de ses larmes.
« Ingrate, te dit-il, ne te souvient-il plus[3]
Des bienfaits que sur toi l'Amour a répandus?
    J'avais une autre espérance[4]
Lorsque je te donnai ces traits, cette beauté,
    Qui, malgré ta sévérité,
    Sont l'objet de ta complaisance.
Je t'inspirai toujours du goût pour les plaisirs,
Le soin de plaire au monde, et même des desirs;
Que dis-je! ces vertus qu'en toi la cour admire,
    Ingrate, tu les tiens de moi.
      Hélas! je voulais par toi
      Ramener dans mon empire
      La candeur, la bonne foi,
      L'inébranlable constance,
      Et surtout cette bienséance
      Qui met l'honneur en sûreté,

Que suivent le mystère et la délicatesse,
    Qui rend la moins fière beauté
    Respectable dans sa faiblesse.
Voudrais-tu mépriser tant de dons précieux?
    N'occuperas-tu tes beaux yeux
Qu'à lire Massillon, Bourdaloue, et La Rue?
Ah! sur d'autres objets daigne arrêter ta vue :
    Qu'une austère dévotion
De tes sens combattus ne soit plus la maîtresse;
    Ton cœur est né pour la tendresse,
    C'est ta seule vocation.
    La nuit s'avance avec vitesse;
    Profite de l'éclat du jour :
Les plaisirs ont leur temps, la sagesse a son tour.
    Dans ta jeunesse fais l'amour,
    Et ton salut dans ta vieillesse.

Ainsi parlait ce dieu. Déja même en secret
Peut-être de ton cœur il s'allait rendre maître;
Mais au bord de ton lit il vit soudain paraître
    Le révérend père Quinquet.
    L'Amour, à l'aspect terrible
    De son rival théatin,
    Te croyant incorrigible,
    Las de te prêcher en vain,
Et de verser sur toi des larmes inutiles,
Retourna dans Paris, où tout vit sous sa loi,
    Tenter des beautés plus faciles,
    Mais bien moins aimables que toi.

NOTE ET VARIANTES DE L'ÉPITRE VII.

1 Dans une copie manuscrite cette épitre est adressée *A madame la duchesse de Béthune.* B.

2 VAR. ...... qu'il mouillait...

3 VAR. ...... tu ne te souviens plus.

4 VAR. Ce n'était pas mon espérance.

ÉPITRE VIII.

A M. LE DUC D'AREMBERG1.

D'Aremberg, où vas-tu? penses-tu m'échapper?
Quoi! tandis qu'à Paris on t'attend pour souper,
Tu pars, et je te vois, loin de ce doux rivage,
Voler en un clin d'œil aux lieux de ton bailliage!
C'est ainsi que les dieux qu'Homère a tant prônés
Fendaient les vastes airs de leur course étonnés,
Et les fougueux chevaux du fier dieu de la guerre
Franchissaient en deux sauts la moitié de la terre.
Ces grands dieux toutefois, à ne déguiser rien,
N'avaient point dans la Grèce un château comme Enghien;
Et leurs divins coursiers, regorgeant d'ambrosie,
Ma foi, ne valaient pas tes chevaux d'Italie.
Que fais-tu cependant dans ces climats amis
Qu'à tes soins vigilants l'empereur a commis?
Vas-tu, de tes desirs portant partout l'offrande,
Séduire la pudeur d'une jeune Flamande,

Qui, tout en rougissant, acceptera l'honneur
Des amours indiscrets de son cher gouverneur?
La paix offre un champ libre à tes exploits lubriques :
Va remplir de cocus les campagnes belgiques,
Et fais-moi des bâtards où tes vaillantes mains
Dans nos derniers combats firent tant d'orphelins.
Mais quitte aussi bientôt, si la France te tente,
Des tétons du Brabant la chair flasque et tremblante,
Et, conduit par Momus et porté par les Ris,
Accours, vole, et reviens t'enivrer à Paris.
Ton salon est tout prêt, tes amis te demandent ;
Du défunt Rothelin les pénates t'attendent.
Viens voir le doux La Faye aussi fin que courtois,
Le conteur Lasseré, Matignon le sournois,
Courcillon, qui toujours du théâtre dispose,
Courcillon, dont ma plume a fait l'apothéose [2],
Courcillon qui se gâte, et qui, si je m'en croi,
Pourrait bien quelque jour être indigne de toi.
Ah! s'il allait quitter la débauche et la table,
S'il était assez fou pour être raisonnable,
Il se perdrait, grands dieux! Ah! cher duc, aujourd'hui
Si tu ne viens pour toi, viens par pitié pour lui!
Viens le sauver : dis-lui qu'il s'égare et s'oublie,
Qu'il ne peut être bon qu'à force de folie,
Et, pour tout dire enfin, remets-le dans tes fers.

    Pour toi, près l'Auxerrois, pendant quarante hivers,
Bois, parmi les douceurs d'une agréable vie,
Un peu plus d'hypocras, un peu moins d'eau-de-vie.

NOTES DE L'ÉPITRE VIII.

[1] Léopold, duc d'Aremberg, né le 14 octobre 1690, blessé à la bataille de Malplaquet en 1709. J'avais d'abord cru et daté cette épître de 1745; mais si elle est postérieure au 15 auguste 1715, date de la mort de Philippe, marquis de Rothelin, comte de Moussi, elle est antérieure au 20 septembre 1719, date de la mort de Courcillon. B.

[2] Voyez, dans le tome suivant, la satire intitulée *l'Anti-Giton*. B.

ÉPITRE IX.

A M. LE PRINCE EUGÈNE.

1716.

Grand prince, qui, dans cette cour
Où la justice était éteinte,
Sûtes inspirer de l'amour,
Même en nous donnant de la crainte;
Vous que Rousseau si dignement
A, dit-on, chanté sur sa lyre[1],
Eugène, je ne sais comment
Je m'y prendrai pour vous écrire.
Oh! que nos Français sont contents
De votre dernière victoire[2]!
Et qu'ils chérissent votre gloire,
Quand ce n'est pas à leurs dépens!
Poursuivez; des musulmans
Rompez bientôt la barrière;

Faites mordre la poussière
Aux circoncis insolents;
Et, plein d'une ardeur guerrière,
Foulant aux pieds les turbans,
Achevez cette carrière
Au sérail des Ottomans :
Des chrétiens et des amants
Arborez-y la bannière.
Vénus et le dieu des combats
Vont vous en ouvrir la porte;
Les Graces vous servent d'escorte,
Et l'Amour vous tend les bras.
Voyez-vous déja paraître
Tout ce peuple de beautés,
Esclaves des voluptés
D'un amant qui parle en maître?
Faites vite du mouchoir
La faveur impérieuse
A la beauté la plus heureuse,
Qui saura délasser le soir
Votre altesse victorieuse.
Du séminaire des Amours,
A la France votre patrie,
Daignez envoyer pour secours
Quelques belles de Circassie.
Le saint-père, de son côté,
Attend beaucoup de votre zèle,
Et prétend qu'avec charité
Sous le joug de la vérité
Vous rangiez ce peuple infidèle.
Par vous mis dans le bon chemin,

On verra bientôt ces infames,
Ainsi que vous, boire du vin,
Et ne plus renfermer leurs femmes.
    Adieu, grand prince, heureux guerrier!
Paré de myrte et de laurier,
Allez asservir le Bosphore:
Déja le grand-turc est vaincu;
Mais vous n'avez rien fait encore,
Si vous ne le faites cocu.

NOTES DE L'ÉPITRE IX.

[1] Voyez les odes de Rousseau, livre III, ode 1. B.
[2] La bataille de Petervaradin, gagnée contre les Turcs, en 1716. K.

ÉPITRE X.

A MADAME DE GONDRIN [1],

SUR LE PÉRIL QU'ELLE AVAIT COURU EN TRAVERSANT LA LOIRE.

1716.

Savez-vous, gentille douairière,
Ce que dans Sulli l'on fesait
Lorsqu'Éole vous conduisait
D'une si terrible manière?
Le malin Périgny riait,

Et pour vous déja préparait
Une épitaphe familière,
Disant qu'on vous repêcherait
Incessamment dans la rivière,
Et qu'alors il observerait
Ce que votre humeur un peu fière
Sans ce hasard lui cacherait.
Cependant L'Espar, La Vallière,
Guiche, Sulli, tout soupirait;
Roussy parlait peu, mais jurait;
Et l'abbé Courtin, qui pleurait
En voyant votre heure dernière,
Adressait à Dieu sa prière,
Et pour vous tout bas murmurait
Quelque oraison de son bréviaire,
Qu'alors, contre son ordinaire,
Dévotement il fredonnait,
Dont à peine il se souvenait,
Et que même il n'entendait guère.
Chacun déja vous regrettait.
Mais quel spectacle j'envisage!
Les Amours qui, de tous côtés,
Ministres de vos volontés,
S'opposent à l'affreuse rage
Des vents contre vous irrités.
Je les vois; ils sont à la nage,
Et plongés jusqu'au cou dans l'eau;
Ils conduisent votre bateau,
Et vous voilà sur le rivage.
Gondrin, songez à faire usage
Des jours qu'Amour a conservés;

C'est pour lui qu'il les a sauvés :
Il a des droits sur son ouvrage [2].

NOTES DE L'ÉPITRE X.

[1] Marie-Victoire-Sophie de Noailles, née le 6 mai 1688, avait été mariée le 25 janvier 1707 à Louis de Pardaillan, marquis de Gondrin. Le 2 février 1723, elle épousa Louis-Alexandre de Bourbon, comte de Toulouse. B.

[2] Après le dernier vers de cette pièce, on lit, dans une copie manuscrite, ceux qui suivent :

   Daignez pour moi vous employer
   Près de ce duc aimable et sage,
   Qui fit avec vous ce voyage
   Où vous pensâtes vous noyer ;
   Et que votre bonté l'engage
   A conjurer un peu l'orage
   Qui sur moi gronde maintenant ;
   Et qu'enfin au prince régent
   Il tienne à peu près ce langage :
« Prince, dont la vertu va changer nos destins,
Toi qui par tes bienfaits signales ta puissance,
Toi qui fais ton plaisir du bonheur des humains,
Philippe, il est pourtant un malheureux en France.
  Du dieu des vers un fils infortuné
  Depuis un temps fut par toi condamné
A fuir loin de ces bords qu'embellit ta présence :
Songe que d'Apollon souvent les favoris
   D'un prince assurent la mémoire :
   Philippe, quand tu les bannis,
   Souviens-toi que tu te ravis
   Autant de témoins de ta gloire.
Jadis le tendre Ovide eut un pareil destin ;
Auguste l'exila dans l'affreuse Scythie :
Auguste est un héros ; mais ce n'est pas enfin
   Le plus bel endroit de sa vie.
Grand prince, puisses-tu devenir aujourd'hui
Et plus clément qu'Auguste, et plus heureux que lui !

ÉPITRE XI.

A MADAME DE ***.

1716.

De cet agréable rivage
Où ces jours passés on vous vit
Faire, hélas! un trop court voyage,
Je vous envoie un manuscrit
Qui d'un écrivain bel-esprit
N'est point assurément l'ouvrage,
Mais qui vous plaira davantage
Que le livre le mieux écrit:
C'est la recette d'un potage.

Je sais que le dieu que je sers,
Apollon, souvent vous demande
Votre avis sur ses nouveaux airs;
Vous êtes connaisseuse en vers;
Mais vous n'êtes pas moins gourmande.
Vous ne pouvez donc trop payer
Cette appétissante recette
Que je viens de vous envoyer.
Ma muse timide et discrète
N'ose encor pour vous s'employer.
Je ne suis pas votre poète;
Mais je suis votre cuisinier.

Mais quoi! le destin, dont la haine

M'accable aujourd'hui de ses coups,
Sera-t-il jamais assez doux
Pour me rassembler avec vous
Entre Comus et Melpomène,
Et que cet hiver me ramène
Versifiant à vos genoux?
O des soupers charmante reine,
Fassent les dieux que les Guerbois
Vous donnent perdrix à douzaine,
Poules de Caux, chapons du Maine!
Et pensez à moi quelquefois,
Quand vous mangerez sur la Seine
Des potages à la Brunois.

ÉPITRE XII.

A SAMUEL BERNARD[1],

AU NOM DE MADAME DE FONTAINE-MARTEL[2].

C'est mercredi que je soupai chez vous,
Et que, sortant des plaisirs de la table,
Bientôt couchée, un sommeil prompt et doux
Me fit présent d'un songe délectable.
Je rêvai donc qu'au manoir ténébreux
J'étais tombée, et que Pluton lui-même
Me menait voir les héros bienheureux,
Dans un séjour d'une beauté suprême.
Par escadrons ils étaient séparés :

L'un après l'autre il me les fit connaître.
Je vis d'abord modestement parés
Les opulents qui méritaient de l'être.
« Voilà, dit-il, les généreux amis ;
En petit nombre ils viennent me surprendre :
Entre leurs mains les biens ne semblaient mis
Que pour avoir le soin de les répandre.
Ici sont ceux dont les puissants ressorts,
Crédit immense, et sagesse profonde,
Ont soutenu l'état par des efforts
Qui leur livraient tous les trésors du monde.
Un peu plus loin, sur ces riants gazons,
Sont les héros pleins d'un heureux délire,
Qu'Amour lui-même en toutes les saisons
Fit triompher dans son aimable empire.
Ce beau réduit, par préférence, est fait
Pour les vieillards dont l'humeur gaie et tendre
Paraît encore avoir ses dents de lait,
Dont l'enjouement ne saurait se comprendre.
  « D'un seul regard tu peux voir tout d'un coup
Le sort des bons, les vertus couronnées ;
Mais un mortel m'embarrasse beaucoup ;
Ainsi je veux redoubler ses années.
Chaque escadron le revendiquerait.
La jalousie au repos est funeste :
Venant ici, quel trouble il causerait !
Il est là-haut très heureux ; qu'il y reste[3]. »

NOTES DE L'ÉPITRE XII.

¹ Quoique cette pièce soit insérée dans l'édition de Kehl, les éditeurs disent avoir de fortes raisons de croire qu'elle n'est pas de Voltaire. B.

² C'est à cette dame qu'est adressée l'épître xxxviii, page 89. B.

³ Samuel Bernard était d'une vanité ridicule, comme la plupart des gens qui ont fait une fortune inespérée. On obtenait tout de lui en le flattant. Dans la guerre de la succession il refusa son crédit à Desmarest. On le fit venir à Marly; Louis XIV ordonna de lui en montrer toutes les beautés; on le mena sur le passage du roi, qui lui dit quelques mots. Après dîner il dit à Desmarest : « Monsieur, quand je devrais tout perdre, dites au roi que toute ma fortune est à lui. » K.

ÉPITRE XIII.

A MADAME DE G***.

1716.

Quel triomphe accablant, quelle indigne victoire
Cherchez-vous tristement à remporter sur vous ?
Votre esprit éclairé pourra-t-il jamais croire
D'un double Testament la chimérique histoire,
Et les songes sacrés de ces mystiques fous,
Qui, dévots fainéants et pieux loups-garoux,
Quittent de vrais plaisirs pour une fausse gloire ?
Le plaisir est l'objet, le devoir et le but
    De tous les êtres raisonnables ;

L'amour est fait pour vos semblables ;
Les bégueules font leur salut.

Que sur la volupté tout votre espoir se fonde ;
N'écoutez désormais que vos vrais sentiments :
Songez qu'il était des amants
Avant qu'il fût des chrétiens dans le monde.

Vous m'avez donc quitté pour votre directeur.
Ah! plus que moi cent fois Couët [1] est séducteur.
Je vous abusai moins ; il est le seul coupable :
Chloé, s'il vous faut une erreur,
Choisissez une erreur aimable.
Non, n'abandonnez point des cœurs où vous régnez.
D'un triste préjugé victime déplorable,
Vous croyez servir Dieu ; mais vous servez le diable,
Et c'est lui seul que vous craignez.

La superstition, fille de la faiblesse,
Mère des vains remords, mère de la tristesse,
En vain veut de son souffle infecter vos beaux jours ;
Allez, s'il est un Dieu, sa tranquille puissance
Ne s'abaissera point à troubler nos amours :
Vos baisers pourraient-ils déplaire à sa clémence ?
La loi de la nature est sa première loi ;
Elle seule autrefois conduisit nos ancêtres ;
Elle parle plus haut que la voix de vos prêtres,
Pour vous, pour vos plaisirs, pour l'amour, et pour moi.

NOTE DE L'ÉPITRE XIII.

1 M. de Voltaire a fait de cet abbé Couët le héros du *Dîner du comte de Boulainvilliers.* K. — Voyez ma note, t. XLIII, p. 562. B.

ÉPITRE XIV.

A M. LE DUC D'ORLÉANS, RÉGENT.

1716.

Prince chéri des dieux, toi qui sers aujourd'hui
De père à ton monarque, à son peuple d'appui ;
Toi qui, de tout l'état portant le poids immense,
Immoles ton repos à celui de la France ;
Philippe, ne crois point, dans ces jours ténébreux,
Plaire à tous les Français que tu veux rendre heureux :
Aux princes les plus grands, comme aux plus beaux ouvrages,
Dans leur gloire naissante il manque des suffrages [1].
Eh ! qui de sa vertu reçut toujours le prix ?
Il est chez les Français de ces sombres esprits,
Censeurs extravagants d'un sage ministère,
Incapables de tout, à qui rien ne peut plaire.
Dans leurs caprices vains tristement affermis,
Toujours du nouveau maître ils sont les ennemis ;
Et, n'ayant d'autre emploi que celui de médire,
L'objet le plus auguste irrite leur satire :
Ils voudraient de cet astre éteindre la clarté,

Et se venger sur lui de leur obscurité.
 Ne crains point leur poison : quand tes soins politiques
Auront réglé le cours des affaires publiques,
Quand tu verras nos cœurs, justement enchantés,
Au-devant de tes pas volant de tous côtés,
Les cris de ces frondeurs, à leurs chagrins en proie,
Ne seront point ouïs parmi nos cris de joie.
 Mais dédaigne ainsi qu'eux les serviles flatteurs,
De la gloire d'un prince infames corrupteurs;
Que ta mâle vertu méprise et désavoue
Le méchant qui te blâme et le fat qui te loue [2].
Toujours indépendant du reste des humains,
Un prince tient sa gloire ou sa honte en ses mains;
Et, quoiqu'on veuille enfin le servir ou lui nuire,
Lui seul peut s'élever, lui seul peut se détruire.
 En vain contre Henri la France a vu long-temps
La calomnie affreuse exciter ses serpents;
En vain de ses rivaux les fureurs catholiques
Armèrent contre lui des mains apostoliques;
Et plus d'un monacal et servile écrivain
Vendit, pour l'outrager, sa haine et son venin [3],
La gloire de Henri par eux n'est point flétrie :
Leurs noms sont détestés, sa mémoire est chérie.
Nous admirons encor sa valeur, sa bonté;
Et long-temps dans la France il sera regretté.
 Cromwell, d'un joug terrible accablant sa patrie,
Vit bientôt à ses pieds ramper la flatterie;
Ce monstre politique, au Parnasse adoré,
Teint du sang de son roi, fut aux dieux comparé :
Mais malgré les succès de sa prudente audace,
L'univers indigné démentait le Parnasse,

Et de Waller enfin [4] les écrits les plus beaux
D'un illustre tyran n'ont pu faire un héros.

    Louis fit sur son trône asseoir la flatterie ;
Louis fut encensé jusqu'à l'idolâtrie.
En éloges enfin le Parnasse épuisé
Répète ses vertus sur un ton presque usé ;
Et, l'encens à la main, la docte académie
L'endormit cinquante ans par sa monotonie.
Rien ne nous a séduits : en vain en plus d'un lieu
Cent auteurs indiscrets l'ont traité comme un dieu ;
De quelque nom sacré que l'opéra le nomme,
L'équitable Français ne voit en lui qu'un homme.
Pour élever sa gloire on ne nous verra plus
Dégrader les Césars, abaisser les Titus ;
Et, si d'un crayon vrai quelque main libre et sûre
Nous traçait de Louis la fidèle peinture,
Nos yeux trop dessillés pourraient dans ce héros
Avec bien des vertus trouver quelques défauts.

    Prince, ne crois donc point que ces hommes vulgaires
Qui prodiguent aux grands des écrits mercenaires,
Imposant par leurs vers à la postérité,
Soient les dispensateurs de l'immortalité [5].
Tu peux, sans qu'un auteur te critique ou t'encense,
Jeter les fondements du bonheur de la France ;
Et nous verrons un jour l'équitable univers
Peser tes actions sans consulter nos vers.
Je dis plus ; un grand prince, un héros, sans l'histoire,
Peut même à l'avenir transmettre sa mémoire.

    Taisez-vous, s'il se peut, illustres écrivains,
Inutiles appuis de ces honneurs certains ;
Tombez, marbres vivants, que d'un ciseau fidèle

Anima sur ses traits la main d'un Praxitèle;
Que tous ces monuments soient partout renversés.
Il est grand, il est juste, on l'aime: c'est assez.
Mieux que dans nos écrits, et mieux que sur le cuivre,
Ce héros dans nos cœurs à jamais doit revivre.

 L'heureux vieillard, en paix dans son lit expirant [6],
De ce prince à son fils fait l'éloge en pleurant;
Le fils, encor tout plein de son règne adorable,
Le vante à ses neveux; et ce nom respectable,
Ce nom dont l'univers aime à s'entretenir,
Passe de bouche en bouche aux siècles à venir.

 C'est ainsi qu'on dira chez la race future:
Philippe eut un cœur noble; ami de la droiture,
Politique et sincère, habile et généreux,
Constant quand il fallait rendre un mortel heureux;
Irrésolu, changeant, quand le bien de l'empire
Au malheur d'un sujet le forçait à souscrire;
Affable avec noblesse, et grand avec bonté,
Il sépara l'orgueil d'avec la majesté;
Et le dieu des combats, et la docte Minerve,
De leurs présents divins le comblaient sans réserve;
Capable également d'être avec dignité
Et dans l'éclat du trône et dans l'obscurité:
Voilà ce que de toi mon esprit se présage.

 O toi de qui ma plume a crayonné l'image,
Toi de qui j'attendais ma gloire et mon appui,
Ne chanterai-je donc que le bonheur d'autrui?
En peignant ta vertu, plaindrai-je ma misère?
Bienfesant envers tous, envers moi seul sévère,
D'un exil rigoureux tu m'imposes la loi;
Mais j'ose de toi-même en appeler à toi.

Devant toi je ne veux d'appui que l'innocence;
J'implore ta justice, et non point ta clémence.
Lis seulement ces vers, et juge de leur prix;
Vois ce que l'on m'impute, et vois ce que j'écris.
La libre vérité qui règne en mon ouvrage
D'une ame sans reproche est le noble partage;
Et de tes grands talents le sage estimateur
N'est point de ces couplets l'infame et vil auteur.

  Philippe, quelquefois sur une toile antique
Si ton œil pénétrant jette un regard critique,
Par l'injure du temps le portrait effacé
Ne cachera jamais la main qui l'a tracé;
D'un choix judicieux dispensant la louange,
Tu ne confondras point Vignon et Michel-Ange.
Prince, il en est ainsi chez nous autres rimeurs;
Et si tu connaissais mon esprit et mes mœurs,
D'un peuple de rivaux l'adroite calomnie
Me chargerait en vain de leur ignominie;
Tu les démentirais, et je ne verrais plus
Dans leurs crayons grossiers mes pinceaux confondus;
Tu plaindrais par leurs cris ma jeunesse opprimée;
A verser les bienfaits ta main accoutumée
Peut-être de mes maux voudrait me consoler,
Et me protégerait au lieu de m'accabler [7].

NOTES ET VARIANTES DE L'ÉPITRE XIV.

[1] Le commencement de l'épitre se trouve ainsi dans plusieurs copies :

    Philippe, ami des dieux, toi qui sers aujourd'hui
    De père à ton monarque, à son peuple d'appui,

Quoique avec équité ton active prudence
D'un empire ébranlé porte le poids immense,
Ne crois pas que d'abord, des critiques vainqueurs,
Tes soins, tes sages soins entraînent tous les cœurs.
Aux plus fameux héros, comme aux plus grands ouvrages,
Dans leur gloire naissante, etc.

² Var. Le méchant qui te blâme et le fat qui te loue.
D'olive ou de lauriers tu peux seul te couvrir :
Rien ne peut les donner, rien ne peut les flétrir.
Les bons rois, en marchant à la gloire suprême,
N'ont jamais eu d'appui ni d'obstacle qu'eux-même.
Contre le grand Henri la France a vu long-temps, etc.

³ Var. Vendit pour l'outrager sa haine et son venin.
Qu'ont produit tous leurs cris ? Sa mémoire sacrée
Parmi les nations n'est pas moins révérée.
Nous admirons encor sa valeur, sa bonté ;
Et sans toi dans la France il serait regretté.
Louis fit sur son trône, etc.

⁴ Waller, poëte anglais, est auteur d'un éloge funèbre de Cromwell, qui passe pour un chef-d'œuvre. Un jour Charles II, à qui Waller venait, suivant l'usage des rois et des poëtes, de présenter une pièce farcie de louanges, lui reprocha qu'il avait fait mieux pour Cromwell. Waller lui répondit : « Sire, nous autres poëtes, nous réussissons mieux dans les fictions que dans les vérités. » B.

⁵ Var. Soient les dispensateurs de l'immortalité.
Je ris de cet auteur dont la frivole audace,
Dans les dizains pompeux d'une ode qui nous glace,
Présente à son héros les séduisants appas
D'un éternel laurier que tous deux n'auront pas.
Oui, Philippe, tu peux, sans qu'un rimeur t'encense,
Jeter les fondements du bonheur de la France ;
Et, sans tous les écrits de Pellegrin, de Roy,
Le sévère avenir saura juger de toi.
Je dis plus: un grand prince, artisan de sa gloire,
Dans la postérité peut vivre sans l'histoire.
Taisez-vous, s'il se peut, etc.

⁶ Ce vers et les cinq suivants ont été reproduits presque textuellement par Voltaire dans son poëme *Sur les événements de l'année 1744* (voyez tome XII, page 107). La Harpe a remarqué que les

idées en étaient prises dans le *Petit carême de Massillon* (voyez le *Cours de littérature*, seconde partie, livre second, chapitre 1, section IV).

Le chevalier Croft (dans ses *Commentaires sur les meilleurs ouvrages de la langue française*, tome I et unique, 1815, in-8°), a cité ces vers comme étant dans *la Henriade*. B.

7 Il avait été accusé d'être l'auteur de couplets satiriques contre le régent et sa fille. On prétend que, présenté à monsieur le régent, après en avoir obtenu justice, et le prince paraissant persuadé qu'il lui avait fait grace, M. de Voltaire lui adressa ces vers :

> Non, monseigneur, en vérité,
> Ma muse n'a jamais chanté
> Ammonites ni Moabites ;
> Brancas vous répondra de moi :
> Un rimeur sorti des jésuites,
> Des peuples de l'ancienne loi
> Ne connaît que les Sodomites. K.

— Voyez, tome XIV, les *Poésies mêlées*, année 1716. B.

ÉPITRE XV.

A M. L'ABBÉ DE BUSSY[1],

DEPUIS ÉVÊQUE DE LUÇON.

1716.

Ornement de la bergerie
Et de l'église, et de l'amour,
Aussitôt que Flore à son tour
Peindra la campagne fleurie,
Revoyez la ville chérie[2]
Où Vénus a fixé sa cour.
Est-il pour vous d'autre patrie ?

Et serait-il dans l'autre vie
Un plus beau ciel, un plus beau jour,
Si l'on pouvait de ce séjour
Exiler la *Tracasserie?*
Évitons ce monstre odieux,
Monstre femelle, dont les yeux
Portent un poison gracieux,
Et que le ciel en sa furie,
De notre bonheur envieux,
A fait naître dans ces beaux lieux
Au sein de la galanterie.
Voyez-vous comme un miel flatteur
Distille de sa bouche impure?
Voyez-vous comme l'Imposture
Lui prête un secours séducteur [3]?
Le Courroux étourdi la guide,
L'Embarras, le Soupçon timide [4],
En chancelant suivent ses pas.
Des faux rapports l'Erreur avide
Court au-devant de la perfide,
Et la caresse dans ses bras.
Que l'Amour, secouant ses ailes,
De ces commerces infidèles
Puisse s'envoler à jamais!
Qu'il cesse de forger des traits [5]
Pour tant de beautés criminelles,
Et qu'il vienne, au fond du Marais [6],
De l'innocence et de la paix
Goûter les douceurs éternelles!

Je hais bien tout mauvais rimeur

De qui le bel-esprit baptise
Du nom d'ennui la paix du cœur,
Et la constance de sottise.
Heureux qui voit couler ses jours
Dans la mollesse et l'incurie,
Sans intrigues, sans faux détours,
Près de l'objet de ses amours,
Et loin de la coquetterie!
Que chaque jour rapidement
Pour de pareils amants s'écoule!
Ils ont tous les plaisirs en foule,
Hors ceux du raccommodement.
Quelques amis dans ce commerce
De leur cœur que rien ne traverse
Partagent la chère moitié;
Et, dans une paisible ivresse,
Ce couple avec délicatesse
Aux charmes purs de l'amitié
Joint les transports de la tendresse...

Rendez-nous donc votre présence,
Galant prieur de Trigolet,
Très aimable et très frivolet[7]:
Venez voir votre humble valet
Dans le palais de la Constance.
Les Graces avec complaisance
Vous suivront en petit collet;
Et moi leur serviteur follet,
J'ébaudirai votre excellence
Par des airs de mon flageolet[8],

Dont l'Amour marque la cadence
En fesant des pas de ballet.

NOTE ET VARIANTES DE L'ÉPITRE XV.

1 Les vers qui forment cette pièce ont été souvent imprimés sous le titre de : *Épître sur la Tracasserie.* Ils font partie de la lettre XXI; voyez tome LI, page 43. B.

2 VAR. Revoyez la ville chérie :
Elle est l'asile de l'amour.
Avons-nous donc d'autre patrie ?

3 VAR. Lui prête un secours séducteur ?
La Vengeance au regard livide,
Portant un flambeau qui la guide,
Dans la nuit éclaire ses pas.
De faux rapports, etc.

4 La Crainte, le Soupçon timide.

5 Ses traits.

6 Chez Devaux, au fond du Marais,
Qu'il vienne de l'aimable paix, etc.

7 Très aimable et très frivolet;
Les Graces avec complaisance.

8 Par quelques airs de flageolet.

ÉPITRE XVI.

A S. A. S. Mgr LE PRINCE DE CONTI[1].

1718.

Conti, digne héritier des vertus de ton père,
Toi que l'honneur conduit, que la justice éclaire,
Qui sais être à-la-fois et prince et citoyen,
Et peux de ta patrie être un jour le soutien,
Reçois de ta vertu la juste récompense,
Entends mêler ton nom dans les vœux de la France.
Vois nos cœurs, aujourd'hui justement enchantés,
Au-devant de tes pas voler de tous côtés;
Connais bien tout le prix d'un si rare avantage;
Des princes vertueux c'est le plus beau partage;
Mais c'est un bien fragile, et qu'il faut conserver:
Le moindre égarement peut souvent en priver.
Le public est sévère, et sa juste tendresse
Est semblable aux bontés d'une fière maîtresse,
Dont il faut par des soins solliciter l'amour;
Et quand on la néglige, on la perd sans retour.
Alexandre, vainqueur des climats de l'aurore,
A de nouveaux exploits se préparait encore;
Le bout de l'univers arrêta ses efforts,
Et l'Océan surpris l'admira sur ses bords.
Sais-tu bien quel était le but de tant de peines?

Il voulait seulement être estimé d'Athènes ;
Il soumettait la terre, afin qu'un orateur
Fît aux Grecs assemblés admirer sa valeur.
Il est un prix plus noble, une gloire plus belle,
Que la vertu mérite, et qui marche après elle :
Un cœur juste et sincère est plus grand, à nos yeux,
Que tous ces conquérants que l'on prit pour des dieux.
Eh ! que sont en effet le rang et la naissance,
La gloire des lauriers, l'éclat de la puissance,
Sans le flatteur plaisir de se voir estimé,
De sentir qu'on est juste, et que l'on est aimé ;
De se plaire à soi-même, en forçant nos suffrages ;
D'être chéri des bons, d'être approuvé des sages?
Ce sont là les vrais biens, seuls dignes de ton choix,
Indépendants du sort, indépendants des rois.

Un grand, bouffi d'orgueil, enivré de délices,
Croit que le monde entier doit honorer ses vices.
Parmi les vains plaisirs l'un à l'autre enchaînés,
Et d'un remords secret sans cesse empoisonnés,
Il voit d'adulateurs une foule empressée
Lui porter de leurs soins l'offrande intéressée.
Quelquefois au mérite amené devant lui,
Sa voix, par vanité, daigne offrir un appui ;
De cette cour nombreuse il fait en vain parade ;
Il ne voit point chez lui Villars ni La Feuillade,
Pour lui de Liancourt l'accès n'est point permis,
Sulli ni Villeroy ne sont point ses amis.
C'est à de tels esprits qu'il importe de plaire,
Ce sont eux dont les yeux éclairent le vulgaire ;
Quiconque a le cœur juste est par eux approuvé,

Et peut aux yeux de tous marcher le front levé;
Chacun dans leur vertu se propose un modèle;
Le vice la respecte et tremble devant elle.
La cour, toujours fertile en fourbes ténébreux,
Porte aussi dans son sein de ces cœurs généreux.
Tout n'est pas infecté de la rouille des vices:
Rome avait des Burrhus ainsi que des Narcisses;
Du temps des Concinis la France eut des De Thous.
Mais pourquoi vais-je ici, de ton honneur jaloux,
A tes yeux éclairés retracer la peinture
Des vertus qu'à ton cœur inspira la nature?
Elles vont chaque jour chez toi se dévoiler:
Plein de tes sentiments, c'est à toi d'en parler;
Ou plutôt c'est à toi, que tout Paris contemple,
A nous en parler moins qu'à nous donner l'exemple.

NOTE DE L'ÉPITRE XVI.

[1] Louis-Armand; voyez tome XIX, page 9; et LI, 152. B.

ÉPITRE XVII.

A M. DE LA FALUÈRE DE GENONVILLE,

CONSEILLER AU PARLEMENT, ET INTIME AMI DE L'AUTEUR.

SUR UNE MALADIE.

1719.

Ne me soupçonne point de cette vanité
Qu'a notre ami Chaulieu de parler de lui-même,
Et laisse-moi jouir de la douceur extrême
  De t'ouvrir avec liberté
  Un cœur qui te plaît et qui t'aime.
  De ma muse, en mes premiers ans,
Tu vis les tendres fruits imprudemment éclore;
Tu vis la calomnie avec ses noirs serpents
  Des plus beaux jours de mon printemps
  Obscurcir la naissante aurore.
D'une injuste prison je subis la rigueur[1] :
  Mais au moins de mon malheur
  Je sus tirer quelque avantage :
J'appris à m'endurcir contre l'adversité,
  Et je me vis un courage
Que je n'attendais pas de la légèreté
  Et des erreurs de mon jeune âge.
Dieux! que n'ai-je eu depuis la même fermeté!
  Mais à de moindres alarmes
  Mon cœur n'a point résisté.

Tu sais combien l'amour m'a fait verser de larmes ;
  Fripon, tu le sais trop bien,
  Toi dont l'amoureuse adresse
  M'ôta mon unique bien ;
  Toi dont la délicatesse,
  Par un sentiment fort humain,
  Aima mieux ravir ma maîtresse [2],
  Que de la tenir de ma main.
Tu me vis sans scrupule en proie à la tristesse :
Mais je t'aimai toujours tout ingrat et vaurien ;
Je te pardonnai tout avec un cœur chrétien,
Et ma facilité fit grace à ta faiblesse.
Hélas ! pourquoi parler encor de mes amours ?
Quelquefois ils ont fait le charme de ma vie :
  Aujourd'hui la maladie
En éteint le flambeau peut-être pour toujours.
De mes ans passagers la trame est raccourcie ;
Mes organes lassés sont morts pour les plaisirs ;
Mon cœur est étonné de se voir sans desirs.
  Dans cet état il ne me reste
Qu'un assemblage vain de sentiments confus,
Un présent douloureux, un avenir funeste,
Et l'affreux souvenir d'un bonheur qui n'est plus.
Pour comble de malheur, je sens de ma pensée
  Se déranger les ressorts ;
Mon esprit m'abandonne, et mon ame éclipsée
Perd en moi de son être, et meurt avant mon corps.
Est-ce là ce rayon de l'essence suprême
  Qu'on nous dépeint si lumineux ?
Est-ce là cet esprit survivant à nous-même ?
Il naît avec nos sens, croît, s'affaiblit comme eux :

Hélas! périrait-il de même?
Je ne sais; mais j'ose espérer
Que, de la mort, du temps, et des destins le maître,
Dieu conserve pour lui le plus pur de notre être,
Et n'anéantit point ce qu'il daigne éclairer[3].

NOTES DE L'ÉPITRE XVII.

[1] Voyez, dans le tome XII, la pièce intitulée *La Bastille*. K.

[2] Genonville avait supplanté Voltaire auprès de mademoiselle de Livri, à qui Voltaire adressa depuis son épître xxxiv, des *Tu* et des *Vous*. B.

[3] Ces quatre derniers vers ne se trouvent pas dans les deux premières éditions de 1739 et 1740. K.

ÉPITRE XVIII.

AU ROI D'ANGLETERRE, GEORGE Ier,

EN LUI ENVOYANT LA TRAGÉDIE D'OEDIPE.

1719.

Toi que la France admire autant que l'Angleterre,
Qui de l'Europe en feu balances les destins;
Toi qui chéris la paix dans le sein de la guerre,
     Et qui n'es armé du tonnerre
     Que pour le bonheur des humains;
     Grand roi, des rives de la Seine

J'ose te présenter ces tragiques essais :
Rien ne t'est étranger ; les fils de Melpomène
    Partout deviennent tes sujets.

Un véritable roi sait porter sa puissance
Plus loin que ses états renfermés par les mers :
Tu règnes sur l'Anglais par le droit de naissance ;
    Par tes vertus, sur l'univers.

Daigne donc de ma muse accepter cet hommage
Parmi tant de tributs plus pompeux et plus grands ;
    Ce n'est point au roi, c'est au sage,
    C'est au héros que je le rends.

ÉPITRE XIX.

A Mme LA MARÉCHALE DE VILLARS.

1719.

Divinité que le ciel fit pour plaire,
Vous qu'il orna des charmes les plus doux,
Vous que l'Amour prend toujours pour sa mère,
Quoiqu'il sait bien que Mars est votre époux ;
Qu'avec regret je me vois loin de vous !
Et quand Sulli quittera ce rivage,
Où je devrais, solitaire et sauvage,
Loin de vos yeux vivre jusqu'au cercueil,
Qu'avec plaisir, peut-être trop peu sage,
J'irai chez vous, sur les bords de l'Arcueil,

Vous adresser mes vœux et mon hommage!
C'est là que je dirai tout ce que vos beautés
Inspirent de tendresse à ma muse éperdue :
Les arbres de Villars en seront enchantés,
    Mais vous n'en serez point émue.
N'importe : c'est assez pour moi de votre vue,
Et je suis trop heureux si jamais l'univers
    Peut apprendre un jour dans mes vers
Combien pour vos amis vous êtes adorable,
Combien vous haïssez les manéges des cours,
Vos bontés, vos vertus, ce charme inexprimable
Qui, comme dans vos yeux, règne en tous vos discours.
L'avenir quelque jour, en lisant cet ouvrage,
Puisqu'il est fait pour vous, en chérira les traits :
Cet auteur, dira-t-on, qui peignit tant d'attraits,
    N'eut jamais d'eux pour son partage
Que de petits soupers où l'on buvait très frais;
    Mais il mérita davantage.

ÉPITRE XX.

A M. LE DUC DE SULLI.

1720.

J'irai chez vous, duc adorable,
Vous dont le goût, la vérité,
L'esprit, la candeur, la bonté,
Et la douceur inaltérable,

Font respecter la volupté,
Et rendent la sagesse aimable.
Que dans ce champêtre séjour
Je me fais un plaisir extrême
De parler, sur la fin du jour,
De vers, de musique, et d'amour,
Et pas un seul mot du système[a],
De ce système tant vanté,
Par qui nos héros de finance
Emboursent l'argent de la France,
Et le tout par pure bonté !
Pareils à la vieille sibylle
Dont il est parlé dans Virgile,
Qui, possédant pour tout trésor
Des recettes d'énergumène,
Prend du Troyen le rameau d'or,
Et lui rend des feuilles de chêne.
 Peut-être, les larmes aux yeux,
Je vous apprendrai pour nouvelle
Le trépas de ce vieux goutteux
Qu'anima l'esprit de Chapelle :
L'éternel abbé de Chaulieu
Paraîtra bientôt devant Dieu;
Et si d'une muse féconde
Les vers aimables et polis
Sauvent une ame en l'autre monde,
Il ira droit en paradis.
L'autre jour, à son agonie,
Son curé vint de grand matin

---

[a] Le système de Law, qui bouleversa la France (1739).

Lui donner en cérémonie,
Avec son huile et son latin,
Un passe-port pour l'autre vie.
Il vit tous ses péchés lavés
D'un petit mot de pénitence,
Et reçut ce que vous savez
Avec beaucoup de bienséance.
　Il fit même un très beau sermon,
Qui satisfit tout l'auditoire.
Tout haut il demanda pardon
D'avoir eu trop de vaine gloire.
C'était là, dit-il, le péché
Dont il fut le plus entiché;
Car on sait qu'il était poëte,
Et que sur ce point tout auteur,
Ainsi que tout prédicateur,
N'a jamais eu l'ame bien nette.
Il sera pourtant regretté,
Comme s'il eût été modeste.
Sa perte au Parnasse est funeste:
Presque seul il était resté
D'un siècle plein de politesse.
On dit qu'aujourd'hui la jeunesse
A fait à la délicatesse
Succéder la grossièreté,
La débauche à la volupté,
Et la vaine et lâche paresse
A cette sage oisiveté
Que l'étude occupait sans cesse,
Loin de l'envieux irrité.
Pour notre petit Genonville,

Si digne du siècle passé,
Et des feseurs de vaudeville,
Il me paraît très empressé
D'abandonner pour vous la ville.
Le système n'a point gâté
Son esprit aimable et facile ;
Il a toujours le même style,
Et toujours la même gaîté.
Je sais que, par déloyauté,
Le fripon naguère a tâté
De la maîtresse tant jolie
Dont j'étais si fort entêté.
Il rit de cette perfidie,
Et j'aurais pu m'en courroucer :
Mais je sais qu'il faut se passer
Des bagatelles dans la vie.

ÉPITRE XXI.

A M. LE MARÉCHAL DE VILLARS.

1721.

Je me flattais de l'espérance
D'aller goûter quelque repos
Dans votre maison de plaisance ;
Mais Vinache[a] a ma confiance,

---

[a] Médecin empirique (1742).

Et j'ai donné la préférence
Sur le plus grand de nos héros
Au plus grand charlatan de France.
Ce discours vous déplaira fort;
Et je confesse que j'ai tort
De parler du soin de ma vie
A celui qui n'eut d'autre envie
Que de chercher partout la mort.
Mais souffrez que je vous réponde,
Sans m'attirer votre courroux,
Que j'ai plus de raisons que vous
De vouloir rester dans ce monde;
Car si quelque coup de canon,
Dans vos beaux jours brillants de gloire,
Vous eût envoyé chez Pluton,
Voyez la consolation
Que vous auriez dans la nuit noire,
Lorsque vous sauriez la façon
Dont vous aurait traité l'histoire!
Paris vous eût premièrement
Fait un service fort célèbre,
En présence du parlement;
Et quelque prélat ignorant
Aurait prononcé hardiment
Une longue oraison funèbre,
Qu'il n'eût pas faite assurément.
Puis, en vertueux capitaine,
On vous aurait proprement mis
Dans l'église de Saint-Denys,
Entre Duguesclin et Turenne.
Mais si quelque jour, moi chétif,

J'allais passer le noir esquif,
Je n'aurais qu'une vile bière;
Deux prêtres s'en iraient gaîment[1]
Porter ma figure légère,
Et la loger mesquinement
Dans un recoin du cimetière.
Mes nièces, au lieu de prière,
Et mon janséniste de frère[a],
Riraient à mon enterrement;
Et j'aurais l'honneur seulement
Que quelque muse médisante
M'affublerait, pour monument,
D'une épitaphe impertinente.
Vous voyez donc très clairement
Qu'il est bon que je me conserve,
Pour être encor témoin long-temps
De tous les exploits éclatants
Que le Seigneur Dieu vous réserve[2].

[a] L'auteur avait un frère, trésorier de la chambre des comptes, qui était en effet un janséniste outré, et qui se brouillait toujours avec son frère toutes les fois que celui-ci disait du bien des jésuites (1748). — Armand Arouet, frère ainé de Voltaire, était mort en 1745; voyez t. LII, p. 579; et LIV, 1. B.

NOTES DE L'ÉPITRE XXI.

[1] La Fontaine a dit, fable 11 du livre VII:

> Un curé s'en allait gaiment
> Enterrer ce mort au plus vite.   B.

[2] Dans une édition de cette épitre, à la suite de *la Ligue* (*Henriade*), 1724, in-12, on lit:

> Que votre destin vous réserve;

Et sans doute qu'un jour Minerve,
Votre compagne et mon appui,
Après que ma bouillante verve
Aura chanté le grand Henri,
Me fera vous chanter aussi.

ÉPITRE XXII.

AU CARDINAL DUBOIS.

1721.

Quand du sommet des Pyrénées,
S'élançant au milieu des airs,
La Renommée à l'univers
Annonça ces deux hyménées [1]
Par qui la Discorde est aux fers,
Et qui changent les destinées,
L'ame de Richelieu descendit à sa voix
Du haut de l'empirée au sein de sa patrie.
    Ce redoutable génie
    Qui fesait trembler les rois,
    Celui qui donnait des lois
    A l'Europe assujettie,
    A vu le sage Dubois [2],
    Et pour la première fois
    A connu la jalousie.
Poursuis: de Richelieu mérite encor l'envie.
    Par des chemins écartés,
    Ta sublime intelligence,

> A pas toujours concertés,
> Conduit le sort de la France;
> La fortune et la prudence
> Sont sans cesse à tes côtés.

Albéron pour un temps nous éblouit la vue;
De ses vastes projets l'orgueilleuse étendue
Occupait l'univers saisi d'étonnement:
Ton génie et le sien disputaient la victoire.
> Mais tu parus, et sa gloire
> S'éclipsa dans un moment.
> Telle, aux bords du firmament,
> Dans sa course irrégulière,

Une comète affreuse éclate de lumière;
Ses feux portent la crainte au terrestre séjour:
> Dans la nuit ils éblouissent,
> Et soudain s'évanouissent
> Aux premiers rayons du jour.

NOTES DE L'ÉPITRE XXII.

¹ La double alliance entre les maisons de France et d'Espagne. K.

² M. de Voltaire était jeune lorsqu'il fit cette épître; Fontenelle, La Motte, alors les deux premiers hommes de la littérature, ont loué Dubois avec autant d'exagération. Il avait à leurs yeux le mérite réel d'aimer la paix, la tolérance, et la liberté de penser, et de n'être jaloux ni de la réputation, ni des talents. Avant de condamner ces éloges, il faut se transporter à cette époque, où le souvenir du P. Le Tellier inspirait encore la terreur. K.

ÉPITRE XXIII.

A M. LE DUC DE LA FEUILLADE[1].

1722.

Conservez précieusement
L'imagination fleurie
Et la bonne plaisanterie
Dont vous possédez l'agrément,
Au défaut du tempérament
Dont vous vous vantez hardiment,
Et que tout le monde vous nie.
La dame qui depuis long-temps
Connaît à fond votre personne
A dit : « Hélas ! je lui pardonne
D'en vouloir imposer aux gens ;
Son esprit est dans son printemps,
Mais son corps est dans son automne. »
Adieu, monsieur le gouverneur,
Non plus de province frontière,
Mais d'une beauté singulière
Qui, par son esprit, par son cœur,
Et par son humeur libertine,
De jour en jour fait grand honneur
Au gouverneur qui l'endoctrine.
Priez le Seigneur seulement
Qu'il empêche que Cythérée

Ne substitue incessamment
Quelque jeune et frais lieutenant,
Qui ferait sans vous son entrée
Dans un si beau gouvernement.

NOTE DE L'ÉPITRE XXIII.

[1] Louis d'Aubusson, dernier maréchal de La Feuillade, mort le 29 janvier 1725. J'ai vu un recueil où cette épître est datée de 1722, de la main même de Voltaire. CL.

ÉPITRE XXIV.

A MADAME DE***[1].

Il est au monde une aveugle déesse[2]
Dont la police a brisé les autels ;
C'est du Hocca la fille enchanteresse,
Qui, sous l'appât d'une feinte caresse,
Va séduisant tous les cœurs des mortels.
De cent couleurs bizarrement ornée,
L'argent en main, elle marche la nuit ;
Au fond d'un sac elle a la destinée
De ses suivants, que l'intérêt séduit.
Guiche, en riant, par la main la conduit ;
La froide Crainte et l'Espérance avide
A ses côtés marchent d'un pas timide ;
Le Repentir à chaque instant la suit,

Mordant ses doigts et grondant la perfide.
Belle Philis, que votre aimable cour
A nos regards offre de différence!
Les vrais plaisirs brillent dans ce séjour;
Et, pour jamais bannissant l'espérance,
Toujours vos yeux y font régner l'amour.
Du biribi la déesse infidèle
Sur mon esprit n'aura plus de pouvoir;
J'aime encor mieux vous aimer sans espoir,
Que d'espérer jour et nuit avec elle.

NOTES DE L'ÉPITRE XXIV.

1 Cette épître a été imprimée à la suite de *la Ligue (Henriade)*, Amsterdam, J.-F. Bernard, 1724, in-12; édition faite à Évreux, et donnée par l'abbé Desfontaines. B.

2 Celle qui présidait au jeu du biribi, fort à la mode alors. K.

ÉPITRE XXV.

A M. DE GERVASI,

MÉDECIN[1].

1723.

Tu revenais couvert d'une gloire éternelle;
Le Gévaudan[2] surpris t'avait vu triompher

[a] M. de Gervasi, célèbre médecin de Paris, avait été envoyé dans le Gévaudan pour la peste, et à son retour il est venu guérir l'auteur de la petite-vérole, dans le château de Maisons, à six lieues de Paris, en 1723 (1756).

Des traits contagieux d'une peste cruelle,
  Et ta main venait d'étouffer
De cent poisons cachés la semence mortelle.
Dans Maisons cependant je voyais mes beaux jours
Vers leurs derniers moments précipiter leur cours.
Déja près de mon lit la Mort inexorable
Avait levé sur moi sa faux épouvantable;
Le vieux nocher des morts à sa voix accourut.
C'en était fait; sa main tranchait ma destinée :
Mais tu lui dis, « Arrête!... » et la mort étonnée
Reconnut son vainqueur, frémit, et disparut [2].
Hélas! si, comme moi, l'aimable Genonville
Avait de ta présence eu le secours utile,
Il vivrait, et sa vie eût rempli nos souhaits;
De son cher entretien je goûterais les charmes;
Mes jours, que je te dois, renaîtraient sans alarmes,
Et mes yeux, qui sans toi se fermaient pour jamais,
Ne se rouvriraient point pour répandre des larmes.
C'est toi du moins, c'est toi par qui, dans ma douleur,
  Je peux jouir de la douceur
  De plaire et d'être cher encore
Aux illustres amis dont mon destin m'honore.
Je reverrai Maisons, dont les soins bienfesants
  Viennent d'adoucir ma souffrance;
Maisons, en qui l'esprit tient lieu d'expérience,
  Et dont j'admire la prudence
  Dans l'âge des égarements [3].
Je me flatte en secret que je pourrai peut-être
Charmer encor Sulli, qui m'a trop oublié.
Mariamne [4] à ses yeux ira bientôt paraître;
Il la verra pour elle implorer sa pitié,

Et ranimer en lui ce goût, cette amitié,
Que pour moi, dans son cœur, ma muse avait fait naître.
Beaux jardins de Villars, ombrages toujours frais,
   C'est sous vos feuillages épais
Que je retrouverai ce héros plein de gloire
    Que nous a ramené la Paix
   Sur les ailes de la Victoire.
C'est là que Richelieu, par son air enchanteur,
Par ses vivacités, son esprit, et ses graces,
Dès qu'il reparaîtra, saura joindre mon cœur
A tant de cœurs soumis qui volent sur ses traces.
Et toi, cher Bolingbrok, héros qui d'Apollon
   As reçu plus d'une couronne,
   Qui réunis en ta personne
   L'éloquence de Cicéron,
   L'intrépidité de Caton,
L'esprit de Mécénas, l'agrément de Pétrone [5],
Enfin donc je respire, et respire pour toi;
Je pourrai désormais te parler et t'entendre.
Mais, ciel! quel souvenir vient ici me surprendre!
Cette aimable beauté [6] qui m'a donné sa foi,
Qui m'a juré toujours une amitié si tendre,
Daignera-t-elle encor jeter les yeux sur moi?
Hélas! en descendant sur le sombre rivage,
Dans mon cœur expirant je portais son image;
Son amour, ses vertus, ses graces, ses appas,
Les plaisirs que cent fois j'ai goûtés dans ses bras,
A ces derniers moments flattaient encor mon ame;
Je brûlais, en mourant, d'une immortelle flamme.
Grands dieux! me faudra-t-il regretter le trépas?
M'aurait-elle oublié? serait-elle volage?

ÉPÎTRES. 63

Que dis-je? malheureux! où vais-je m'engager?
Quand on porte sur le visage
D'un mal si redouté le fatal témoignage,
Est-ce à l'amour qu'il faut songer?

NOTES ET VARIANTES DE L'ÉPITRE XXV.

[1] Cette épitre fut imprimée à Paris, en 1726, avec une version latine. K.

[2] VAR.   Aussitôt ta main vigilante,
Ranimant la chaleur éteinte dans mon corps,
De ma frêle machine arrangea les ressorts.
La nature obéissante
Fut soumise à tes efforts,
Et la Parque impatiente
File aujourd'hui pour moi dans l'empire des morts.
Hélas! si, comme moi, etc.

[3] VAR. Je me flatte en secret qu'à mon dernier ouvrage
Le vertueux Sulli donnera son suffrage;
Que son cœur généreux avec quelque plaisir
Au sortir du tombeau me verra reparaître,
Et que Mariamne peut-être
Pourra par ses malheurs enchanter son loisir....
Beaux jardins, etc.

[4] La tragédie de *Mariamne*. B.

[5] Après ce vers,

L'esprit de Mécénas, etc.,

on lisait ceux-ci,

Et la science de Varron.
Bolingbroke, à ma gloire il faut que je publie
Que tes soins, pendant le cours
De ma triste maladie,
Ont daigné marquer mes jours
Par le tendre intérêt que tu prends à ma vie.
Enfin donc, etc.

[6] Voyez la note 2 de l'épitre XVII. B.

ÉPITRE XXVI.

A LA REINE[1],

EN LUI ENVOYANT LA TRAGÉDIE DE MARIAMNE.

1725.

Fille de ce guerrier qu'une sage province
Éleva justement au comble des honneurs,
Qui sut vivre en héros, en philosophe, en prince,
Au-dessus des revers, au-dessus des grandeurs;
Du ciel qui vous chérit la sagesse profonde
Vous amène aujourd'hui dans l'empire françois,
Pour y servir d'exemple et pour donner des lois.
La fortune souvent fait les maîtres du monde;
Mais, dans votre maison, la vertu fait les rois.
Du trône redouté que vous rendez aimable,
Jetez sur cet écrit un coup d'œil favorable;
Daignez m'encourager d'un seul de vos regards;
Et songez que Pallas, cette auguste déesse
Dont vous avez le port, la bonté, la sagesse,
Est la divinité qui préside aux beaux-arts.

NOTE DE L'ÉPITRE XXVI.

[1] Marie Leczinska, fille de Stanislas, roi de Pologne, mariée à Louis XV, en 1725. K.

ÉPITRE XXVII.

A MADAME LA MARQUISE DE PRIE[1],

EN LUI PRÉSENTANT L'INDISCRET.

1725.

Vous qui possédez la beauté
Sans être vaine ni coquette,
Et l'extrême vivacité
Sans être jamais indiscrète;
Vous à qui donnèrent les dieux
Tant de lumières naturelles,
Un esprit juste, gracieux,
Solide dans le sérieux,
Et charmant dans les bagatelles,
Souffrez qu'on présente à vos yeux
L'aventure d'un téméraire
Qui, pour s'être vanté de plaire,
Perdit ce qu'il aimait le mieux.
Si l'héroïne de la pièce,
De Prie, eût eu votre beauté,
On excuserait la faiblesse
Qu'il eut de s'être un peu vanté.
Quel amant ne serait tenté
De parler de telle maîtresse

Par un excès de vanité,
Ou par un excès de tendresse!

NOTE DE L'ÉPITRE XXVII.

1 Cette pièce est la dédicace de l'*Indiscret*, et se trouve déjà t. II, p. 281. B

ÉPITRE XXVIII.

A M. PALLU,

CONSEILLER D'ÉTAT.

Quoi! le dieu de la poésie
Vous illumine de ses traits!
Malgré la robe, les procès,
Et le conseil, et ses arrêts,
Vous tâtez de notre ambrosie!
Ah! bien fort je vous remercie
De vous livrer à ses attraits,
Et d'être de la confrérie.
Dans les beaux jours de votre vie,
Adoré de maintes beautés,
Vous aimiez Lubert et Sylvie;
Mais à présent vous les chantez,
Et votre gloire est accomplie.
La Fare, joufflu comme vous,
Comme vous rival de Tibulle,

Rima des vers polis et doux,
Aima long-temps sans ridicule,
Et fut sage au milieu des fous.
En vous c'est le même art qui brille;
Pallu comme La Fare écrit :
Vous recueillîtes son esprit
Dessus les lèvres de sa fille.
Aimez donc, rimez tour-à-tour :
Vous, La Fare, Apollon, l'Amour,
Vous êtes de même famille.

ÉPITRE XXIX.

A MADEMOISELLE LE COUVREUR.

L'heureux talent dont vous charmez la France
Avait en vous brillé dès votre enfance;
Il fut dès-lors dangereux de vous voir,
Et vous plaisiez, même sans le savoir:
Sur le théâtre heureusement conduite
Parmi les vœux de cent cœurs empressés,
Vous récitiez, par la nature instruite :
C'était beaucoup; ce n'était point assez;
Il vous fallait encore un plus grand maître.
Permettez-moi de faire ici connaître
Quel est ce dieu de qui l'art enchanteur
Vous a donné votre gloire suprême;
Le tendre Amour me l'a conté lui-même.
On me dira que l'Amour est menteur.
Hélas! je sais qu'il faut qu'on s'en défie:

Qui mieux que moi connaît sa perfidie?
Qui souffre plus de sa déloyauté?
Je ne croirai cet enfant de ma vie;
Mais cette fois il a dit vérité.

    Ce même Amour, Vénus, et Melpomène,
Loin de Paris fesaient voyage un jour;
Ces dieux charmants vinrent dans ce séjour
Où vos appas éclataient sur la scène :
Chacun des trois, avec étonnement,
Vit cette grace et simple et naturelle,
Qui fesait lors votre unique ornement.
« Ah! dirent-ils, cette jeune mortelle
Mérite bien que, sans retardement,
Nous répandions tous nos trésors sur elle. »
Ce qu'un dieu veut se fait dans le moment.
Tout aussitôt la tragique déesse
Vous inspira le goût, le sentiment,
Le pathétique, et la délicatesse.
« Moi, dit Vénus, je lui fais un présent
Plus précieux, et c'est le don de plaire :
Elle accroîtra l'empire de Cythère;
A son aspect tout cœur sera troublé;
Tous les esprits viendront lui rendre hommage. »
« Moi, dit l'Amour, je ferai davantage;
Je veux qu'elle aime. » A peine eut-il parlé,
Que dans l'instant vous devîntes parfaite;
Sans aucuns soins, sans étude, sans fard,
Des passions vous fûtes l'interprète.

    O de l'Amour adorable sujette,
N'oubliez point le secret de votre art.

ÉPITRE XXX.

A M. PALLU[1].

A Plombières, auguste 1729.

Du fond de cet antre pierreux,
Entre deux montagnes cornues,
Sous un ciel noir et pluvieux,
Où les tonnerres orageux
Sont portés sur d'épaisses nues,
Près d'un bain chaud toujours crotté,
Plein d'une eau qui fume et bouillonne,
Où tout malade empaqueté,
Et tout hypocondre entêté,
Qui sur son mal toujours raisonne,
Se baigne, s'enfume, et se donne
La question pour la santé;
Où l'espoir ne quitte personne :
 De cet antre où je vois venir
D'impotentes sempiternelles
Qui toutes pensent rajeunir,
Un petit nombre de pucelles,
Mais un beaucoup plus grand de celles
Qui voudraient le redevenir;
Où par le coche on nous amène
De vieux citadins de Nanci,
Et des moines de Commerci,
Avec l'attribut de Lorraine[2],

Que nous rapporterons d'ici :
De ces lieux, où l'ennui foisonne,
J'ose encore écrire à Paris.
Malgré Phébus qui m'abandonne,
J'invoque l'Amour et les Ris ;
Ils connaissent peu ma personne ;
Mais c'est à Pallu que j'écris :
Alcibiade me l'ordonne[3],
Alcibiade, qu'à la cour
Nous vîmes briller tour-à-tour
Par ses graces, par son courage,
Gai, généreux, tendre, volage,
Et séducteur comme l'Amour,
Dont il fut la brillante image.
L'Amour, ou le Temps, l'a défait
Du beau vice d'être infidèle ;
Il prétend d'un amant parfait
Être devenu le modèle.
J'ignore quel objet charmant
A produit ce grand changement,
Et fait sa conquête nouvelle ;
Mais qui que vous soyez, la belle,
Je vous en fais mon compliment[4].
On pourrait bien à l'aventure
Choisir un autre greluchon[a],
Plus Alcide pour la figure,
Et pour le cœur plus Céladon ;
Mais quelqu'un plus aimable, non ;

---

[a] Terme familier qui signifie un amant de passage (1742). — Il signifie aujourd'hui le galant qui est reçu gratis par la femme que paient d'autres personnes. B.

Il n'en est point dans la nature :
Car, madame, où trouvera-t-on
D'un ami la discrétion,
D'un vieux seigneur la politesse,
Avec l'imagination
Et les graces de la jeunesse ;
Un tour de conversation
Sans empressement, sans paresse,
Et l'esprit monté sur le ton
Qui plaît à gens de toute espèce ?
Et n'est-ce rien d'avoir tâté
Trois ans de la formalité
Dont on assomme une ambassade,
Sans nous avoir rien rapporté
De la pesante gravité
Dont cent ministres font parade ?
A ce portrait si peu flatté [5],
Qui ne voit mon Alcibiade ?

NOTES ET VARIANTES DE L'ÉPITRE XXX.

[1] Voyez tome LI, page 185 ; et LVI, 751. C'est à lui que sont adressées les lettres 409 et 1270. B.

[2] Voyez *Pantagruel*, liv. II, chap. i ; et liv. III, chap. viii. B.

[3] M. le maréchal de Richelieu.

Alcibiade me l'ordonne :
C'est l'Alcibiade français,
Dont vous admiriez le succès
Chez nos prudes, chez nos coquettes,
Plein d'esprit, d'audace, et d'attraits,
De vertus, de gloire, et de dettes.
Toutes les femmes l'adoraient ;

> Toutes avaient la préférence;
> Toutes à leur tour se plaignaient
> Des excès de son inconstance,
> Qu'à grand'peine elles égalaient.
>   L'Amour, etc.

Autre variante:

> Alcibiade me l'ordonne.
> Cet Alcibiade inconstant
> En tout lieu porta si gaiment
> Ses attraits et son cœur volage,
> Plus trompeur que le dieu charmant
> Dont il fut le prêtre et l'image.
>   Toutes les femmes, etc.

4 Var.
> Je vous en fais mon compliment.
> On peut en prendre sans façon
> Un plus vigoureux, je vous jure;
> Mais quelqu'un plus aimable, non.

5 Ce vers et le suivant sont dans l'original remplacés par deux autres vers et deux lignes de prose que voici:

> C'est bien dommage, en vérité,
> Qu'un pareil amant soit malade.

« Voilà bien des vers, mon cher monsieur, qui ne valent pas assurément ni la personne dont je parle, ni celle à qui je les envoie. » B.

ÉPITRE XXXI.

AUX MANES DE M. DE GENONVILLE.

1729.

Toi que le ciel jaloux ravit dans son printemps;
Toi de qui je conserve un souvenir fidèle,
  Vainqueur de la mort et du temps;

Toi dont la perte, après dix ans,
M'est encore affreuse et nouvelle;
Si tout n'est pas détruit; si, sur les sombres bords,
Ce souffle si caché, cette faible étincelle,
Cet esprit, le moteur et l'esclave du corps,
Ce je ne sais quel sens qu'on nomme ame immortelle,
Reste inconnu de nous, est vivant chez les morts;
S'il est vrai que tu sois, et si tu peux m'entendre,
O mon cher Genonville! avec plaisir reçoi
Ces vers et ces soupirs que je donne à ta cendre,
Monument d'un amour immortel comme toi.
Il te souvient du temps où l'aimable Égérie[1],
Dans les beaux jours de notre vie,
Écoutait nos chansons, partageait nos ardeurs.
Nous nous aimions tous trois. La raison, la folie,
L'amour, l'enchantement des plus tendres erreurs,
Tout réunissait nos trois cœurs.
Que nous étions heureux! même cette indigence,
Triste compagne des beaux jours,
Ne put de notre joie empoisonner le cours.
Jeunes, gais, satisfaits, sans soins, sans prévoyance,
Aux douceurs du présent bornant tous nos desirs,
Quel besoin avions-nous d'une vaine abondance?
Nous possédions bien mieux, nous avions les plaisirs!
Ces plaisirs, ces beaux jours coulés dans la mollesse,
Ces ris, enfants de l'allégresse,
Sont passés avec toi dans la nuit du trépas.
Le ciel, en récompense, accorde à ta maîtresse
Des grandeurs et de la richesse,
Appuis de l'âge mûr, éclatant embarras,
Faible soulagement quand on perd sa jeunesse.

La fortune est chez elle, où fut jadis l'amour.
Les plaisirs ont leur temps, la sagesse a son tour.
L'amour s'est envolé sur l'aile du bel âge;
Mais jamais l'amitié ne fuit du cœur du sage[2].
Nous chantons quelquefois et tes vers et les miens;
De ton aimable esprit nous célébrons les charmes;
Ton nom se mêle encore à tous nos entretiens;
Nous lisons tes écrits, nous les baignons de larmes.
Loin de nous à jamais ces mortels endurcis,
Indignes du beau nom, du nom sacré d'amis,
Ou toujours remplis d'eux, ou toujours hors d'eux-même,
Au monde, à l'inconstance ardents à se livrer,
Malheureux, dont le cœur ne sait pas comme on aime,
Et qui n'ont point connu la douceur de pleurer!

NOTE ET VARIANTE DE L'ÉPITRE XXXI.

[1] Voyez la note de l'épître XXXIV. B.
[2] Var. Ce dernier à mon cœur aurait plu davantage :
  Mais qui peut tout avoir? Les soirs, le vieux Saurin
  Qu'on ne peut définir, ce critique, ce sage,
  Qui des vains préjugés foule aux pieds l'esclavage,
  Qui m'apprend à penser, qui rit du genre humain,
  Réchauffe entre nous deux les glaces de son âge.
  De son esprit perçant la sublime vigueur
  Se joint à nos chansons, aux graces du Permesse;
  Des nymphes d'Apollon le commerce enchanteur
  Déride sur son front les traits de la sagesse.
  Nous chantons quelquefois, etc.

ÉPITRE XXXII.

A M. DE FORMONT,

EN LUI ENVOYANT LES OEUVRES DE DESCARTES ET DE MALEBRANCHE.

Rimeur charmant, plein de raison [1],
Philosophe entouré des Graces,
Épicure, avec Apollon,
S'empresse à marcher sur vos traces.
Je renonce au fatras obscur
Du grand rêveur de l'Oratoire [a],
Qui croit parler de l'esprit pur,
Ou qui veut nous le faire accroire,
Nous disant qu'on peut, à coup sûr,
Entretenir Dieu dans sa gloire.
Ma raison n'a pas plus de foi
Pour René le visionnaire [b].
Songeur de la nouvelle loi,
Il éblouit plus qu'il n'éclaire;
Dans une épaisse obscurité
Il fait briller des étincelles.
Il a gravement débité
Un tas brillant d'erreurs nouvelles,
Pour mettre à la place de celles
De la bavarde antiquité.
Dans sa cervelle trop féconde

---

[a] Malebranche (1748).
[b] Descartes (1757).

Il prend, d'un air fort important,
Des dés pour arranger le monde:
Bridoye[2] en aurait fait autant.
   Adieu; je vais chez ma Sylvie:
Un esprit fait comme le mien
Goûte bien mieux son entretien
Qu'un roman de philosophie.
De ses attraits toujours frappé,
Je ne la crois pas trop fidèle:
Mais puisqu'il faut être trompé,
Je ne veux l'être que par elle.

NOTES DE L'ÉPITRE XXXII.

[1] Les vingt-quatre premiers vers de cette épitre ont fait aussi partie d'une lettre à Formont, de mai 1731; voyez tome LI, page 211. B.

[2] Bridoye est un juge qui, dans Rabelais (*Pantagruel*, liv. III, chap. XXXVII et suiv.), *sententioyt les proces au sort des dez*. B.

ÉPITRE XXXIII.

A M. DE CIDEVILLE[1].

1731.

Ceci te doit être remis
Par un abbé de mes amis,
Homme de bien, quoique d'église.
Plein d'honneur, de foi, de franchise[2],

En lui les dieux n'ont rien omis
Pour en faire un abbé de mise :
Même Phébus le favorise [3].
Mais dans son cœur Vénus a mis
Un petit grain de gaillardise.
Or c'est un point qui scandalise
Son curé, plus gaillard que lui,
Qui dès long-temps le tyrannise,
Et nouvellement aujourd'hui [4]
Dans un placard le tympanise.
Sur cela mon abbé prend feu [5],
Lui fait un bon procès de Dieu,
Le gagne : appel ; or c'est dans peu
Qu'on doit chez vous juger l'affaire.
Or, puissant est notre adversaire :
Le terrasser n'est pas un jeu.
Tu dois m'entendre, et moi me taire ;
Car c'est trop long-temps tutoyer
Du parlement un conseiller :
Ma muse un peu trop familière
Pourrait à la fin l'ennuyer,
Peut-être même lui déplaire.
Qu'il sache pourtant qu'à Cythère
L'Amitié, l'Amour, et leur mère,
Parlent toujours sans compliment ;
Qu'avec Hortense ma tendresse
N'en use jamais autrement,
Et j'estime autant ma maîtresse
Qu'un conseiller au parlement.

NOTE ET VARIANTES DE L'ÉPITRE XXXIII.

1 Cette pièce a été imprimée avec la date du 20 mai 1735 dans les *Nouveaux amusements du cœur et de l'esprit*, t. III, p. 194-195, et dans les *Observations sur les écrits modernes*, par Desfontaines, 28 mai 1735, tome I, page 263. Elle a été admise dans les *Œuvres de Voltaire*, Amsterdam (Rouen), 1764, tome V, page 349. Je la croyais inédite quand je la publiai en 1823. La copie qui m'avait été communiquée contenait cinq vers de moins que le texte actuel. J'ai aussi recueilli quatre petites variantes. B.

2 VAR.   Plein d'esprit, d'honneur, de franchise.
3 VAR.   Phébus même le favorise.
4 VAR.   Et publiquement aujourd'hui.
5 VAR.   Là-dessus mon ami prend feu.

ÉPITRE XXXIV,

CONNUE SOUS LE NOM DES *VOUS* ET DES *TU*[1].

Philis[2], qu'est devenu ce temps
Où dans un fiacre promenée,
Sans laquais, sans ajustements,
De tes graces seules ornée,
Contente d'un mauvais soupé
Que tu changeais en ambrosie,
Tu te livrais, dans ta folie,
A l'amant heureux et trompé
Qui t'avait consacré sa vie?
Le ciel ne te donnait alors,
Pour tout rang et pour tous trésors,

Que les agréments de ton âge[3],
Un cœur tendre, un esprit volage,
Un sein d'albâtre, et de beaux yeux.
Avec tant d'attraits précieux,
Hélas! qui n'eût été friponne?
Tu le fus, objet gracieux;
Et (que l'amour me le pardonne!)
Tu sais que je t'en aimais mieux.
   Ah, madame! que votre vie,
D'honneurs aujourd'hui si remplie,
Diffère de ces doux instants!
Ce large suisse à cheveux blancs,
Qui ment sans cesse à votre porte,
Philis, est l'image du Temps:
On dirait qu'il chasse l'escorte
Des tendres Amours et des Ris;
Sous vos magnifiques lambris
Ces enfants tremblent de paraître.
Hélas! je les ai vus jadis
Entrer chez toi par la fenêtre,
Et se jouer dans ton taudis.
   Non, madame, tous ces tapis
Qu'a tissus la Savonnerie[a],
Ceux que les Persans ont ourdis,
Et toute votre orfévrerie,
Et ces plats si chers que Germain[b]
A gravés de sa main divine,

---

[a] La Savonnerie est une belle manufacture de tapis, établie par le grand Colbert (1757).

[b] Germain, excellent orfèvre, dont il est parlé dans *le Mondain* et *le Pauvre diable*. (Partie dans l'édit. de 1757.)

Et ces cabinets où Martin [a]
A surpassé l'art de la Chine;
Vos vases japonais et blancs,
Toutes ces fragiles merveilles;
Ces deux lustres de diamants
Qui pendent à vos deux oreilles;
Ces riches carcans, ces colliers,
Et cette pompe enchanteresse,
Ne valent pas un des baisers
Que tu donnais dans ta jeunesse.

[a] Martin, excellent vernisseur (1757).

NOTES ET VARIANTE DE L'ÉPITRE XXXIV.

[1] Cette épitre a été adressée à mademoiselle de Livri, alors madame la marquise de Gouvernet. C'est d'elle que parle M. de Voltaire dans son épitre à M. de Genonville, dans l'épitre adressée à ses mânes, et dans celles à M. le duc de Sulli, à M. de Gervasi. Le suisse de madame la marquise de Gouvernet ayant refusé la porte à M. de Voltaire, que mademoiselle de Livri n'avait point accoutumé à un tel accueil, il lui envoya cette épitre. Lorsqu'il revint à Paris, en 1778, il vit chez elle madame de Gouvernet, âgée comme lui de plus de quatre-vingts ans, veuve alors, et qui pouvait le recevoir sans conséquence. C'est en revenant de cette visite qu'il disait : « Ah ! mes amis, je viens de passer d'un bord du Cocyte à l'autre. » Madame de Gouvernet envoya le lendemain à madame Denis un portrait de M. de Voltaire peint par Largillière, qu'il lui avait donné dans le temps de leur première liaison, et qu'elle avait conservé malgré leur rupture, son changement d'état, et sa dévotion. K.

[2] Mademoiselle de Livri, jeune et jolie personne, intéressa Voltaire, qui lui donna des leçons de déclamation : elle devint sa maitresse, et se passionna pour Genonville, ami de Voltaire. Elle

passa en Angleterre avec une troupe de comédiens français, qui firent mal leurs affaires. Elle trouva un asile dans la maison d'un Français qui tenait un café. Le maître de la maison, touché de sa position et de la conduite réservée qu'elle menait, en parlait à tout le monde. Un M. de Gouvernet, surnommé *le Fleuriste*, habitué du café, voulut la voir; il y parvint, mais non sans peine. Elle lui inspira des sentiments si vifs, qu'il lui offrit sa main. Mademoiselle de Livri se refusait à un mariage qui eût été mal assorti. Il la décida cependant à accepter un billet d'une loterie sur l'état, puis il fit imprimer une fausse liste où le numéro de ce billet gagnait une grosse somme. Gouvernet réitéra alors ses instances pour le mariage; il reprocha à mademoiselle de Livri de refuser de faire sa fortune; il fallut bien enfin qu'elle cédât. Cette aventure a, comme on voit, fourni à Voltaire les rôles de Lindane, de Freeport, et de Fabrice, dans *l'Écossaise*. (Voyez tome VII.)

Dans le temps de sa liaison avec mademoiselle de Livri, Voltaire lui avait donné son portrait, peint par Largillière. Lors de son entrevue avec elle, en 1778, il témoigna le desir de pouvoir offrir ce portrait à madame de Villette. Madame de Gouvernet y consentit, et sur-le-champ Voltaire l'apporta lui-même à madame de Villette, qui l'a toujours possédé depuis.

Voltaire donne à mademoiselle de Livri le nom de *Julie* dans la lettre à madame de Bernières, du mois de novembre 1724 (voyez tome LI, page 138), et dans celle à Duvernet du 13 janvier 1772. Ses véritables prénoms étaient Suzanne-Catherine; voyez la note de M. Ravenel, tome XI, page 120. B.

<pre>
3 Var.   Que la douce erreur de ton âge,
          Deux tétons que le tendre Amour
          De ses mains arrondit un jour;
          Un cœur simple, un esprit volage;
          Un cul (j'y pense encor, Philis,)
          Sur qui j'ai vu briller des lis
          Jaloux de ceux de ton visage.
          Avec tant, etc.
</pre>

ÉPITRE XXXV.

A M. LE COMTE DE TRESSAN.

Tressan, l'un des grands favoris
Du dieu qui fait qu'on est aimable,
Du fond des jardins de Cypris,
Sans peine, et par la main des Ris,
Vous cueillez ce laurier durable
Qu'à peine un auteur misérable,
A son dur travail attaché,
Sur le haut du Pinde perché,
Arrache en se donnant au diable.

Vous rendez les amants jaloux;
Les auteurs vont être en alarmes;
Car vos vers se sentent des charmes
Que l'Amour a versés sur vous.

Tressan, comment pouvez-vous faire
Pour mettre si facilement
Les neuf pucelles dans Cythère,
Et leur donner votre enjouement?
Ah! prêtez-moi votre art charmant,
Prêtez-moi votre main légère.
Mais ce n'est pas petite affaire
De prétendre vous imiter:
Je peux tout au plus vous chanter;
Mais les dieux vous ont fait pour plaire.

Je vous reconnais à ce ton

Si doux, si tendre, et si facile :
En vain vous cachez votre nom ;
Enfant d'Amour et d'Apollon,
On vous devine à votre style.

ÉPITRE XXXVI.

A MADEMOISELLE DE LUBERT[1],

QU'ON APPELAIT MUSE ET GRACE.

1732.

Le curé qui vous baptisa
Du beau surnom de *Muse* et *Grace*,
Sur vous un peu prophétisa ;
Il prévit que sur votre trace
Croîtrait le laurier du Parnasse
Dont La Suze se couronna,
Et le myrte qu'elle porta,
Quand, d'amour suivant la déesse,
Ses tendres feux elle mêla
Aux froides ondes du Permesse.
Mais en un point il se trompa :
Car jamais il ne devina
Qu'étant si belle, elle sera
Ce que les sots appellent sage,
Et qu'à vingt ans, et par-delà,
Muse et Grace conservera

La tendre fleur du pucelage,
Fleur délicate qui tomba
Toujours au printemps du bel âge,
Et que le ciel fit pour cela.
Quoi! vous en êtes encor là!
Muse et Grace, que c'est dommage!
Vous me répondez doucement
Que les neuf bégueules savantes,
Toujours chantant, toujours rimant,
Toujours les yeux au firmament,
Avec leurs têtes de pédantes,
Avaient peu de tempérament,
Et que leurs bouches éloquentes
S'ouvraient pour brailler seulement,
Et non pour mettre tendrement
Deux lèvres fraîches et charmantes
Sur les lèvres appétissantes
De quelque vigoureux amant.
Je veux croire chrétiennement
Ces histoires impertinentes.
Mais, ma chère Lubert, en cas
Que ces filles sempiternelles
Conservent pour ces doux ébats
Des aversions si fidèles,
Si ces déesses sont cruelles,
Si jamais amant dans ses bras
N'a froissé leurs gauches appas,
Si les neuf muses sont pucelles,
Les trois Graces ne le sont pas.

Quittez donc votre faible excuse;
Vos jours languissent consumés

Dans l'abstinence qui les use :
Un faux préjugé vous abuse.
Chantez, et, s'il le faut, rimez ;
Ayez tout l'esprit d'une muse :
Mais, si vous êtes Grace, aimez.

NOTE DE L'ÉPITRE XXXVI.

1 Voyez la note, tome LI, page 311. C'est à elle qu'est encore adressée l'épître LIII. B.

ÉPITRE XXXVII.

A UNE DAME,

OU SOI-DISANT TELLE[1].

1732.

Tu commences par me louer,
Tu veux finir par me connaître :
Tu me loueras bien moins. Mais il faut t'avouer
Ce que je suis, ce que je voudrais être[2].
J'aurai vu dans trois ans passer quarante hivers.
Apollon présidait au jour qui m'a vu naître.
Au sortir du berceau j'ai bégayé des vers.
Bientôt ce dieu puissant m'ouvrit son sanctuaire :
Mon cœur, vaincu par lui, se rangea sous sa loi.
D'autres ont fait des vers par le desir d'en faire ;
Je fus poëte malgré moi.

Tous les goûts à-la-fois sont entrés dans mon ame;
Tout art a mon hommage, et tout plaisir m'enflamme;
La peinture me charme : on me voit quelquefois
Au palais de Philippe, ou dans celui des rois,
Sous les efforts de l'art admirer la nature,
Du brillant[a] Cagliari saisir l'esprit divin,
Et dévorer des yeux la touche noble et sûre
   De Raphaël et du Poussin.
De ces appartements qu'anime la peinture,
Sur les pas du plaisir je vole à l'Opéra;
  J'applaudis tout ce qui me touche,
  La fertilité de Campra,
La gaîté de Mouret, les graces de Destouche[b];
Pélissier par son art, Le Maure par sa voix[c],
Tour-à-tour ont mes vœux et suspendent mon choix.
Quelquefois, embrassant la science hardie
  Que la curiosité
  Honora par vanité
  Du nom de philosophie,
Je cours après Newton dans l'abîme des cieux;
Je veux voir si des nuits la courrière inégale,
Par le pouvoir changeant d'une force centrale,
En gravitant vers nous s'approche de nos yeux,
Et pèse d'autant plus qu'elle est près de ces lieux,

---

[a] Paul Véronèse (1739).

[b] Musiciens agréables (1748).

[c] Actrices de ce temps-là (1748). — On lisait dans la première édition :

  Pélissier par son art, Le Maure par sa voix,
  L'agile Camargo, Sallé l'enchanteresse,
  Cette austère Sallé faite pour la tendresse,
  Tour-à-tour ont mes vœux et suspendent mon choix.

Camargo et Sallé étaient alors des danseuses célèbres.

   Dans les limites d'un ovale.
J'en entends raisonner les plus profonds esprits,
Maupertuis et Clairaut, calculante cabale;
Je les vois qui des cieux franchissent l'intervalle,
Et je vois trop souvent que j'ai très peu compris.
De ces obscurités je passe à la morale;
Je lis au cœur de l'homme, et souvent j'en rougis.
J'examine avec soin les informes écrits,
Les monuments épars, et le style énergique
De ce fameux Pascal, ce dévot satirique.
Je vois ce rare esprit trop prompt à s'enflammer;
   Je combats ses rigueurs extrêmes.
Il enseigne aux humains à se haïr eux-mêmes;
Je voudrais, malgré lui, leur apprendre à s'aimer.
Ainsi mes jours égaux, que les muses remplissent,
Sans soins, sans passions, sans préjugés fâcheux,
Commencent avec joie, et vivement finissent
   Par des soupers délicieux.
L'amour dans mes plaisirs ne mêle plus ses peines;
La tardive raison vient de briser mes chaînes;
J'ai quitté prudemment ce dieu qui m'a quitté;
J'ai passé l'heureux temps fait pour la volupté.
Est-il donc vrai, grands dieux! il ne faut plus que j'aime.
La foule des beaux-arts, dont je veux tour-à-tour
   Remplir le vide de moi-même,
N'est pas encore assez pour remplacer l'amour [3].

NOTES DE L'ÉPITRE XXXVII.

[1] Cette pièce fut imprimée dans le *Mercure de France*, en 1732. Un Breton, nommé Desforges-Maillard, qui fesait assez facilement

des vers médiocres, s'était amusé à insérer dans les journaux des pièces de vers sous le nom de mademoiselle Malcrais de La Vigne. Plusieurs poëtes célèbres lui répondirent par des galanteries. Cette facétie dura quelque temps. Piron employa cette aventure d'une manière très heureuse dans sa *Métromanie*. M. de Voltaire, en conservant sa pièce, en retrancha toutes les choses galantes qu'il adressait à mademoiselle Malcrais, et qu'elle méritait si peu. De tous les vers qu'elle a faits ou inspirés, ce sont les seuls qui soient restés. K.

² *Commencement de l'épître :*

Toi dont la voix brillante a volé sur nos rives,
Toi qui tiens dans Paris nos muses attentives,
 Qui sais si bien associer
 Et la science et l'art de plaire,
 Et les talents de Deshoulière,
 Et les études de Dacier,
J'ose envoyer aux pieds de ta muse divine
Quelques faibles écrits, enfants de mon repos :
Charles fut seulement l'objet de mes travaux,
 Henri quatre fut mon héros,
 Et tu seras mon héroïne.
En te donnant mes vers je te veux avouer
 Ce que je suis, ce que je voudrais être ;
Te peindre ici mon ame, et te faire connaître
 Celui que tu daignes louer.
J'aurai vu, dans trois ans, etc.

³ Fin de l'épître :

Je fais ce que je puis, hélas! pour être sage,
 Pour amuser ma liberté :
 Mais si quelque jeune beauté,
 Empruntant ta vivacité,
 Me parlait ton charmant langage,
Je rentrerais bientôt dans ma captivité.

ÉPITRE XXXVIII.

A MADAME DE FONTAINE-MARTEL[a].

1732.

O très singulière Martel[1],
J'ai pour vous estime profonde :
C'est dans votre petit hôtel,
C'est sur vos soupers que je fonde
Mon plaisir, le seul bien réel
Qu'un honnête homme ait en ce monde.
Il est vrai qu'un peu je vous gronde ;
Mais, malgré cette liberté,
Mon cœur vous trouve, en vérité,
Femme à peu de femmes seconde ;
Car sous vos cornettes de nuit,
Sans préjugés et sans faiblesse,
Vous logez esprit qui séduit,
Et qui tient fort à la sagesse.
Or, votre sagesse n'est pas

---

[a] La comtesse de Fontaine-Martel, fille du président Desbordeaux : elle était telle qu'elle est peinte ici. Sa maison était très libre et très aimable (1757).

— Madame de Fontaine-Martel que Voltaire, dans sa lettre du 18 auguste 1763, appelle la belle Martel, disait que quand on avait le malheur de ne pouvoir plus être catin, il fallait être m.........: (voyez la lettre 5091). Ayant demandé en mourant quelle heure il était : « Dieu soit béni ! ajouta-t-elle ; quelque heure qu'il soit, il y a un rendez-vous » (voyez la lettre à Richelieu, du 19 juillet 1769). B.

Cette pointilleuse harpie
Qui raisonne sur tous les cas,
Et qui, triste sœur de l'Envie,
Ouvrant un gosier édenté,
Contre la tendre Volupté
Toujours prêche, argumente, et crie;
Mais celle qui si doucement,
Sans efforts et sans industrie,
Se bornant toute au sentiment,
Sait jusques au dernier moment
Répandre un charme sur la vie.
Voyez-vous pas de tous côtés
De très décrépites beautés,
Pleurant de n'être plus aimables,
Dans leur besoin de passion
Ne pouvant rester raisonnables,
S'affoler de dévotion,
Et rechercher l'ambition
D'être bégueules respectables?
Bien loin de cette triste erreur [2],
Vous avez, au lieu de vigiles,
Des soupers longs, gais, et tranquilles;
Des vers aimables et faciles,
Au lieu des fatras inutiles
De Quesnel et de Letourneur;
Voltaire, au lieu d'un directeur;
Et, pour mieux chasser toute angoisse,
Au curé préférant Campra [3],
Vous avez loge à l'Opéra,
Au lieu de banc à la paroisse;
Et ce qui rend mon sort plus doux,

C'est que ma maîtresse chez vous,
La Liberté, se voit logée;
Cette Liberté mitigée,
A l'œil ouvert, au front serein,
A la démarche dégagée,
N'étant ni prude, ni catin,
Décente, et jamais arrangée,
Souriant d'un souris badin
A ces paroles chatouilleuses
Qui font baisser un œil malin
A mesdames les précieuses.
C'est là qu'on trouve la Gaîté,
Cette sœur de la Liberté,
Jamais aigre dans la satire,
Toujours vive dans les bons mots,
Se moquant quelquefois des sots,
Et très souvent, mais à propos [4],
Permettant au sage de rire.
Que le ciel bénisse le cours
D'un sort aussi doux que le vôtre!
Martel, l'automne de vos jours
Vaut mieux que le printemps d'une autre.

NOTE ET VARIANTES DE L'ÉPITRE XXXVIII.

[1] Dans la première édition on trouve en tête de l'épitre ces quatre vers, supprimés dans les éditions suivantes:

> D'un recoin de votre grenier,
> Je vous adresse cette lettre,
> Que Beaugency doit vous remettre

Ce soir au bas de l'escalier.
O vous, singulière Martel....

M. de Voltaire logeait alors chez madame de Fontaine. K.

2 Var.   Bien loin de cette sotte erreur.
3 Var.   Qui jamais ne retournera.
4 Var.   Si rarement, mais à propos,
         Se tenant les côtés de rire.

ÉPITRE XXXIX.

A MADEMOISELLE GAUSSIN[1],

QUI A REPRÉSENTÉ LE RÔLE DE ZAÏRE AVEC BEAUCOUP DE SUCCÈS.

1732 [2].

Jeune Gaussin, reçois mon tendre hommage,
Reçois mes vers au théâtre applaudis;
Protége-les : *Zaïre* est ton ouvrage;
Il est à toi, puisque tu l'embellis.
Ce sont tes yeux, ces yeux si pleins de charmes,
Ta voix touchante, et tes sons enchanteurs,
Qui du critique ont fait tomber les armes;
Ta seule vue adoucit les censeurs.
L'Illusion, cette reine des cœurs,
Marche à ta suite, inspire les alarmes,
Le sentiment, les regrets, les douleurs,
Et le plaisir de répandre des larmes.
    Le dieu des vers, qu'on allait dédaigner[3],
Est, par ta voix, aujourd'hui sûr de plaire;

Le dieu d'amour, à qui tu fus plus chère,
Est, par tes yeux, bien plus sûr de régner :
Entre ces dieux désormais tu vas vivre [4].
Hélas! long-temps je les servis tous deux :
Il en est un que je n'ose plus suivre.
Heureux cent fois le mortel amoureux
Qui, tous les jours, peut te voir et t'entendre;
Que tu reçois avec un souris tendre,
Qui voit son sort écrit dans tes beaux yeux;
Qui, pénétré de leur feu qu'il adore [5],
A tes genoux oubliant l'univers,
Parle d'amour, et t'en reparle encore!
Et malheureux qui n'en parle qu'en vers!

NOTES ET VARIANTE DE L'ÉPITRE XXXIX.

[1] Voyez tome III, page 11.

[2] Voyez ma note, tome LI, page 196. Cette pièce est imprimée ordinairement en tête de *Zaïre*; mais comme ce n'est point une dédicace, c'est parmi les épitres que doit être sa place. Voltaire parle de ses versiculets dans la lettre à Cideville, du 15 novembre 1732. B.

[3] Après avoir, en 1726, donné une tragédie d'*OEdipe*, en vers, La Motte s'était avisé de mettre sa pièce en prose. B.

[4] VAR. Entre ces dieux désormais tu peux vivre.

[5] VAR. Qui meurt d'amour, qui te plaît, qui t'adore,
            Qui, pénétré de cent plaisirs divers,
            A tes genoux, etc.

ÉPITRE XL.

A MADAME LA MARQUISE DU CHATELET,

SUR SA LIAISON AVEC MAUPERTUIS.

Ainsi donc cent beautés nouvelles
Vont fixer vos bouillants esprits;
Vous renoncez aux étincelles,
Aux feux follets de mes écrits,
Pour des lumières immortelles;
Et le sublime Maupertuis
Vient éclipser mes bagatelles.
Je n'en suis fâché, ni surpris;
Un esprit vrai doit être épris
Pour des vérités éternelles.
Mais ces vérités, que sont-elles?
Quel est leur usage et leur prix?
Du vrai savant que je chéris
La raison ferme et lumineuse
Vous montrera les cieux décrits,
Et d'une main audacieuse
Vous dévoilera les replis
De la nature ténébreuse:
Mais, sans le secret d'être heureuse,
Que vous aura-t-il donc appris?

ÉPITRE XLI.

A M. CLÉMENT DE DREUX.

25 décembre 1732.

Que toujours de ses douces lois
Le dieu des vers vous endoctrine;
Qu'à vos chants il joigne sa voix;
Tandis que de sa main divine
Il accordera sous vos doigts
La lyre agréable et badine
Dont vous vous servez quelquefois!
Que l'Amour, encor plus facile,
Préside à vos galants exploits,
Comme Phébus à votre style!
Et que Plutus, ce dieu sournois,
Mais aux autres dieux très utile,
Rende, par maint écu tournois,
Les jours que la Parque vous file
Des jours plus heureux mille fois
Que ceux d'Horace et de Virgile!

ÉPITRE XLII.

A MADAME LA MARQUISE DU CHATELET.

SUR LA CALOMNIE.

1733[1].

Écoutez-moi, respectable Émilie :
Vous êtes belle ; ainsi donc la moitié
Du genre humain sera votre ennemie :
Vous possédez un sublime génie ;
On vous craindra : votre tendre amitié
Est confiante, et vous serez trahie.
Votre vertu, dans sa démarche unie,
Simple et sans fard, n'a point sacrifié
A nos dévots ; craignez la calomnie.
Attendez-vous, s'il vous plaît, dans la vie,
Aux traits malins que tout fat à la cour,
Par passe-temps, souffre et rend tour-à-tour.
La Médisance est la fille immortelle
De l'Amour-propre et de l'Oisiveté.
Ce monstre ailé paraît mâle et femelle,
Toujours parlant, et toujours écouté.
Amusement et fléau de ce monde,
Elle y préside, et sa vertu féconde
Du plus stupide échauffe les propos ;
Rebut du sage, elle est l'esprit des sots.
En ricanant, cette maigre furie

Va de sa langue épandre les venins
Sur tous états; mais trois sortes d'humains,
Plus que le reste, aliments de l'envie,
Sont exposés à sa dent de harpie :
Les beaux-esprits, les belles, et les grands,
Sont de ses traits les objets différents.
Quiconque en France avec éclat attire
L'œil du public, est sûr de la satire;
Un bon couplet, chez ce peuple falot,
De tout mérite est l'infaillible lot.

 La jeune Églé, de pompons couronnée,
Devant un prêtre à minuit amenée,
Va dire un *oui*, d'un air tout ingénu,
A son mari, qu'elle n'a jamais vu.
Le lendemain, en triomphe on la mène
Au cours, au bal, chez Bourbon, chez la reine;
Le lendemain, sans trop savoir comment,
Dans tout Paris on lui donne un amant :
Roy[a] la chansonne, et son nom par la ville
Court ajusté sur l'air d'un vaudeville.
Églé s'en meurt : ses cris sont superflus.
Consolez-vous, Églé, d'un tel outrage :
Vous pleurerez, hélas ! bien davantage,
Lorsque de vous on ne parlera plus.

 Et nommez-moi la beauté, je vous prie,
De qui l'honneur fut toujours à couvert ?
Lisez-moi Bayle, à l'article *Schomberg*,

---

[a] Poëte connu en son temps par quelques opéra, et par quelques petites satires nommées *calottes*, qui sont tombées dans un profond oubli (1756). — Dans une édition de 1736, la note ne contenait que ces deux mots : « Mauvais poëte. » Roy n'est mort qu'en 1764 ; voyez t. LI, p. 94. B.

Vous y verrez que la Vierge Marie [a]
Des chansonniers, comme une autre, a souffert [2].
Jérusalem a connu la satire.
Persans, Chinois, baptisés, circoncis,
Prennent ses lois : la terre est son empire ;
Mais, croyez-moi, son trône est à Paris.
Là, tous les soirs, la troupe vagabonde
D'un peuple oisif, appelé le beau monde,
Va promener de réduit en réduit
L'inquiétude et l'ennui qui la suit ;
Là, sont en foule antiques mijaurées,
Jeunes oisons, et bégueules titrées,
Disant des riens d'un ton de perroquet,
Lorgnant des sots, et trichant au piquet ;
Blondins y sont, beaucoup plus femmes qu'elles,
Profondément remplis de bagatelles,
D'un air hautain, d'une bruyante voix,
Chantant, dansant, minaudant à-la-fois.
Si, par hasard, quelque personne honnête,
D'un sens plus droit et d'un goût plus heureux,
Des bons écrits ayant meublé sa tête,
Leur fait l'affront de penser à leurs yeux,
Tout aussitôt leur brillante cohue,
D'étonnement et de colère émue,
Bruyant essaim de frelons envieux,
Pique et poursuit cette abeille charmante,

---

[a] Cette calomnie, citée dans Bayle et dans l'abbé Houteville, est tirée d'un ancien livre hébreu, intitulé *Toldos Jescut*, dans lequel on donne pour époux à cette personne sacrée Jonathan ; et celui que Jonathan soupçonne s'appelle Joseph Panther (1748). Ce livre, cité par les premiers pères, est incontestablement du premier siècle (1752).

Qui leur apporte, hélas! trop imprudente,
Ce miel si pur et si peu fait pour eux.

Quant aux héros, aux princes, aux ministres,
Sujets usés de nos discours sinistres,
Qu'on m'en nomme un dans Rome et dans Paris,
Depuis César jusqu'au jeune Louis,
De Richelieu jusqu'à l'ami d'Auguste,
Dont un Pasquin n'ait barbouillé le buste.
Ce grand Colbert, dont les soins vigilants
Nous avaient plus enrichis en dix ans
Que les mignons, les catins, et les prêtres,
N'ont, en mille ans, appauvri nos ancêtres;
Cet homme unique, et l'auteur, et l'appui
D'une grandeur où nous n'osions prétendre,
Vit tout l'état murmurer contre lui;
Et le Français osa troubler la cendre[a]
Du bienfaiteur qu'il révère aujourd'hui.

Lorsque Louis, qui, d'un esprit si ferme,
Brava la mort comme ses ennemis,
De ses grandeurs ayant subi le terme,
Vers sa chapelle allait à Saint-Denys,
J'ai vu son peuple, aux nouveautés en proie,
Ivre de vin, de folie, et de joie,
De cent couplets égayant le convoi,
Jusqu'au tombeau maudire encor son roi.

Vous avez tous connu, comme je pense,
Ce bon régent qui gâta tout en France:
Il était né pour la société;
Pour les beaux-arts, et pour la volupté;

---

[a] Le peuple voulut déterrer M. Colbert à Saint-Eustache (1748).

Grand, mais facile, ingénieux, affable,
Peu scrupuleux, mais de crime incapable.
Et cependant, ô mensonge! ô noirceur!
Nous avons vu la ville et les provinces,
Au plus aimable, au plus clément des princes,
Donner les noms... Quelle absurde fureur!
Chacun les lit ces archives d'horreur,
Ces vers impurs, appelés *Philippiques*[a],
De l'imposture effroyables chroniques;
Et nul Français n'est assez généreux
Pour s'élever, pour déposer contre eux.

Que le mensonge un instant vous outrage,
Tout est en feu soudain pour l'appuyer:
La vérité perce enfin le nuage,
Tout est de glace à vous justifier.

Mais voulez-vous, après ce grand exemple,
Baisser les yeux sur de moindres objets?
Des souverains descendons aux sujets;
Des beaux-esprits ouvrons ici le temple,
Temple autrefois l'objet de mes souhaits,
Que de si loin Desfontaines contemple[3],
Et que Gacon ne visita jamais.
Entrons: d'abord on voit la Jalousie,
Du dieu des vers la fille et l'ennemie,
Qui, sous les traits de l'Émulation,
Souffle l'orgueil, et porte sa furie
Chez tous ces fous courtisans d'Apollon.
Voyez leur troupe inquiète, affamée,

---

[a] Libelle diffamatoire en vers contre M. le duc d'Orléans, régent du royaume, composé par La Grange-Chancel. On lui a pardonné. Bayle et Arnauld sont morts hors de leur patrie (1752).

Se déchirant pour un peu de fumée,
Et l'un sur l'autre épanchant plus de fiel
Que l'implacable et mordant janséniste
N'en a lancé sur le fin moliniste,
Ou que Doucin⁴, cet adroit casuiste,
N'en a versé dessus Pasquier-Quesnel.

   Ce vieux rimeur, couvert d'ignominies,
Organe impur de tant de calomnies,
Cet ennemi du public outragé,
Puni sans cesse, et jamais corrigé,
Ce vil Rufus[a], que jadis votre père
A, par pitié, tiré de la misère,
Et qui bientôt, serpent envenimé,
Piqua le sein qui l'avait ranimé ;
Lui qui, mêlant la rage à l'impudence,
Devant Thémis accusa[b] l'innocence ;
L'affreux Rufus⁵, loin de cacher en paix
Des jours tissus de honte et de forfaits,
Vient rallumer, aux marais de Bruxelles,
D'un feu mourant les pâles étincelles,
Et contre moi croit rejeter l'affront
De l'infamie écrite sur son front.

   Mais que feront tous les traits satiriques⁶

---

[a] Rousseau avait été secrétaire du baron de Breteuil, et avait fait contre lui une satire intitulée *la Baronade*. Il la lut à quelques personnes qui vivent encore, entre autres à madame la duchesse de Saint-Pierre. Madame la marquise du Châtelet, fille de M. de Breteuil, était parfaitement instruite de ce fait (1752) ; et il y a encore des papiers originaux de madame du Châtelet qui l'attestent (1756). Le baron de Breteuil lui pardonna généreusement (1771).

[b] Il accusa M. Saurin, fameux géomètre, d'avoir fait des couplets infames, dont lui, Rousseau, était l'auteur, et fut condamné pour cette calomnie au bannissement perpétuel (1736).

Que d'un bras faible il décoche aujourd'hui,
Et ces ramas de larcins marotiques,
Moitié français et moitié germaniques,
Pétris d'erreur, et de haine, et d'ennui 7 ?
Quel est le but, l'effet, la récompense,
De ces recueils d'impure médisance?
Le malheureux, délaissé des humains,
Meurt des poisons qu'ont préparés ses mains.

Ne craignons rien de qui cherche à médire.
En vain Boileau, dans ses sévérités,
A de Quinault dénigré les beautés ;
L'heureux Quinault, vainqueur de la satire,
Rit de sa haine, et marche à ses côtés.

Moi-même, enfin, qu'une cabale inique
Voulut noircir de son souffle caustique,
Je sais jouir, en dépit des cagots,
De quelque gloire, et même du repos.

Voici le point sur lequel je me fonde.
On entre en guerre en entrant dans le monde.
Homme privé, vous avez vos jaloux,
Rampant dans l'ombre, inconnus comme vous,
Obscurément tourmentant votre vie :
Homme public, c'est la publique envie
Qui contre vous lève son front altier.
Le coq jaloux se bat sur son fumier,
L'aigle dans l'air, le taureau dans la plaine :
Tel est l'état de la nature humaine.
La Jalousie et tous ses noirs enfants
Sont au théâtre, au conclave, aux couvents.
Montez au ciel : trois déesses rivales 8
Troublent le ciel, qui rit de leurs scandales.

> Que faire donc? à quel saint recourir?
> Je n'en sais point : il faut savoir souffrir.

NOTES ET VARIANTES DE L'ÉPITRE XLII.

[1] Cette épitre est de 1733; mais elle a été imprimée, pour la première fois, en 1736; elle est à la suite de *La mort de César*, dans une édition de Hollande de cette année. Dans sa lettre à l'abbé Du Resnel, du 21 juillet 1734, Voltaire se plaint d'une malheureuse copie qui lui avait été envoyée de Paris. C'est au tome IV de l'édition des *OEuvres*, 1738-39, que cette épitre se trouve. B.

[2] VAR.
>Des chansonniers comme une autre a souffert.
>Certain lampon courut long-temps sur elle.
>Dans un refrain cette mère pucelle
>Se vit nichée, et le Juif infidèle
>Vous parlé encore, avec un rire amer,
>D'un rendez-vous avec monsieur Panther.
>C'est de tout temps ainsi que la satire
>A de son souffle infecté les esprits;
>La terre entière est, dit-on, son empire;
>Mais, croyez-moi, etc.

[3] VAR.
>Que de si loin M. Bardus contemple,
>Et que Damis ne visita jamais.

[4] L'un des fabricateurs de la bulle *Unigenitus*; voyez tome XLI, page 255. B.

[5] Dans une *Préface des éditeurs*, en tête de *La mort de César*, Amsterdam, 1736, ces vers sont cités ainsi :

>L'affreux Rousseau, loin de cacher en paix
>Des jours tissus d'opprobre et de forfaits.

Voltaire a depuis, dans son *Mémoire sur la Satire*, publié en 1739, reconnu que lorsqu'il employa ces expressions peu mesurées contre Rousseau, il avait *perdu patience*; et il s'excusa de l'avoir fait. B.

[6] Dans cette édition de Hollande de 1736, on lit :

>Eh! que pourront tous les traits satiriques.   B.

7 Après ce vers on lisait :

>Et vous, Launay, vous, Zoïle moderne,
>D'écrits rimés barbouilleur subalterne,
>Insecte vil, qui rampez pour piquer,
>Et que nos yeux ne peuvent remarquer;
>Je n'entends pas le bruit de vos murmures,
>Je ne sens pas vos frivoles morsures;
>Car Émilie en ces mêmes moments
>Remplit mon cœur et tous mes sentiments.
>De son esprit mon ame pénétrée,
>D'autres objets à peine est effleurée;
>J'entends sa voix, je suis devant ses yeux :
>Que tous les sots me déclarent la guerre,
>Hors de leur monde, et porté dans les cieux,
>Je ne vois plus la fange de la terre.

Personne ne sait plus ce que c'était que ce Launay.— C'est l'auteur de la comédie intitulée *la Vérité fabuliste*. B.

8 VAR.
>Montez au ciel : trois déesses rivales
>Y vont porter leur haine et leurs scandales,
>Et le beau ciel de nous autres chrétiens
>Tout comme l'autre eut aussi ses vauriens.
>Ne voit-on pas, chez cet atrabilaire *
>Qui d'Olivier fut un temps secrétaire,
>Ange contre ange, Uriel et Nisroc
>Contre Ariac, Asmodée, et Moloc,
>Couvrant de sang les célestes campagnes,
>Lançant des rocs, ébranlant des montagnes;
>De purs esprits qu'un fendant coupe en deux,
>Et du canon tiré de près sur eux :
>Et le Messie allant, dans une armoire,
>Prendre sa lance, instrument de sa gloire?
>Vous voyez bien que la guerre est partout.
>Point de repos, cela me pousse à bout.
>Et quoi, toujours alerte, en sentinelle !
>Que devient donc la paix universelle
>Qu'un grand ministre en rêvant proposa,

---

* Milton, secrétaire d'Olivier Cromwell, et qui justifia le meurtre de Charles Ier dans le plus abominable et le plus plat libelle qu'on ait jamais écrit.

Et qu'Irénée * aux sifflets exposa,
Et que Jean-Jacque orna de sa faconde,
Quand il fesait la guerre à tout le monde ** ?
O Patouillet! ô Nonnotte, et consorts!
O mes amis, la paix est chez les morts!
Chrétiennement mon cœur vous la souhaite.
Chez les vivants où trouver sa retraite?
Où fuir? que faire? à quel saint recourir? etc.

* Irénée Castel de Saint-Pierre. On prétend que Sulli avait eu le même projet.

** J.-J. Rousseau a fait aussi un livre sur la paix universelle. Cette tirade avait été ajoutée à l'épître, dans le temps des querelles de Rousseau avec les gens de lettres.

ÉPITRE XLIII.

A MADEMOISELLE SALLÉ[1].

Les Amours, pleurant votre absence[2],
Loin de nous s'étaient envolés;
Enfin les voilà rappelés
Dans le séjour de leur naissance.
Je les vis ces enfants ailés
Voler en foule sur la scène:
Pour y voir triompher leur reine,
Les états furent assemblés;
Tout avait déserté Cythère[3],
Le jour, le plus beau de vos jours,
Où vous reçûtes de leur mère
Et la ceinture et les atours.
Dieux! quel fut l'aimable concours
Des Jeux qui, marchant sur vos traces,

Apprirent de vous pour toujours
Ces pas mesurés par les Graces,
Et composés par les Amours!
Des Ris l'essaim vif et folâtre,
Pour contempler ces jeux charmants,
Avait occupé le théâtre
Sous les formes de mille amants;
Vénus et ses nymphes, parées [4]
De modernes habillements,
Des loges s'étaient emparées.
Un tas de vains perturbateurs [5],
Soulevant les flots du parterre,
A vous, à vos admirateurs,
Vint aussi déclarer la guerre.
Je vis leur parti frémissant,
Forcé de changer de langage,
Vous rendre en pestant leur hommage,
Et jurer en applaudissant.
Restez, fille de Terpsichore :
L'Amour est las de voltiger ;
Laissez soupirer l'étranger,
Brûlant de vous revoir encore.
Je sais que, pour vous attirer,
Le solide Anglais récompense
Le mérite errant que la France
Ne fait tout au plus qu'admirer.
Par sa généreuse industrie,
Il veut en vain vous rappeler [6] :
Est-il rien qui doive égaler
Le suffrage de sa patrie?

NOTE ET VARIANTES DE L'ÉPITRE XLIII.

¹ Cette épître a été imprimée sans nom d'auteur dans le *Mercure* de 1731. Elle est depuis long-temps dans les *OEuvres de Voltaire*, qui semble s'en avouer l'auteur par sa lettre à Thieriot, du 14 juillet 1733. Mais il l'a désavouée dans une de ses notes sur le *Dialogue de Pégase et du Vieillard* (voyez tome XIV). Dans sa lettre à Thieriot, du 10 mars 1736 (voyez tome LII, page 214), Voltaire la donne à Bernard. Elle fait partie des OEuvres de ce poëte. Si je la donne ici, c'est à cause du renvoi que j'ai mis trop légèrement tome LI, page 406. B.

2 Les Amours pendant votre absence
Avec vous s'étaient envolés.

3 Dieux! quel fut leur plaisir extrême,
Ce jour, le plus beau de vos jours,
Où, recevant de Vénus même
Et sa ceinture et ses atours,
Vous vîtes l'avide concours
D'un peuple empressé sur vos traces,
Qui se rappellera toujours
Ces pas mesurés par les Graces.

4 Pour vous voir, les Graces parées.

5 Pour empoisonner ces douceurs,
Une troupe d'Amours censeurs
Osa se glisser au parterre,
Amours étrangers, inconnus,
Qui sans doute n'étaient venus
Que pour vous déclarer la guerre.

6 Laissons l'Anglais se signaler.

ÉPITRE XLIV.

A MADEMOISELLE DE GUISE[1],

SUR SON MARIAGE AVEC LE DUC DE RICHELIEU.

Avril 1734.

Un prêtre, un *oui*, trois mots latins,
A jamais fixent vos destins;
Et le célébrant d'un village,
Dans la chapelle de Montjeu,
Très chrétiennement vous engage
A coucher avec Richelieu,
Avec Richelieu, ce volage,
Qui va jurer par ce saint nœud
D'être toujours fidèle et sage.
Nous nous en défions un peu;
Et vos grands yeux noirs, pleins de feu,
Nous rassurent bien davantage
Que les serments qu'il fait à Dieu.

   Mais vous, madame la duchesse,
Quand vous reviendrez à Paris,
Songez-vous combien de maris
Viendront se plaindre à votre altesse?
Ces nombreux cocus qu'il a faits
Ont mis en vous leur espérance:
Ils diront, voyant vos attraits,

« Dieux! quel plaisir que la vengeance!»
Vous sentez bien qu'ils ont raison,
Et qu'il faut punir le coupable :
L'heureuse loi du talion
Est des lois la plus équitable.
Quoi! votre cœur n'est point rendu?
Votre sévérité me gronde!
Ah! quelle espèce de vertu
Qui fait enrager tout le monde!
Faut-il donc que de vos appas
Richelieu soit l'unique maître?
Est-il dit qu'il ne sera pas
Ce qu'il a tant mérité d'être?
Soyez donc sage, s'il le faut;
Que ce soit là votre chimère :
Avec tous les talents de plaire,
Il faut bien avoir un défaut.
Dans cet emploi noble et pénible
De garder ce qu'on nomme honneur,
Je vous souhaite un vrai bonheur :
Mais voilà la chose impossible.

NOTE DE L'ÉPITRE XLIV.

1 Voyez la note, tome LI, page 477. Le mariage eût lieu dans la nuit du 6 au 7 avril 1734. B.

ÉPITRE XLV.

A M.***.

Du camp de Philisbourg, le 3 juillet 1734.

C'est ici que l'on dort sans lit,
Et qu'on prend ses repas par terre;
Je vois et j'entends l'atmosphère
Qui s'embrase et qui retentit
De cent décharges de tonnerre;
Et dans ces horreurs de la guerre
Le Français chante, boit, et rit.
Bellone va réduire en cendres
Les courtines de Philisbourg,
Par cinquante mille Alexandres
Payés à quatre sous par jour :
Je les vois, prodiguant leur vie,
Chercher ces combats meurtriers,
Couverts de fange et de lauriers,
Et pleins d'honneur et de folie.
Je vois briller au milieu d'eux
Ce fantôme nommé la Gloire,
A l'œil superbe, au front poudreux,
Portant au cou cravate noire,
Ayant sa trompette en sa main,
Sonnant la charge et la victoire,
Et chantant quelques airs à boire,
Dont ils répètent le refrain [1].

O nation brillante et vaine!
Illustres fous, peuple charmant,
Que la Gloire à son char enchaîne,
Il est beau d'affronter gaîment
Le trépas et le prince Eugène.
Mais, hélas! quel sera le prix
De vos héroïques prouesses!
Vous serez cocus dans Paris
Par vos femmes et vos maîtresses [2].

NOTES DE L'ÉPITRE XLV.

[1] Après ce vers, on lisait ceux-ci, qui étaient la fin de la pièce:

> Déja le maréchal de Noaille,
> Qui suit ce fantôme au grand trot,
> Croyant qu'on va donner bataille,
> En paraît un peu moins dévot;
> Tous les saints au diable il envoie,
> Et vient de donner pour le mot:
> Vive l'honneur! vive la joie!

[2] Dans une ancienne édition on ne trouve pas les quatre derniers vers. B.

ÉPITRE XLVI.

A M. LE COMTE DE TRESSAN.

1734.

Hélas! que je me sens confondre
Par tes vers et par tes talents!
Pourrais-je encore à quarante ans

Les mériter, et leur répondre?
Le temps, la triste adversité
Détend les cordes de ma lyre.
Les Jeux, les Amours m'ont quitté;
C'est à toi qu'ils viennent sourire,
C'est toi qu'ils veulent inspirer,
Toi qui sais, dans ta double ivresse,
Chanter, adorer ta maîtresse,
En jouir, et la célébrer.
Adieu; quand mon bonheur s'envole,
Quand je n'ai plus que des desirs,
Ta félicité me console
De la perte de mes plaisirs.

ÉPITRE XLVII.

A URANIE[1].

1734.

Je vous adore, ô ma chère Uranie!
Pourquoi si tard m'avez-vous enflammé?
Qu'ai-je donc fait des beaux jours de ma vie?
Ils sont perdus; je n'avais point aimé.
J'avais cherché dans l'erreur du bel âge
Ce dieu d'amour, ce dieu de mes desirs;
Je n'en trouvai qu'une trompeuse image,
Je n'embrassai que l'ombre des plaisirs.

Non, les baisers des plus tendres maîtresses;

Non, ces moments comptés par cent caresses,
Moments si doux et si voluptueux,
Ne valent pas un regard de tes yeux.
Je n'ai vécu que du jour où ton ame
M'a pénétré de sa divine flamme;
Que de ce jour où, livré tout à toi,
Le monde entier a disparu pour moi.
    Ah! quel bonheur de te voir, de t'entendre!
Que ton esprit a de force et d'appas!
Dieux! que ton cœur est adorable et tendre!
Et quels plaisirs je goûte dans tes bras!
Trop fortuné, j'aime ce que j'admire.
Du haut du ciel, du haut de ton empire,
Vers ton amant tu descends chaque jour,
Pour l'enivrer de bonheur et d'amour.
Belle Uranie, autrefois la Sagesse
En son chemin rencontra le Plaisir;
Elle lui plut; il en osa jouir;
De leurs amours naquit une déesse,
Qui de sa mère a le discernement,
Et de son père a le tendre enjouement.
Cette déesse, ô ciel! qui peut-elle être?
Vous, Uranie, idole de mon cœur,
Vous que les dieux pour la gloire ont fait naître,
Vous qui vivez pour faire mon bonheur.

NOTE DE L'ÉPITRE XLVII.

1 L'Uranie de Voltaire, en 1734, était madame du Châtelet. B.

ÉPITRE XLVIII.

A URANIE.

1734.

Qu'un autre vous enseigne, ô ma chère Uranie,
A mesurer la terre, à lire dans les cieux,
    Et soumettre à votre génie
Ce que l'amour soumet au pouvoir de vos yeux.
Pour moi, sans disputer ni du plein ni du vide,
    Ce que j'aime est mon univers;
    Mon système est celui d'Ovide,
Et l'amour le sujet et l'ame de mes vers.
Écoutez ses leçons; du pays des chimères
Souffrez qu'il vous conduise au pays des desirs:
    Je vous apprendrai ses mystères;
Heureux, si vous pouvez m'apprendre ses plaisirs.
Des Graces vous avez la figure légère,
D'une muse l'esprit, le cœur d'une bergère,
Un visage charmant, où sans être empruntés
    On voit briller les dons de Flore,
Que le doigt de l'Amour marque de tous côtés,
Quand par un doux souris il s'embellit encore.
    Mais que vous servent tant d'appas?
Quoi! de si belles mains pour toucher un compas,
    Ou pour pointer une lunette!
Quoi! des yeux si charmants pour observer le cours

Ou les taches d'une planète?
Non, la main de Vénus est faite
Pour toucher le luth des amours;
Et deux beaux yeux doivent eux-mêmes
Être nos astres ici-bas.
Laissez donc là tous les systèmes
Sources d'erreurs et de débats;
Et, choisissant l'Amour pour maître,
Jouissez au lieu de connaître.

ÉPITRE XLIX.

A MADAME DU CHATELET[1].

1734.

Je voulais, de mon cœur éternisant l'hommage,
    Emprunter la langue des dieux,
    Et vous parler votre langage :
Je voulais dans mes vers peindre la vive image
De ce feu, de cette ame, et de ces dons des cieux,
Qu'on sent dans vos discours et qu'on voit dans vos yeux.
Le projet était grand, mais faible est mon génie :
Aussitôt j'invoquai les dieux de l'harmonie,
Les maîtres qui d'Auguste ont embelli la cour;
Tous me devaient aider, et chanter à leur tour.
Le cœur les fit parler, leur muse est naturelle;
Vous les connaissez tous, ils sont vos favoris;

'Des auteurs à jamais ils sont l'heureux modèle,
  Excepté de vos beaux-esprits,
  Et de Bernard de Fontenelle.
J'eus l'art de les toucher, car je parlais de vous ;
A votre nom divin je les vis tous paraître.
Virgile le premier, mon idole et mon maître,
Virgile s'avança d'un air égal et doux ;
Les échos répondaient à sa muse champêtre,
L'air, la terre et les cieux en étaient embellis ;
Tandis que ce pasteur, assis au pied d'un hêtre,
Embrassait Corydon et caressait Phylis,
On voyait près de lui, mais non pas sur sa trace,
Cet adroit courtisan et délicat Horace,
Mêlant au dieu du vin l'une et l'autre Vénus,
D'un ton plus libertin caresser avec grace
  Et Glycère et Ligurinus.
Celui qui fut puni de sa coquetterie,
Le maître en l'art d'aimer [2], qui rien ne nous apprit,
Prodiguait à Corinne avec galanterie
  Beaucoup d'amour et trop d'esprit.
Tibulle, caressé dans les bras de Délie,
Par des vers enchanteurs exhalait ses plaisirs ;
Et Catulle vantait, plus tendre en ses desirs,
Dans son style emporté, les baisers de Lesbie.
Vous parûtes alors, adorable Émilie :
Je vis soudain sur vous tous les yeux se tourner ;
  Votre aspect enlaidit les belles,
  Et de leurs amants enchantés
  Vous fîtes autant d'infidèles.
Je pensais qu'à l'instant ils allaient m'inspirer ;
Mais, jaloux de vous plaire et de vous célébrer,

Ils ont bien rabaissé ma téméraire audace.
Je vois qu'il n'appartient qu'aux maîtres du Parnasse
De vous offrir des vers, et de chanter pour vous;
C'est un honneur dont je serais jaloux,
Si jamais j'étais à leur place.

NOTES DE L'ÉPITRE XLIX.

¹ Cette épître sur les poëtes latins est dans le recueil publié par M. Jacobsen, en 1820; mais elle est aussi dans un recueil manuscrit terminé au commencement de 1735 par Céran, à Cirey; ce qui en fixe à peu près la date. (*Note de M. Clogenson.*)

² Ovide, auteur de l'*Art d'aimer*. B.

ÉPITRE L.

A M. LE COMTE ALGAROTTI[1].

1735.

Lorsque ce grand courrier de la philosophie,
    Condamine l'observateur[2],
De l'Afrique au Pérou conduit par Uranie,
    Par la gloire, et par la manie,

² MM. Godin, Bouguer, et de La Condamine, étaient partis alors pour faire leurs observations en Amérique, dans des contrées voisines de l'équateur. MM. de Maupertuis, Clairaut, et Le Monnier, devaient, dans la même vue, partir pour le Nord, et M. Algarotti était du voyage. Il s'agissait de décider si la terre est un sphéroïde aplati ou alongé (1739).

S'en va griller sous l'équateur,
Maupertuis et Clairaut, dans leur docte fureur,
Vont geler au pôle du monde.
Je les vois d'un degré mesurer la longueur;
Pour ôter au peuple rimeur
Ce beau nom de machine ronde,
Que nos flasques auteurs, en chevillant leurs vers,
Donnaient à l'aventure à ce plat univers.

Les astres étonnés, dans leur oblique course,
Le grand, le petit Chien, et le Cheval, et l'Ourse,
Se disent l'un à l'autre, en langage des cieux :
« Certes, ces gens sont fous, ou ces gens sont des dieux. »

Et vous, Algarotti[a], vous, cygne de Padoue,
Élève harmonieux du cygne de Mantoue,
Vous allez donc aussi, sous le ciel des frimas,
Porter, en grelottant, la lyre et le compas,
Et, sur des monts glacés traçant des parallèles,
Faire entendre aux Lapons vos chansons immortelles ?

Allez donc, et du pôle observé, mesuré,
Revenez aux Français apporter des nouvelles.
Cependant je vous attendrai,
Tranquille admirateur de votre astronomie,
Sous mon méridien, dans les champs de Cirey,
N'observant désormais que l'astre d'Émilie.
Échauffé par le feu de son puissant génie,
Et par sa lumière éclairé,

---

[a] M. Algarotti fesait très bien des vers en sa langue, et avait quelques connaissances en mathématiques (1739).

Sur ma lyre je chanterai
Son ame universelle autant qu'elle est unique;
Et j'atteste les cieux, mesurés par vos mains,
Que j'abandonnerais pour ses charmes divins
L'équateur et le pôle arctique.

NOTE DE L'ÉPITRE L.

1 Cette épitre, imprimée dans les *Nouveaux amusements du cœur et de l'esprit*, tome III, page 254, y est datée de : *A Cirey, près Vassi, le 15 octobre 1735*. Elle avait été imprimée, par Desfontaines, dans le tome III de ses *Observations sur les écrits modernes*, malgré Voltaire (voyez tome LII, page 117). B.

ÉPITRE LI.

A M. BERGER[1],

Qui lui avait envoyé la Description du Hameau, de Bernard, en vers de quatre syllabes, et qui commence ainsi :

Rien n'est si beau
Que mon hameau, etc.

A Cirey, janvier 1736.

De ton Bernard
J'aime l'esprit,
J'aime l'écrit
Que de sa part
Tu viens de mettre
Avec ta lettre.

Son heureux mètre,
Coulant sans art,
Brillant sans fard,
C'est la peinture
De la nature,
C'est un tableau
Fait par Watteau.
Sachez aussi
Que la déesse
Enchanteresse
De ce lieu-ci,
Voyant l'espèce
De vers si courts
Que les Amours
Eux-même ont faits,
A dit qu'auprès
De ces vers nains,
Vifs, et badins,
Tous les plus longs
Faits par Voltaire
Ne pourraient guère
Être aussi bons.

NOTE DE L'ÉPITRE LI.

1 Ces vers font partie d'une lettre à Berger, de janvier 1736; voyez tome LII, page 176. B.

ÉPITRE LII.

A M. DE SAINT-LAMBERT.

1736.

Mon esprit avec embarras
Poursuit des vérités arides;
J'ai quitté les brillants appas
Des muses, mes dieux et mes guides,
Pour l'astrolabe et le compas
Des Maupertuis et des Euclides.
Du vrai le pénible fatras
Détend les cordes de ma lyre;
Vénus ne veut plus me sourire,
Les Graces détournent leurs pas.
Ma muse, les yeux pleins de larmes,
Saint-Lambert, vole auprès de vous;
Elle vous prodigue ses charmes:
Je lis vos vers, j'en suis jaloux.
Je voudrais en vain vous répondre;
Son refus vient de me confondre:
Vous avez fixé ses amours,
Et vous les fixerez toujours.
Pour former un lien durable
Vous avez sans doute un secret;
Je l'envisage avec regret,
Et ce secret, c'est d'être aimable.

ÉPITRE LIII.

A MADEMOISELLE DE LUBERT.

Charmante Iris, qui, sans chercher à plaire,
Savez si bien le secret de charmer;
Vous dont le cœur, généreux et sincère,
Pour son repos sut trop bien l'art d'aimer;
Vous dont l'esprit, formé par la lecture,
Ne parle pas toujours mode et coiffure;
Souffrez, Iris, que ma muse aujourd'hui
Cherche à tromper un moment votre ennui.
Auprès de vous on voit toujours les Graces:
Pourquoi bannir les Plaisirs et les Jeux?
L'Amour les veut rassembler sur vos traces:
Pourquoi chercher à vous éloigner d'eux?
Du noir chagrin volontaire victime,
Vous seule, Iris, faites votre tourment,
Et votre cœur croirait commettre un crime
S'il se prêtait à la joie un moment.
De vos malheurs je sais toute l'histoire;
L'Amour, l'Hymen, ont trahi vos desirs [1] :
Oubliez-les; ce n'est que des plaisirs
Dont nous devons conserver la mémoire.
Les maux passés ne sont plus de vrais maux;
Le présent seul est de notre apanage,
Et l'avenir peut consoler le sage,
Mais ne saurait altérer son repos.

Du cher objet que votre cœur adore
Ne craignez rien ; comptez sur vos attraits :
Il vous aima ; son cœur vous aime encore,
Et son amour ne finira jamais.
Pour son bonheur bien moins que pour le vôtre,
De la Fortune il brigue les faveurs ;
Elle vous doit, après tant de rigueurs,
Pour son honneur rendre heureux l'un et l'autre.
D'un tendre ami, qui jamais ne rendit
A la Fortune un criminel hommage,
Ce sont les vœux. Goûtez, sur son présage,
Dès ce moment le sort qu'il vous prédit.

NOTE DE L'ÉPITRE LIII.

[1] La mère de M. le président Rougeot s'était opposée au mariage de son fils avec mademoiselle de Lubert, parcequ'elle ne voulait point avoir, disait-elle, une bru bel-esprit. Voyez aussi l'épitre xxxvi, page 83. B.

ÉPITRE LIV.

A MADAME LA MARQUISE DU CHATELET.

SUR LA PHILOSOPHIE DE NEWTON.

1736 [1].

Tu m'appelles à toi, vaste et puissant génie,
Minerve de la France, immortelle Émilie ;
Je m'éveille à ta voix, je marche à ta clarté [2],

Sur les pas des Vertus et de la Vérité.
Je quitte Melpomène et les jeux du théâtre,
Ces combats, ces lauriers, dont je fus idolâtre;
De ces triomphes vains mon cœur n'est plus touché.
Que le jaloux Rufus[3], à la terre attaché,
Traîne au bord du tombeau la fureur insensée
D'enfermer dans un vers une fausse pensée;
Qu'il arme contre moi ses languissantes mains
Des traits qu'il destinait au reste des humains;
Que quatre fois par mois un ignorant Zoïle
Élève, en frémissant, une voix imbécile :
Je n'entends point leurs cris, que la haine a formés;
Je ne vois point leurs pas, dans la fange imprimés.
Le charme tout puissant de la philosophie
Élève un esprit sage au-dessus de l'envie.
Tranquille au haut des cieux que Newton s'est soumis,
Il ignore en effet s'il a des ennemis :
Je ne les connais plus. Déja de la carrière
L'auguste Vérité vient m'ouvrir la barrière;
Déja ces tourbillons, l'un par l'autre pressés,
Se mouvant sans espace, et sans règle entassés,
Ces fantómes savants à mes yeux disparaissent.
Un jour plus pur me luit; les mouvements renaissent.
L'espace, qui de Dieu contient l'immensité,
Voit rouler dans son sein l'univers limité,
Cet univers si vaste à notre faible vue,
Et qui n'est qu'un atome, un point dans l'étendue.
Dieu parle, et le chaos se dissipe à sa voix :
Vers un centre commun tout gravite à-la-fois.
Ce ressort si puissant, l'ame de la nature,
Était enseveli dans une nuit obscure;

Le compas de Newton, mesurant l'univers,
Lève enfin ce grand voile, et les cieux sont ouverts.
Il déploie à mes yeux, par une main savante,
De l'astre des saisons la robe étincelante:
L'émeraude, l'azur, le pourpre, le rubis,
Sont l'immortel tissu dont brillent ses habits.
Chacun de ses rayons, dans sa substance pure,
Porte en soi les couleurs dont se peint la nature;
Et, confondus ensemble, ils éclairent nos yeux;
Ils animent le monde, ils emplissent les cieux.

 Confidents du Très-Haut, substances éternelles,
Qui brûlez de ses feux, qui couvrez de vos ailes
Le trône où votre maître est assis parmi vous,
Parlez: du grand Newton n'étiez-vous point jaloux?

 La mer entend sa voix. Je vois l'humide empire
S'élever, s'avancer vers le ciel qui l'attire:
Mais un pouvoir central arrête ses efforts;
La mer tombe, s'affaisse, et roule vers ses bords.

 Comètes, que l'on craint à l'égal du tonnerre,
Cessez d'épouvanter les peuples de la terre:
Dans une ellipse immense achevez votre cours;
Remontez, descendez près de l'astre des jours;
Lancez vos feux, volez, et, revenant sans cesse,
Des mondes épuisés ranimez la vieillesse.

 Et toi, sœur du soleil, astre qui, dans les cieux,
Des sages éblouis trompais les faibles yeux,
Newton de ta carrière a marqué les limites;
Marche, éclaire les nuits, tes bornes sont prescrites.

 Terre, change de forme; et que la pesanteur,
En abaissant le pôle, élève l'équateur [4]:
Pôle immobile aux yeux, si lent dans votre course,

Fuyez le char glacé des sept astres de l'Ourse:
Embrassez, dans le cours de vos longs mouvements*,
Deux cents siècles entiers par-delà six mille ans.

Que ces objets sont beaux! que notre ame épurée
Vole à ces vérités dont elle est éclairée!
Oui, dans le sein de Dieu, loin de ce corps mortel,
L'esprit semble écouter la voix de l'Éternel.

Vous à qui cette voix se fait si bien entendre,
Comment avez-vous pu, dans un âge encor tendre,
Malgré les vains plaisirs, ces écueils des beaux jours⁵,
Prendre un vol si hardi, suivre un si vaste cours?
Marcher, après Newton, dans cette route obscure
Du labyrinthe immense où se perd la nature?
Puissé-je auprès de vous, dans ce temple écarté,
Aux regards des Français montrer la vérité!
Tandis qu'Algarotti ᵇ, sûr d'instruire et de plaire,
Vers le Tibre étonné conduit cette étrangère,
Que de nouvelles fleurs il orne ses attraits,
Le compas à la main j'en tracerai les traits;
De mes crayons grossiers je peindrai l'immortelle.
Cherchant à l'embellir, je la rendrais moins belle:
Elle est, ainsi que vous, noble, simple, et sans fard,
Au-dessus de l'éloge, au-dessus de mon art.

ᵃ C'est la période de la précession des équinoxes, laquelle s'accomplit en vingt-six mille neuf cents ans, ou environ (1748).

ᵇ M. Algarotti, jeune Vénitien, fesait imprimer alors à Venise un traité sur la lumière, *Newtonianismo per le Dame*, dans lequel il expliquait l'attraction (1742). M. de Voltaire fut le premier en France qui expliqua les découvertes de Newton (1736).

NOTES ET VARIANTES DE L'ÉPITRE LIV.

¹ Cette épître est de 1736; car il en est fait mention dans la lettre du prince royal de Prusse, du 3 décembre 1736; mais elle ne fut imprimée qu'en 1738, à la tête des *Éléments de la Philosophie de Newton*. B.

² Var. Disciple de Newton et de la vérité,
Tu pénètres mes sens des feux de ta clarté;
Je renonce aux lauriers que long-temps au théâtre
Chercha d'un vain plaisir mon esprit idolâtre;
De ces triomphes vains, etc.

³ J.-B. Rousseau; voyez l'épitre XLII et ses notes. B.

⁴ Var. Change de forme, ô terre! et que ta pesanteur,
Augmentant sous le pôle, élève l'équateur.

Autre variante:

Terre, change de forme, et que la pesanteur,
Abaissant tes côtés, soulève l'équateur.

⁵ Var. Malgré les vains plaisirs, cet écueil des beaux jours.

ÉPITRE LV.

AU PRINCE ROYAL,

DEPUIS ROI DE PRUSSE.

DE L'USAGE DE LA SCIENCE DANS LES PRINCES.

Octobre 1736.

Prince, il est peu de rois que les muses instruisent;
Peu savent éclairer les peuples qu'ils conduisent.
Le sang des Antonins sur la terre est tari;

Car, depuis ce héros de Rome si chéri,
Ce philosophe roi, ce divin Marc-Aurèle,
Des princes, des guerriers, des savants le modèle,
Quel roi, sous un tel joug osant se captiver,
Dans les sources du vrai sut jamais s'abreuver?
Deux ou trois, tout au plus, prodiges dans l'histoire,
Du nom de philosophe ont mérité la gloire;
Le reste est à vos yeux le vulgaire des rois,
Esclaves des plaisirs, fiers oppresseurs des lois,
Fardeaux de la nature, ou fléaux de la terre,
Endormis sur le trône, ou lançant le tonnerre.
Le monde, aux pieds des rois, les voit sous un faux jour;
Qui sait régner sait tout, si l'on en croit la cour.
Mais quel est en effet ce grand art politique,
Ce talent si vanté dans un roi despotique?
Tranquille sur le trône, il parle, on obéit;
S'il sourit, tout est gai; s'il est triste, on frémit.
Quoi! régir d'un coup d'œil une foule servile,
Est-ce un poids si pesant, un art si difficile?
Non : mais fouler aux pieds la coupe de l'erreur,
Dont veut vous enivrer un ennemi flatteur,
Des prélats courtisans confondre l'artifice,
Aux organes des lois enseigner la justice;
Du séjour doctoral chassant l'absurdité,
Dans son sein ténébreux placer la vérité,
Éclairer le savant, et soutenir le sage,
Voilà ce que j'admire, et c'est là votre ouvrage.
L'ignorance, en un mot, flétrit toute grandeur.
  Du dernier roi d'Espagne[a] un grave ambassadeur

---

[a] Cette aventure se passa à Londres, la première année du règne de Charles II, roi d'Espagne (1756).

De deux savants anglais reçut une prière ;
Ils voulaient, dans l'école apportant la lumière,
De l'air qu'un long cristal enferme en sa hauteur,
Aller au haut d'un mont marquer la pesanteur [1].
Il pouvait les aider dans ce savant voyage ;
Il les prit pour des fous : lui seul était peu sage.
Que dirai-je d'un pape et de sept cardinaux [2],
D'un zèle apostolique unissant les travaux,
Pour apprendre aux humains, dans leurs augustes codes,
Que c'était un péché de croire aux antipodes ?
Combien de souverains, chrétiens, et musulmans,
Ont tremblé d'une éclipse, ont craint des talismans !
Tout monarque indolent, dédaigneux de s'instruire,
Est le jouet honteux de qui veut le séduire.
Un astrologue, un moine, un chimiste effronté,
Se font un revenu de sa crédulité.
Il prodigue au dernier son or par avarice ;
Il demande au premier si Saturne propice,
D'un aspect fortuné regardant le soleil,
L'appelle à table, au lit, à la chasse, au conseil ;
Il est aux pieds de l'autre ; et, d'une ame soumise,
Par la crainte du diable, il enrichit l'Église.
Un pareil souverain ressemble à ces faux dieux,
Vils marbres adorés, ayant en vain des yeux ;
Et le prince éclairé, que la raison domine,
Est un vivant portrait de l'essence divine.

Je sais que dans un roi l'étude, le savoir,
N'est pas le seul mérite et l'unique devoir ;
Mais qu'on me nomme enfin, dans l'histoire sacrée,
Le roi dont la mémoire est le plus révérée :
C'est ce bon Salomon, que Dieu même éclaira,

Qu'on chérit dans Sion, que la terre admira,
Qui mérita des rois le volontaire hommage.
Son peuple était heureux, il vivait sous un sage :
L'Abondance, à sa voix, passant le sein des mers,
Volait pour l'enrichir des bouts de l'univers ;
Comme à Londre, à Bordeaux, de cent voiles suivie,
Elle apporte, au printemps, les trésors de l'Asie.
Ce roi, que tant d'éclat ne pouvait éblouir,
Sut joindre à ses talents l'art heureux de jouir.
Ce sont là les leçons qu'un roi prudent doit suivre ;
Le savoir, en effet, n'est rien sans l'art de vivre.
Qu'un roi n'aille donc point, épris d'un faux éclat,
Pâlissant sur un livre, oublier son état ;
Que plus il est instruit, plus il aime la gloire.

De ce monarque anglais vous connaissez l'histoire :
Dans un fatal exil Jacques[a] laissa périr
Son gendre infortuné, qu'il eût pu secourir.
Ah ! qu'il eût mieux valu, rassemblant ses armées,
Délivrer des Germains les villes opprimées,
Venger de tant d'états les désolations,
Et tenir la balance entre les nations,
Que d'aller, des docteurs briguant les vains suffrages,
Au doux enfant Jésus dédier ses ouvrages !
Un monarque éclairé n'est pas un roi pédant :
Il combat en héros, il pense en vrai savant.
Tel fut ce Julien méconnu du vulgaire,
Philosophe et guerrier, terrible et populaire.
Ainsi ce grand César, soldat, prêtre, orateur,
Fut du peuple romain l'oracle et le vainqueur.

[a] Le roi Jacques fit un petit traité de théologie, qu'il dédia à l'enfant Jésus (1756).

On sait qu'il fit encor bien pis dans sa jeunesse[3] ;
Mais tout sied au héros, excepté la faiblesse.

NOTES ET VARIANTE DE L'ÉPITRE LV.

[1] Il s'agissait de reconnaître la différence du poids de l'atmosphère au pied et au sommet de la montagne. Pour s'épargner l'embarras d'y transporter un baromètre, on se proposait d'employer un siphon, dont une des branches serait bouchée à l'extrémité supérieure; le bas étant rempli de mercure, qui doit être de niveau dans les deux branches au pied de la montagne. Au sommet le mercure se trouve plus haut dans la branche ouverte, et plus bas dans la branche fermée. La différence de niveau sert à connaître celle du poids de l'atmosphère. Plus la branche fermée (c'est-à-dire le tube qui renferme l'air de la montagne) est longue, plus l'expérience peut être exacte. Voilà pourquoi M. de Voltaire dit, *un long cristal*. Depuis qu'on sait construire des baromètres portatifs, on a cessé d'employer toute autre espèce d'instrument pour ces expériences. K.

[2] Le pape Zacharie, qui régna de 741 à 752. B.

[3] VAR. Il serait aujourd'hui votre modèle auguste,
Et votre exemple en tout, s'il avait été juste.

ÉPITRE LVI.

A Mlle DE T..... DE ROUEN[1],

QUI AVAIT ÉCRIT A L'AUTEUR
CONJOINTEMENT AVEC M. DE CIDEVILLE.

1738.

Quoi ! celle qui n'a dû connaître
Que les Graces, ses tendres sœurs,

De qui les mains cueillent des fleurs,
Et de qui les pas les font naître,
En philosophe ose paraître
Dans les profondeurs des détours
Où l'on voit les épines croître ;
Et la maîtresse des Amours
A choisi Newton pour son maître !
   Je vois cette jeune beauté,
Du palais de la Volupté,
Se promener d'un pas agile
Au temple de la Vérité.
La route en était difficile ;
Mais elle est avec Cideville,
Dans ces deux temples si fêté.
Jusqu'où n'a-t-elle point été
Avec ce conducteur habile ?
   Je vois que la nature a fait,
Parmi ses œuvres infinies,
Deux fois un ouvrage parfait :
Elle a formé deux Émilies.

NOTE DE L'ÉPITRE LVI.

1 Cette épitre est celle dont il est fait mention dans la lettre à Cideville, du 14 juillet 1738; voyez tome LIII, page 198. B.

ÉPITRE LVII.

AU PRINCE ROYAL DE PRUSSE.

1738.

Vous ordonnez que je vous dise
Tout ce qu'à Cirey nous fesons :
Ne le voyez-vous pas sans qu'on vous en instruise ?
Vous êtes notre maître, et nous vous imitons :
Nous retenons de vous les plus belles leçons
    De la sagesse d'Épicure ;
    Comme vous, nous sacrifions
    A tous les arts, à la nature ;
    Mais de fort loin nous vous suivons.
    Ainsi, tandis qu'à l'aventure
    Le dieu du jour lance un rayon
    Au fond de quelque chambre obscure,
    De ses traits la lumière pure
    Y peint du plus vaste horizon
    La perspective en miniature.
    Une telle comparaison
    Se sent un peu de la lecture
    Et de Kircher et de Newton.
    Par ce ton si philosophique
    Qu'ose prendre ma faible voix,
    Peut-être je gâte à-la-fois
    La poésie et la physique.

Mais cette nouveauté me pique;
Et du vieux code poétique
Je commence à braver les lois.
Qu'un autre, dans ses vers lyriques,
Depuis deux mille ans répétés,
Brode encor des fables antiques;
Je veux de neuves vérités.
Divinités des bergeries,
Naïades des rives fleuries,
Satyres, qui dansez toujours,
Vieux enfants que l'on nomme Amours,
Qui faites naître en nos prairies
De mauvais vers et de beaux jours,
Allez remplir les hémistiches
De ces vers pillés et postiches
Des rimailleurs suivant les cours.
D'une mesure cadencée
Je connais le charme enchanteur:
L'oreille est le chemin du cœur;
L'harmonie et son bruit flatteur
Sont l'ornement de la pensée:
Mais je préfère, avec raison,
Les belles fautes du génie
A l'exacte et froide oraison
D'un puriste d'académie.
Jardins plantés en symétrie,
Arbres nains tirés au cordeau,
Celui qui vous mit au niveau
En vain s'applaudit, se récrie,
En voyant ce petit morceau:
Jardins, il faut que je vous fuie;

Trop d'art me révolte et m'ennuie.
J'aime mieux ces vastes forêts :
La nature, libre et hardie,
Irrégulière dans ses traits,
S'accorde avec ma fantaisie.
Mais dans ce discours familier
En vain je crois étudier
Cette nature simple et belle,
Je me sens plus irrégulier
Et beaucoup moins aimable qu'elle.
Accordez-moi votre pardon
Pour cette longue rapsodie ;
Je l'écrivis avec saillie,
Mais peu maître de ma raison,
Car j'étais auprès d'Émilie.

ÉPITRE LVIII.

AU PRINCE ROYAL DE PRUSSE.

AU NOM DE MADAME LA MARQUISE DU CHATELET,
A QUI IL AVAIT DEMANDÉ CE QU'ELLE FESAIT A CIREY[1].

1738.

Un peu philosophe et bergère,
Dans le sein d'un riant séjour,
Loin des riens brillants de la cour,
Des intrigues du ministère,
Des inconstances de l'amour,

Des absurdités du vulgaire
Toujours sot et toujours trompé,
Et de la troupe mercenaire
Par qui ce vulgaire est dupé,
Je vis heureuse et solitaire;
Non pas que mon esprit sévère
Haïsse par son caractère
Tous les humains également:
Il faut les fuir, c'est chose claire,
Mais non pas tous, assurément.
Vivre seule dans sa tanière
Est un assez méchant parti;
Et ce n'est qu'avec un ami
Que la solitude doit plaire.
Pour ami j'ai choisi Voltaire;
Peut-être en feriez-vous ainsi.
Mes jours s'écoulent sans tristesse;
Et, dans mon loisir studieux,
Je ne demandais rien aux dieux
Que quelque dose de sagesse,
Quand le plus aimable d'entre eux,
A qui nous érigeons un temple,
A, par ses vers doux et nombreux,
De la sagesse que je veux
Donné les leçons et l'exemple.
Frédéric est le nom sacré
De ce dieu charmant qui m'éclaire:
Que ne puis-je aller à mon gré
Dans l'Olympe où l'on le révère!
Mais le chemin m'en est bouché.
Frédéric est un dieu caché,

Et c'est ce qui nous désespère.
Pour moi, nymphe de ces coteaux,
Et des prés si verts et si beaux,
Enrichis de l'eau qui les baise,
Soumise au fleuve de La Blaise,
Je reste parmi ses roseaux.
Mais vous, du séjour du tonnerre
Ne pourriez-vous descendre un peu?
C'est bien la peine d'être dieu
Quand on ne vient pas sur la terre!

NOTE DE L'ÉPITRE LVIII.

[1] L'épitre ou lettre à laquelle répondent ces vers n'est pas dans les *OEuvres du roi de Prusse.* B.

ÉPITRE LIX.

A M. HELVÉTIUS.

1738.

Apprenti fermier général,
Très savant maître en l'art de plaire,
Chez Plutus, ce gros dieu brutal,
Vous portâtes mine étrangère;
Mais chez les Amours et leur mère,
Chez Minerve, chez Apollon,
Lorsque vous vîntes à paraître,

On vous prit d'abord pour le maître
Ou pour l'enfant de la maison.
Vainement sur votre menton
La main de l'aimable Jeunesse
N'a mis encor que son coton,
Toute la raisonneuse espèce
Croit voir en vous un vrai barbon;
Et cependant votre maîtresse
Jamais ne s'y méprit, dit-on :
Car au langage de Platon,
Au savoir qui dans vous réside,
A ce minois de Céladon,
Vous joignez la force d'Alcide.

ÉPITRE LX.

AU ROI DE PRUSSE FRÉDÉRIC-LE-GRAND,

EN RÉPONSE A UNE LETTRE DONT IL HONORA L'AUTEUR,

A SON AVÉNEMENT A LA COURONNE [1].

1740.

Quoi! vous êtes monarque, et vous m'aimez encore!
Quoi! le premier moment de cette heureuse aurore
Qui promet à la terre un jour si lumineux,
Marqué par vos bontés, met le comble à mes vœux!
O cœur toujours sensible! ame toujours égale!
Vos mains du trône à moi remplissent l'intervalle [2].

Citoyen couronné, des préjugés vainqueur,
Vous m'écrivez en homme, et parlez à mon cœur.
Cet écrit vertueux, ces divins caractères,
Du bonheur des humains sont les gages sincères.
Ah, prince! ah, digne espoir de nos cœurs captivés!
Ah! régnez à jamais comme vous écrivez.
Poursuivez, remplissez des vœux si magnanimes :
Tout roi jure aux autels de réprimer les crimes ;
Et vous, plus digne roi, vous jurez dans mes mains
De protéger les arts, et d'aimer les humains.

 Et toi[a] dont la vertu brilla persécutée,
Toi qui prouvas un Dieu, mais qu'on nommait athée,
Martyr de la raison, que l'Envie en fureur
Chassa de son pays par les mains de l'erreur,
Reviens, il n'est plus rien qu'un philosophe craigne ;
Socrate est sur le trône, et la Vérité règne.

 Cet or qu'on entassait, ce pur sang des états,
Qui leur donne la mort en ne circulant pas,
Répandu par ses mains, au gré de sa prudence,
Va ranimer la vie, et porter l'abondance.
La sanglante injustice expire sous ses pieds :
Déja les rois voisins sont tous ses alliés ;
Ses sujets sont ses fils, l'honnête homme est son frère ;
Ses mains portent l'olive, et s'arment pour la guerre.
Il ne recherche point ces énormes soldats,
Ce superbe appareil, inutile aux combats,
Fardeaux embarrassants, colosses de la guerre,

---

[a] Le professeur Volf, persécuté comme athée par les théologiens de l'université de Hall, chassé par Frédéric II, sous peine d'être pendu, et fait chancelier de la même université, à l'avénement de Frédéric III (1748).

Enlevés[a], à prix d'or, aux deux bouts de la terre;
Il veut dans ses guerriers le zèle et la valeur,
Et, sans les mesurer, juge d'eux par le cœur[3].
Ainsi pense le juste, ainsi règne le sage.
Mais il faut au grand homme un plus heureux partage:
Consulter la prudence, et suivre l'équité,
Ce n'est encor qu'un pas vers l'immortalité.
Qui n'est que juste est dur; qui n'est que sage est triste:
Dans d'autres sentiments l'héroïsme consiste.
Le conquérant est craint, le sage est estimé:
Mais le bienfesant charme, et lui seul est aimé;
Lui seul est vraiment roi; sa gloire est toujours pure;
Son nom parvient sans tache à la race future.
A qui se fait chérir faut-il d'autres exploits?
Trajan, non loin du Gange, enchaîna trente rois:
A peine a-t-il un nom fameux par la victoire:
Connu par ses bienfaits, sa bonté fait sa gloire.
Jérusalem conquise, et ses murs abattus,
N'ont point éternisé le grand nom de Titus;
Il fut aimé : voilà sa grandeur véritable.
  O vous qui l'imitez, vous, son rival aimable,
Effacez le héros dont vous suivez les pas:
Titus perdit un jour, et vous n'en perdrez pas.

[a] Un de ces soldats, qu'on nommait Petit-Jean, avait été acheté vingt-quatre mille livres (1748).

NOTES ET VARIANTES DE L'ÉPITRE LX.

[1] Dans le *Mercure de France*, de septembre 1748, on trouve une traduction latine de cette épître. B.

[2] Var. Vos mains du trône à moi franchissent l'intervalle;
    Et, philosophe roi, méprisant la grandeur,

Vous m'écrivez en homme, et parlez à mon cœur.
Vous savez qu'Apollon, le dieu de la lumière,
N'a pas toujours du ciel éclairé la carrière :
Dans un champêtre asile il passa d'heureux jours ;
Les arts qu'il y fit naître y furent ses amours :
Il chanta la vertu. Sa divine harmonie
Polit des Phrygiens le sauvage génie ;
Solide en ses discours, sublime en ses chansons,
Du grand art de penser il donna des leçons.
Ce fut le siècle d'or ; car, malgré l'ignorance,
L'âge d'or en effet est le siècle où l'on pense.
Un pasteur étranger, attiré vers ces bords,
Du dieu de l'harmonie entendit les accords ;
A ses sons enchanteurs il accorda sa lyre ;
Le dieu, qui l'approuva, prit le soin de l'instruire :
Mais le dieu se cachait, et le simple étranger
Ne connut, n'admira, n'aima que le berger.
Phébus quitta bientôt ces agréables plaines,
Du char de la lumière il prit en main les rênes ;
Mais le jour que sa course éclaira l'univers,
Au lieu de se coucher dans le palais des mers,
Déposant ses rayons et sa grandeur suprême,
Il apparut encore à l'étranger qui l'aime,
Lui parla de son art, art peu connu des dieux,
Et ne l'oublia point en remontant aux cieux.

Je suis cet étranger, ce pasteur solitaire ;
Mais quel est l'Apollon qui m'échauffe et m'éclaire ?
C'est à vous de le dire, ô vous qui l'admirez,
Peuples qu'il rend heureux, sujets qui l'adorez.
A l'Europe étonnée annoncez votre maître.
Les vertus, les talents, les plaisirs vont renaître ;
Les sages de la terre, appelés à sa voix,
Accourent pour l'entendre, et reçoivent ses lois.

Et toi, dont la vertu, etc.

— Frédéric, n'étant que prince royal, avait passé quelques années dans une campagne qu'il avait ornée, et où il s'était perfectionné dans la connaissance des beaux-arts. C'est à quoi Voltaire fait allusion dans le sixième vers de cette variante. B.

³ Var. Et, sans les mesurer, juge d'eux par le cœur.
Il est héros en tout, puisqu'en tout il est juste ;
Il sait qu'aux yeux du sage on a ce titre auguste
Par des soins bienfesants plus que par des exploits.
Trajan, etc.

ÉPITRE LXI.

A UN MINISTRE D'ÉTAT[1].

SUR L'ENCOURAGEMENT DES ARTS.

1740.

Toi qui, mêlant toujours l'agréable à l'utile[2],
Des plaisirs aux travaux passes d'un vol agile,
Que j'aime à voir ton goût, par des soins bienfesants,
Encourager les arts à ta voix renaissants !
Sans accorder jamais d'injuste préférence,
Entre tous ces rivaux tiens toujours la balance.
De Melpomène en pleurs anime les accents;
De sa riante sœur chéris les agréments;
Anime le pinceau, le ciseau, l'harmonie,
Et mets un compas d'or dans les mains d'Uranie.
Le véritable esprit sait se plier à tout :
On ne vit qu'à demi quand on n'a qu'un seul goût.

Je plains tout être faible, aveugle en sa manie,
Qui dans un seul objet confina son génie,
Et qui, de son idole adorateur charmé,
Veut immoler le reste au dieu qu'il s'est formé.
Entends-tu murmurer ce sauvage algébriste,
A la démarche lente, au teint blême, à l'œil triste,
Qui, d'un calcul aride à peine encore instruit,
Sait que quatre est à deux comme seize est à huit?
Il méprise Racine, il insulte à Corneille;

Lulli n'a point de son pour sa pesante oreille;
Et Rubens vainement, sous ses pinceaux flatteurs,
De la belle nature assortit les couleurs.
Des xx redoublés admirant la puissance,
Il croit que Varignon [3] fut seul utile en France;
Et s'étonne surtout qu'inspiré par l'amour,
Sans algèbre autrefois Quinault charmât la cour.

  Avec non moins d'orgueil et non moins de folie,
Un élève d'Euterpe, un enfant de Thalie,
Qui, dans ses vers pillés, nous répète aujourd'hui
Ce qu'on a dit cent fois, et toujours mieux que lui,
De sa frivole muse admirateur unique,
Conçoit pour tout le reste un dégoût léthargique,
Prend pour des arpenteurs Archimède et Newton,
Et voudrait mettre en vers Aristote et Platon [4].

  Ce bœuf qui pesamment rumine ses problèmes,
Ce papillon folâtre, ennemi des systèmes,
Sont regardés tous deux avec un ris moqueur
Par un bavard en robe, apprenti chicaneur,
Qui, de papiers timbrés barbouilleur mercenaire,
Vous vend pour un écu sa plume et sa colère.
« Pauvres fous, vains esprits, s'écrie avec hauteur
Un ignorant fourré, fier du nom de docteur,
Venez à moi; laissez Massillon, Bourdaloue [5];
Je veux vous convertir; mais je veux qu'on me loue.
Je divise en trois points le plus simple des cas;
J'ai vingt ans, sans l'entendre, expliqué saint Thomas. »
Ainsi ces charlatans, de leur art idolâtres,
Attroupent un vain peuple au pied de leurs théâtres.
L'honnête homme est plus juste, il approuve en autrui
Les arts et les talents qu'il ne sent point en lui.

Jadis avant que Dieu, consommant son ouvrage,
Eût d'un souffle de vie animé son image,
Il se plut à créer des animaux divers :
L'aigle, au regard perçant, pour régner dans les airs;
Le paon, pour étaler l'iris de son plumage;
Le coursier, pour servir; le loup, pour le carnage;
Le chien, fidèle et prompt; l'âne, docile et lent,
Et le taureau farouche, et l'animal bêlant;
Le chantre des forêts; la douce tourterelle,
Qu'on a cru faussement des amants le modèle:
L'homme les nomma tous; et, par un heureux choix,
Discernant leurs instincts, assigna leurs emplois [6].
On compte que l'époux de la célèbre Hortense [a]
Signala plaisamment sa sainte extravagance:
Craignant de faire un choix par sa faible raison,
Il tirait aux trois dés les rangs de sa maison.
Le sort, d'un postillon, fesait un secrétaire;
Son cocher étonné devint homme d'affaire;
Un docteur hibernois, son très digne aumônier,
Rendit grace au destin qui le fit cuisinier.
On a vu quelquefois des choix assez bizarres.
 Il est beaucoup d'emplois, mais les talents sont rares.
Si dans Rome avilie un empereur brutal
Des faisceaux d'un consul honora son cheval,
Il fut cent fois moins fou que ceux dont l'imprudence
Dans d'indignes mortels a mis sa confiance.
L'ignorant a porté la robe de Cujas;
La mitre a décoré des têtes de Midas;

---

[a] Le duc de Mazarin, mari d'Hortense Mancini, fesait tous les ans une loterie de plusieurs emplois de sa maison; et ce qu'on rapporte ici a un fondement véritable (1752).

ÉPÎTRES.

Et tel au gouvernail a présidé sans peine,
Qui, la rame à la main, dut servir à la chaîne.
Le mérite est caché. Qui sait si de nos temps
Il n'est point, quoi qu'on dise, encor quelques talents?
Peut-être qu'un Virgile, un Cicéron sauvage,
Est chantre de paroisse, ou juge de village.
Le sort, aveugle roi des aveugles humains,
Contredit la nature, et détruit ses desseins;
Il affaiblit ses traits, les change ou les efface;
Tout s'arrange au hasard, et rien n'est à sa place.

NOTES ET VARIANTES DE L'ÉPITRE LXI.

¹ Cette épitre fut d'abord adressée à M. le comte de Maurepas, ensuite elle reparut sous le titre, *A un ministre d'état*. M. de Voltaire n'avait pu pardonner à M. de Maurepas de s'être réuni au théatin Boyer pour l'empêcher de succéder, à l'académie française, au cardinal de Fleury : il crut devoir effacer son nom, conserver l'épitre qui renfermait des leçons utiles, et laisser ses lecteurs l'adresser aux ministres qu'ils croiraient la mériter. Suivant M. d'Argental, la principale raison de ce changement était que M. de Maurepas n'a jamais protégé les lettres, ni les arts, et que les efforts de M. de Voltaire pour le piquer d'honneur sur ce point restèrent inutiles. K.

² D'après la première édition :

>Esprit sage et brillant que le ciel a fait naître
>Et pour plaire aux sujets et pour servir leur maître,
>Que j'aime à voir ton goût, par des soins bienfesants,
>Encourager les arts à ta voix renaissants!
>Sans accorder jamais d'injuste préférence,
>Entre tous ces rivaux ta main tient la balance;
>Tel qu'un père éclairé, qui sait de ses enfants
>Discerner, applaudir, employer les talents.
> Je plains, etc.

3 Géomètre médiocre, et qui n'était que cela. Il écrivait très mal, et disait à Fontenelle: « Rendez mes idées. » K.

4 VAR. Et voudrait mettre en vers Cujas et Cicéron.
Pourtant ce géomètre et ce rimeur futile,
Bouffis également d'un orgueil imbécile,
Sont regardés tous deux, etc.

5 VAR. Venez à moi, je suis l'oracle de l'Église,
J'argumente, j'écris, je bénis, j'exorcise:
J'ai des péchés en chaire épluché tous les cas;
J'ai vingt ans, etc.

6 VAR. Discernant leurs instincts, assigna leurs emplois.
Ainsi, par un goût sûr, par un choix toujours sage,
Des talents différents tu fais un juste usage;
Tu sais de Melpomène animer les accents,
De sa riante sœur chérir les agréments,
Protéger de Rameau la profonde harmonie,
Et mettre un compas d'or dans les mains d'Uranie.
Le véritable esprit peut se plier à tout:
On ne vit qu'à demi quand on n'a qu'un seul goût.
Heureux qui sait mêler l'agréable à l'utile,
Des travaux aux plaisirs passer d'un vol agile,
S'occuper en ministre, et vivre en citoyen,
Et se prêter à tout, sans s'asservir à rien!
Un semblable génie, au-dessus du vulgaire,
A l'art de gouverner joint le grand art de plaire;
On voit d'autres mortels auprès du trône admis;
Ils ont tous des flatteurs, il a seul des amis.

— Le 10ᵉ vers de cette variante est imité du 343ᵉ vers de l'*Art Poétique* d'Horace. B.

ÉPITRE LXII.

AU ROI DE PRUSSE.

A Bruxelles, le 9 avril 1741.

Non, il n'est point ingrat; c'est moi qui suis injuste;
Il fait des vers, il m'aime; et ce héros auguste,

En inspirant l'amour, en répandant l'effroi,
Caresse encor sa muse, et badine avec moi.
Du bouclier de Mars il s'est fait un pupitre;
De sa main triomphante il me trace une épître,
Une épître où son cœur a paru tout entier.
J'y vois le bel-esprit, et l'homme, et le guerrier.
C'est le vrai coloris de son ame intrépide.
Son style, ainsi que lui, brillant, mâle, et rapide,
Sans languir un moment, ressemble à ses exploits.
Il dit tout en deux mots, et fait tout en deux mois.

   O ciel! veillez sur lui, si vous aimez la terre:
Écartez loin de lui les foudres de la guerre;
Mais écartez surtout les poignards des dévots.
Que le fou Loyola défende à ses suppôts
D'imiter saintement, dans les champs germaniques,
Des Châtels, des Cléments, les forfaits catholiques.
Je connais trop l'Église et ses saintes fureurs.
Je ne crains point les rois, je crains les directeurs;
Je crains le front tondu d'un cuistre à robe noire,
Qui, du vieux Testament lisant du nez l'histoire,
D'Aod et de Judith admirant les desseins,
Prêche le parricide, et fait des assassins.
Il sait d'un fanatique enhardir la faiblesse.
Un sot à deux genoux, qui marmotte à confesse
La liste des péchés dont il veut le pardon,
Instrument dangereux dans les mains d'un fripon,
Croit tout, est prêt à tout; et sa main frénétique
Respecte rarement un héros hérétique.

ÉPITRE LXIII.

AU MÊME.

Ce 20 avril 1741.

Eh bien! mauvais plaisants, critiques obstinés,
Prétendus beaux-esprits, à médire acharnés,
Qui, parlant sans penser, fiers avec ignorance,
Mettez légèrement les rois dans la balance,
Qui d'un ton décisif, aussi hardi que faux,
Assurez qu'un savant ne peut être un héros;
Ennemis de la gloire et de la poésie,
Grands critiques des rois, allez en Silésie;
Voyez cent bataillons près de Neiss écrasés:
C'est là qu'est mon héros. Venez, si vous l'osez.
Le voilà ce savant que la gloire environne,
Qui préside aux combats, qui commande à Bellone,
Qui du fier Charles douze égalant le grand cœur,
Le surpasse en prudence, en esprit, en douceur.
C'est lui-même, c'est lui, dont l'ame universelle
Courut de tous les arts la carrière immortelle;
Lui qui de la nature a vu les profondeurs,
Des charlatans dévots confondit les erreurs;
Lui qui dans un repas, sans soins et sans affaire,
Passait les ignorants dans l'art heureux de plaire;
Qui sait tout, qui fait tout, qui s'élance à grands pas
Du Parnasse à l'Olympe, et des jeux aux combats.
Je sais que Charles douze, et Gustave, et Turenne,

N'ont point bu dans les eaux qu'épanche l'Hippocrène :
Mais enfin ces guerriers, illustres ignorants,
En étant moins polis, n'en étaient pas plus grands.
Mon prince est au-dessus de leur gloire vulgaire :
Quand il n'est point Achille, il sait être un Homère ;
Tour-à-tour la terreur de l'Autriche et des sots ;
Fertile en grands projets, aussi bien qu'en bons mots ;
En riant à-la-fois de Genève et de Rome,
Il parle, agit, combat, écrit, règne, en grand homme.
O vous qui prodiguez l'esprit et les vertus,
Reposez-vous, mon prince, et ne m'effrayez plus ;
Et, quoique vous sachiez tout penser et tout faire,
Songez que les boulets ne vous respectent guère,
Et qu'un plomb dans un tube entassé par des sots [1]
Peut casser d'un seul coup la tête d'un héros,
Lorsque, multipliant son poids par sa vitesse [2],
Il fend l'air qui résiste, et pousse autant qu'il presse.
Alors privé de vie, et chargé d'un grand nom,
Sur un lit de parade étendu tout du long,
Vous iriez tristement revoir votre patrie.
O ciel! que ferait-on dans votre académie?
Un dur anatomiste, élève d'Atropos,
Viendrait, scalpel en main, disséquer mon héros.
« La voilà, dirait-il, cette cervelle unique,
Si belle, si féconde, et si philosophique. »
Il montrerait aux yeux les fibres de ce cœur
Généreux, bienfesant, juste, plein de grandeur.
Il couperait... mais non, ces horribles images
Ne doivent point souiller les lignes de nos pages.
Conservez, ô mes dieux! l'aimable Frédéric,
Pour son bonheur, pour moi, pour le bien du public.

Vivez, prince, et passez dans la paix, dans la guerre,
Surtout dans les plaisirs, tous les *ic* de la terre,
Théodoric, Ulric, Genseric, Alaric,
Dont aucun ne vous vaut, selon mon pronostic.
Mais lorsque vous aurez, de victoire en victoire,
Augmenté vos états, ainsi que votre gloire,
Daignez vous souvenir que ma tremblante voix,
En chantant vos vertus, présagea vos exploits.
Songez bien qu'en dépit de la grandeur suprême,
Votre main mille fois m'écrivait, *Je vous aime*.
Adieu, grand politique, et rapide vainqueur!
Trente états subjugués ne valent point un cœur.

NOTES DE L'ÉPITRE LXIII.

¹ Voiture avait dit :

> Que d'une force sans seconde
> La mort sait ses traits élancer;
> Et qu'un peu de plomb peut casser
> La plus belle tête du monde.

M. de Voltaire a cité lui-même cette pièce dans ses *Questions sur l'Encyclopédie*, ou *Dictionnaire philosophique* (au mot GOUT; voyez tome XXX, page 78). Ainsi l'on a eu grand tort de l'accuser d'avoir été le plagiaire de Voiture. K.

² Voltaire, dans sa lettre au président Hénault, du 15 mai 1741, rapporte que madame du Châtelet voulait absolument qu'il mît :

> Lorsque multipliant son carré par sa vitesse,

s'inquiétant peu de la mesure des vers. Elle disait qu'il fallait toujours être de l'avis de Leibnitz, en vers et en prose; voyez t. LIV, p. 338. B.

ÉPITRE LXIV.

AU MÊME.

De Bruxelles, 1742.

Les vers et les galants écrits
Ne sont pas de cette province,
Et dans les lieux où tout est prince
Il est très peu de beaux-esprits.
Jean Rousseau,[1] banni de Paris,
Vit émousser dans ce pays
Le tranchant aigu de sa pince ;
Et sa muse, qui toujours grince,
Et qui fuit les Jeux et les Ris,
Devint ici grossière et mince.
Comment vouliez-vous que je tinsse
Contre ces frimas épaissis ?
Vouliez-vous que je redevinsse
Ce que j'étais quand je suivis
Les traces du pasteur du Mince[2],
Et que je chantai les Henris ?
Apollon la tête me rince ;
Il s'aperçoit que je vieillis.
Il voulut qu'en lisant Leibnitz
De plus rimailler je m'abstinsse ;
Il le voulut, et j'obéis :
Auriez-vous cru que j'y parvinsse ?

NOTES DE L'ÉPITRE LXIV.

1 C'est de J.-B. Rousseau qu'il est question; voyez la note de l'épitre XLII. B.

2 Virgile, pasteur du Mincio. K.

ÉPITRE LXV.

RÉPONSE

AUX PREMIERS VERS DU MARQUIS DE XIMENÈS,

DU 31 DÉCEMBRE 1742.

1.er janvier 1743.

Vous flattez trop ma vanité:
Cet art si séduisant vous était inutile;
L'art des vers suffisait; et votre aimable style
    M'a lui seul assez enchanté.

Votre âge quelquefois hasarde ses prémices [1].
    En esprit, ainsi qu'en amour,
Le temps ouvre les yeux, et l'on condamne un jour
De ses goûts passagers les premiers sacrifices.

    A la moins aimable beauté,
Dans son besoin d'aimer on prodigue son ame,
On prête des appas à l'objet de sa flamme;
    Et c'est ainsi que vous m'avez traité.

Ah! ne me quittez point, séducteur que vous êtes!
Ma muse a reçu vos serments...
Je sens qu'elle est au rang de ces vieilles coquettes
Qui pensent fixer leurs amants.

NOTE DE L'ÉPITRE LXV.

1 Le marquis de Ximenès est né en 1726; il est mort en 1817 (voyez tome XL, page 205). C'est le 31 décembre 1742 qu'il avait adressé des vers à Voltaire. Il en donne la date dans un recueil qu'il publia en 1772. B.

ÉPITRE LXVI.

AU ROI DE PRUSSE.

FRAGMENT.

. . . .
Lorsque, pour tenir la balance,
L'Anglais vide son coffre-fort;
Lorsque l'Espagnol sans puissance
Croit partout être le plus fort;
Quand le Français vif et volage
Fait au plus vite un empereur;
Quand Belle-Isle n'est pas sans peur
Pour l'ouvrier et pour l'ouvrage;
Quand le Batave un peu tardif,
Rempli d'égards et de scrupule,
Avance un pas et deux recule

Pour se joindre à l'Anglais actif;
Quand le bon homme de saint-père
Du haut de sa sainte Sion
Donne sa bénédiction
A plus d'une armée étrangère,
Que fait mon héros à Berlin?
Il réfléchit sur la folie
Des conducteurs du genre humain;
Il donne des lois au destin,
Et carrière à son grand génie;
Il fait des vers gais et plaisants;
Il rit en donnant des batailles;
On commence à craindre à Versailles
De le voir rire à nos dépens.
. . . .

ÉPITRE LXVII.

AU MÊME.

1744.

Ceux qui sont nés sous un monarque[1]
Font tous semblant de l'adorer;
Sa majesté, qui le remarque,
Fait semblant de les honorer;
Et de cette fausse monnoie
Que le courtisan donne au roi,
Et que le prince lui renvoie,

Chacun vit, ne songeant qu'à soi.
Mais lorsque la philosophie,
La séduisante poésie,
Le goût, l'esprit, l'amour des arts,
Rejoignent sous leurs étendards,
A trois cents milles de distance,
Votre très royale éloquence,
Et mon goût pour tous vos talents;
Quand, sans crainte et sans espérance,
Je sens en moi tous vos penchants;
Et lorsqu'un peu de confidence
Resserre encor ces nœuds charmants;
Enfin lorsque Berlin attire
Tous mes sens à Cirey séduits,
Alors ne pouvez-vous pas dire:
On m'aime, tout roi que je suis?
   Enfin l'océan germanique,
Qui toujours des bons Hambourgeois
Servit si bien la république,
Vers Embden sera sous vos lois,
Avec garnison batavique.
Un tel mélange me confond;
Je m'attendais peu, je vous jure,
De voir de l'or avec du plomb;
Mais votre creuset me rassure:
A votre feu, qui tout épure,
Bientôt le vil métal se fond,
Et l'or vous demeure en nature.
Partout que de prospérités!
Vous conquérez, vous héritez [2]
Des ports de mer et des provinces;

Vous mariez à de grands princes [3]
De très adorables beautés ;
Vous faites noce, et vous chantez
Sur votre lyre enchanteresse
Tantôt de Mars les cruautés,
Et tantôt la douce mollesse.
Vos sujets, au sein du loisir,
Goûtent les fruits de la victoire ;
Vous avez et fortune et gloire ;
Vous avez surtout du plaisir ;
Et cependant le roi mon maître,
Si digne avec vous de paraître
Dans la liste des meilleurs rois,
S'amuse à faire dans la Flandre [4]
Ce que vous fesiez autrefois
Quand trente canons à-la-fois
Mettaient des bastions en cendre.
C'est lui qui, secouru du ciel,
Et surtout d'une armée entière,
A brisé la forte barrière
Qu'à notre nation guerrière
Mettait le bon greffier Fagel.
De Flandre il court en Allemagne
Défendre les rives du Rhin ;
Sans quoi le pandoure inhumain
Viendrait s'enivrer de ce vin
Qu'on a cuvé dans la Champagne.
Grand roi, je vous l'avais bien dit
Que mon souverain magnanime
Dans l'Europe aurait du crédit,
Et de grands droits à votre estime.

Son beau feu, dont un vieux prélat
Avait caché les étincelles,
A de ses flammes immortelles
Tout d'un coup répandu l'éclat.
Ainsi la brillante fusée
Est tranquille jusqu'au moment
Où, par son amorce embrasée,
Elle éclaire le firmament,
Et, perçant dans les sombres voiles,
Semble se mêler aux étoiles,
Qu'elle efface par son brillant.
C'est ainsi que vous enflammâtes
Tout l'horizon d'un nouveau ciel,
Lorsqu'à Berlin vous commençâtes
A prendre ce vol immortel
Devers la gloire, où vous volâtes.
Tout du plus loin que je vous vis,
Je m'écriai, je vous prédis
A l'Europe tout incertaine.
Vous parûtes : vingt potentats
Se troublèrent dans leurs états,
En voyant ce grand phénomène.
Il brille, il donne de beaux jours :
J'admire, je bénis son cours;
Mais c'est de loin : voilà ma peine.

NOTES DE L'ÉPITRE LXVII.

[1] Le commencement de l'épitre est différent dans quelques copies.

    Grand roi, la longue maladie
    Qui va rongeant l'étui malsain

De mon ame assez engourdie,
Et de plus une comédie
Que je fais pour notre dauphin,
Et que j'ai peur qui ne l'ennuie,
Tout cela retenait ma main ;
Et souvent je donnais en vain
Des secousses à mon génie,
Pour qu'il envoyât dans Berlin
Quelque nouvelle rapsodie,
Quelque rondeau, quelque huitain,
Au vainqueur de la Silésie,
A ce bel-esprit souverain,
A ce grand homme un peu malin,
Chez qui j'aurais passé ma vie,
Si j'avais à ma fantaisie
Pu disposer de mon destin.
En vain vous m'appelez volage,
Toujours dans un noble esclavage
Votre muse retient mes pas :
Et je suis serviteur du sage,
Quoique mon cœur ne le soit pas.
Votre esprit sublime et facile,
Vos entretiens et votre style,
Ont pour moi des charmes plus doux
Que votre suprême puissance,
Vos grenadiers, votre opulence,
Et cent villes à vos genoux.
Dussé-je leur faire une offense,
Je ne puis rien aimer que vous.
Ceux qui sont nés, etc.

2 Le dernier duc d'Ost-Frise venait de mourir, et avait laissé à la couronne de Prusse une principauté riche et considérable. B.

3 Pendant son séjour à Pirmont, dans les premiers mois de l'année 1744, Frédéric avait fait demander en mariage la fille unique du landgrave de Cassel, Marie-Amélie, pour le margrave Charles de Brandebourg. Elle fut accordée; mais sa mort arriva le 19 novembre 1744, avant la célébration. B.

4 Voyez, dans le tome précédent, le poëme sur les Événements de 1744, et ci-après l'épître LXX. B.

ÉPITRE LXVIII.

A M. LE PRÉSIDENT HÉNAULT[1].

A Cirey, 1ᵉʳ septembre 1744.

O déesse de la santé,
Fille de la sobriété,
Et mère des plaisirs du sage,
Qui sur le matin de notre âge
Fais briller ta vive clarté,
Et répands la sérénité
Sur le soir d'un jour plein d'orage,
O déesse, exauce mes vœux !
Que ton étoile favorable
Conduise ce mortel aimable ;
Il est si digne d'être heureux !
Sur Hénault tous les autres dieux
Versent la source inépuisable
De leurs dons les plus précieux.
Toi qui seule tiendrais lieu d'eux,
Serais-tu seule inexorable ?
Ramène à ses amis charmants,
Ramène à ses belles demeures
Ce bel-esprit de tous les temps,
Cet homme de toutes les heures.
Orne pour lui, pour lui suspends
La course rapide du temps ;
Il en fait un si bel usage !

Les devoirs et les agrémeuts
En font chez lui l'heureux partage.
Les femmes l'ont pris fort souvent
Pour un ignorant agréable,
Les gens en *us* pour un savant,
Et le dieu joufflu de la table
Pour un connaisseur très gourmand.
Qu'il vive autant que son ouvrage[2],
Qu'il vive autant que tous les rois
Dont il nous décrit les exploits,
Et la faiblesse et le courage,
Les mœurs, les passions, les lois,
Sans erreurs et sans verbiage.
Qu'un bon estomac soit le prix
De son cœur, de son caractère,
De ses chansons, de ses écrits.
Il a tout : il a l'art de plaire,
L'art de nous donner du plaisir,
L'art si peu connu de jouir;
Mais il n'a rien s'il ne digère.
Grand Dieu! je ne m'étonne pas
Qu'un ennuyeux, un Desfontaine,
Entouré dans son galetas
De ses livres rongés des rats,
Nous endormant, dorme sans peine;
Et que le bouc soit gros et gras.
Jamais Églé, jamais Sylvie,
Jamais Lise à souper ne prie
Un pédant à citations,
Sans goût, sans grace, et sans génie;
Sa personne, en tous lieux honnie,

Est réduite à ses noirs gitons.
Hélas ! les indigestions
Sont pour la bonne compagnie.

NOTES DE L'ÉPITRE LXVIII.

¹ Cette épitre fait partie de la lettre 1301; voyez tome LIV, page 684. B.

² *Nouvel abrégé chronologique de l'Histoire de France;* voyez t. LIV, p. 652. B.

ÉPITRE LXIX.

AU ROI DE PRUSSE.

A Paris, ce 1ᵉʳ novembre 1744.

Du héros de la Germanie
Et du plus bel-esprit des rois
Je n'ai reçu, depuis trois mois,
Ni beaux vers, ni prose polie;
Ma muse en est en léthargie.
Je me réveille aux fiers accents
De l'Allemagne ranimée,
Aux fanfares de votre armée,
A vos tonnerres menaçants,
Qui se mêlent aux cris perçants
Des cent voix de la Renommée.
Je vois de Berlin à Paris

Cette déesse vagabonde,
De Frédéric et de Louis
Porter les noms au bout du monde ;
Ces noms, que la gloire a tracés
Dans un cartouche de lumière ;
Ces noms, qui répondent assez
Du bonheur de l'Europe entière,
S'ils sont toujours entrelacés.

Quels seront les heureux poëtes,
Les chantres boursouflés des rois,
Qui pourront élever leurs voix,
Et parler de ce que vous faites ?
C'est à vous seul de vous chanter,
Vous qu'en vos mains j'ai vu porter
La lyre et la lance d'Achille ;
Vous qui, rapide en votre style
Comme dans vos exploits divers,
Faites de la prose et des vers
Comme vous prenez une ville.
D'Horace heureux imitateur,
Sa gaîté, son esprit, sa grace,
Ornent votre style enchanteur ;
Mais votre muse le surpasse
Dans un point cher à notre cœur :
L'empereur protégeait Horace,
Et vous protégez l'empereur.

Fils de Mars et de Calliope,
Et digne de ces deux grands noms,
Faites le destin de l'Europe,
Et daignez faire des chansons ;
Et quand Thémis avec Bellone

Par votre main raffermira
Des césars le funeste trône ;
Quand le Hongrois cultivera,
A l'abri d'une paix profonde,
Du Tokai la vigne féconde ;
Quand partout son vin se boira,
Qu'en le buvant on chantera
Les pacificateurs du monde,
Mon prince à Berlin reviendra ;
Mon prince à son peuple qui l'aime
Libéralement donnera
Un nouvel et bel opéra,
Qu'il aura composé lui-même.
Chaque auteur vous applaudira ;
Car, tout envieux que nous sommes
Et du mérite et du grand nom,
Un poëte est toujours fort bon
A la tête de cent mille hommes.
Mais, croyez-moi, d'un tel secours
Vous n'avez pas besoin pour plaire ;
Fussiez-vous pauvre comme Homère,
Comme lui vous vivrez toujours.
Pardon, si ma plume légère,
Que souvent la vôtre enhardit,
Écrit toujours au bel-esprit
Beaucoup plus qu'au roi qu'on révère.
Le Nord, à vos sanglants progrès,
Vit des rois le plus formidable :
Moi, qui vous approchai de près,
Je n'y vis que le plus aimable.

ÉPITRE LXX.

AU ROI.

PRÉSENTÉE A SA MAJESTÉ, AU CAMP DEVANT FRIBOURG.

Novembre 1744.

Vous dont l'Europe entière aime ou craint la justice
Brave et doux à-la-fois, prudent sans artifice,
Roi nécessaire au monde, où portez-vous vos pas ?
De la fièvre échappé, vous courez aux combats !
Vous volez à Fribourg ! En vain La Peyronie[a]
Vous disait : « Arrêtez, ménagez votre vie !
Il vous faut du régime, et non des soins guerriers :
Un héros peut dormir, couronné de lauriers. »
Le zèle a beau parler, vous n'avez pu le croire.
Rebelle aux médecins, et fidèle à la gloire,
Vous bravez l'ennemi, les assauts, les saisons,
Le poids de la fatigue, et le feu des canons.
Tout l'état en frémit, et craint votre courage.
Vos ennemis, grand roi, le craignent davantage.
Ah ! n'effrayez que Vienne, et rassurez Paris !
Rendez, rendez la joie à vos peuples chéris ;
Rendez-nous ce héros qu'on admire et qu'on aime.

Un sage nous a dit que le seul bien suprême,
Le seul bien qui du moins ressemble au vrai bonheur,
Le seul digne de l'homme, est de toucher un cœur.

[a] Premier chirurgien du roi (1751).

Si ce sage eut raison, si la philosophie
Plaça dans l'amitié le charme de la vie,
Quel est donc, justes dieux ! le destin d'un bon roi,
Qui dit, sans se flatter, « Tous les cœurs sont à moi ? »
A cet empire heureux qu'il est beau de prétendre !
Vous qui le possédez, venez, daignez entendre
Des bornes de l'Alsace aux remparts de Paris
Ce cri que l'amour seul forme de tant de cris.
Accourez, contemplez ce peuple dans la joie,
Bénissant le héros que le ciel lui renvoie.
Ne le voyez-vous pas tout ce peuple à genoux,
Tous ces avides yeux qui ne cherchent que vous,
Tous nos cœurs enflammés volant sur notre bouche ?
C'est là le vrai triomphe, et le seul qui vous touche.
 Cent rois au Capitole en esclaves traînés,
Leurs villes, leurs trésors, et leurs dieux enchaînés,
Ces chars étincelants, ces prêtres, cette armée,
Ce sénat insultant à la terre opprimée,
Ces vaincus envoyés du spectacle au cercueil,
Ces triomphes de Rome étaient ceux de l'orgueil :
Le vôtre est de l'amour, et la gloire en est pure ;
Un jour les effaçait, le vôtre à jamais dure ;
Ils effrayaient le monde, et vous le rassurez.
Vous, l'image des dieux sur la terre adorés,
Vous que dans l'âge d'or elle eût choisi pour maître,
Goûtez les jours heureux que vos soins font renaître !
Que la paix florissante embellisse leur cours !
Mars fait des jours brillants, la paix fait les beaux jours.
Qu'elle vole à la voix du vainqueur qui l'appelle,
Et qui n'a combattu que pour nous et pour elle !

ÉPITRE LXXI.

AU ROI DE PRUSSE.

FRAGMENT.

. . . .
. . . .

Ah! mon prince, c'est grand dommage
Que vous n'ayez point votre image,
Un fils par la gloire animé,
Un fils par vous accoutumé
A rogner ce grand héritage
Que l'Autriche s'était formé.
 Il est doux de se reconnaître
Dans sa noble postérité;
Un grand homme en doit faire naître:
Voyez comme le roi mon maître
De ce devoir s'est acquitté.
Son dauphin, comme vous, appelle
Auprès de lui les plus beaux arts
De Le Brun, de Lulli, d'Handelle[1],
Tout aussi bien que ceux de Mars.
Il apprit la langue espagnole;
Il entend celle des Césars,
Mais des Césars du Capitole.
Vous me demanderez comment,
Dans le beau printemps de sa vie,
Un dauphin peut en savoir tant;

Qui fut son maître? le génie:
Ce fut là votre précepteur.
Je sais bien qu'un peu de culture
Rend encor le terrain meilleur;
Mais l'art fait moins que la nature.

NOTE DE L'ÉPITRE LXXI.

[1] Le célèbre musicien compositeur Haendel, né en 1684, mort en 1759. B.

ÉPITRE LXXII.

AU MÊME.

J'ai donc vu ce Postdam, et je ne vous vois pas;
On dit qu'ainsi que moi vous prenez médecine.
Que de conformités m'attachent sur vos pas!
  Le dieu de la double colline,
L'amour de tous les arts, la haine des dévots;
Raisonner quelquefois sur l'essence divine;
  Peu hanter nosseigneurs les sots;
Au corps comme à l'esprit donner peu de repos;
  Mettre l'ennui toujours en fuite;
Manger trop quelquefois, et me purger ensuite;
Savourer les plaisirs, et me moquer des maux;
Sentir et réprimer ma vive impatience:
Voilà quel est mon lot, voilà ma ressemblance

Avec mon aimable héros.
O vous, maîtres du monde! ô vous, rois que j'atteste
Indolents dans la paix, ou de sang abreuvés...
Ressemblez-lui dans tout le reste....

ÉPITRE LXXIII.

AU MÊME,

QUI AVAIT ADRESSÉ DES VERS A L'AUTEUR SUR CES RIMES REDOUBLÉES.

Juin 1745.

Lorsque deux rois s'entendent bien,
Que chacun d'eux défend son bien,
Et du bien d'autrui fait ripaille;
Quand un des deux, roi très chrétien,
L'autre, qui l'est vaille que vaille,
Prennent des murs, gagnent bataille,
Et font sur le bord stygien
Voler des pandours la canaille;
Quand Berlin rit avec Versaille
Aux dépens de l'Hanovrien,
Que dit monsieur l'Autrichien?
Tout honteux, il faut qu'il s'en aille
Loin du monarque prussien,
Qui le bat, le suit, et s'en raille.
Cela pourra gâter la taille
De ce gros monsieur Bartenstein,
Et rabaisser ce ton hautain

Qui toujours contre vous criaille.
C'est en vain que l'Anglais travaille
A combattre votre destin,
Vous aurez l'huître, et lui l'écaille;
Vous aurez le fruit et le grain,
Et lui l'écorce avec la paille.
Le Saxon voit que c'est en vain
Qu'un petit moment il ferraille;
Contre un aussi mauvais voisin
Que peut-il faire? rien qui vaille.
Vous seriez empereur romain,
Et du pape première ouaille,
Si vous en aviez le dessein;
Mais votre pouvoir souverain
Subsistera, pour le certain,
Sans cette belle pretintaille.
Soyez l'arbitre du Germain,
Soyez toujours vainqueur humain,
Et laissez là la rime en *aille*.

ÉPITRE LXXIV.

AU DUC DE RICHELIEU[1].

1745.

Généreux courtisan d'un roi brillant de gloire,
Vous, ministre et témoin de ses vaillants exploits,
L'emploi d'écrire son histoire
Devient le plus beau des emplois.

Plus il est glorieux, et plus il est facile;
Le sujet seul fait tout, et l'art est inutile.
  Je n'ai pas besoin d'ornement,
Je n'ai rien à flatter, et je n'ai rien à taire:
  Je dois raconter simplement
Les grandes actions, ainsi qu'il les sait faire.
  Je dirai qu'il porte ses pas
Des jeux à la tranchée, et d'un siége aux combats;
Que si Louis-le-Grand renversa des murailles,
  Le ciel réservait à son fils
  L'honneur de gagner des batailles,
Et de mettre le comble à la gloire des lis.
Je peindrai ce courage et tranquille et terrible,
Vainqueur du fier Anglais, qui se croit invincible;
Le champ de Fontenoy de meurtre ensanglanté,
D'autant plus glorieux qu'il fut plus disputé.
Dans ce combat affreux, acharné, sanguinaire,
Le roi craint pour son fils, le fils craint pour son père;
Nos soldats tout sanglants frémissent pour tous deux,
Seul mouvement d'effroi dans ces cœurs généreux.
 Grand roi, Londres gémit, Vienne pleure et t'admire :
Ton bras va décider des destins de l'Empire.
La Sardaigne balance, et Munich se repent;
Le Batave indécis au remords est en proie;
Et la France s'écrie au milieu de sa joie:
« Le plus aimé des rois est aussi le plus grand. »

NOTE DE L'ÉPITRE LXXIV.

[1] Cette épître, imprimée, pour la première fois, en 1817, est évidemment le premier jet du *Poëme de Fontenoy* (voyez le volume précédent, page 111). B.

ÉPITRE LXXV.

A M. LE COMTE ALGAROTTI,

Qui était alors à la cour de Saxe, et que le roi de Pologne avait fait son conseiller de guerre.

A Paris, 21 février 1747.

Enfant du Pinde et de Cythère,
Brillant et sage Algarotti,
A qui le ciel a départi
L'art d'aimer, d'écrire, et de plaire,
Et que, pour comble de bienfaits,
Un des meilleurs rois de la terre
A fait son conseiller de guerre
Dès qu'il a voulu vivre en paix [1];
Dans vos palais de porcelaine,
Recevez ces frivoles sons,
Enfilés sans art et sans peine
Au charmant pays des pompons.
O Saxe! que nous vous aimons!
O Saxe! que nous vous devons
D'amour et de reconnaissance
C'est de votre sein que sortit
Le héros qui venge la France [2],
Et la nymphe qui l'embellit [3].
Apprenez que cette dauphine,
Par ses graces, par son esprit,

Ici chaque jour accomplit
Ce que votre muse divine
Dans ses lettres m'avait prédit.
Vous penserez que je l'ai vue,
Quand je vous en dis tant de bien,
Et que je l'ai même entendue :
Je vous jure qu'il n'en est rien,
Et que ma muse peu connue,
En vous répétant dans ces vers
Cette vérité toute nue,
N'est que l'écho de l'univers.
 Une dauphine est entourée,
Et l'étiquette est son tourment.
J'ai laissé passer prudemment
Des paniers la foule titrée,
Qui remplit tout l'appartement
De sa bigarrure dorée [4].
Virgile était-il le premier
A la toilette de Livie ?
Il laissait passer Cornélie,
Les ducs et pairs, le chancelier,
Et les cordons bleus d'Italie,
Et s'amusait sur l'escalier
Avec Tibulle et Polymnie.
Mais à la fin j'aurai mon tour :
Les dieux ne me refusent guère ;
Je fais aux Graces chaque jour
Une très dévote prière.
Je leur dis : « Filles de l'Amour,
Daignez, à ma muse discrète
Accordant un peu de faveur,

Me présenter à votre sœur
Quand vous irez à sa toilette. »
 Que vous dirai-je maintenant
Du dauphin, et de cette affaire
De l'amour et du sacrement?
Les dames d'honneur de Cythère
En pourraient parler dignement;
Mais un profane doit se taire.
Sa cour dit qu'il s'occupe à faire
Une famille de héros,
Ainsi qu'ont fait très à propos
Son aïeul et son digne père.
 Daignez pour moi remercier
Votre ministre magnifique;
D'un fade éloge poétique
Je pourrais fort bien l'ennuyer:
Mais je n'aime pas à louer;
Et ces offrandes si chéries
Des belles et des potentats,
Gens tout nourris de flatteries,
Sont un bijou qui n'entre pas
Dans son baguier de pierreries.
 Adieu : faites bien au Saxon
Goûter les vers de l'Italie
Et les vérités de Newton;
Et que votre muse polie
Parle encor sur un nouveau ton
De notre immortelle Émilie.

NOTES ET VARIANTE DE L'ÉPITRE LXXV.

¹ Dans la plupart des éditions, au lieu de ces quatre vers, on lisait :
>L'art d'aimer, d'écrire, et de plaire,
>Et dont le charmant caractère
>A tous les goûts est assorti ;
>Dans vos palais, etc.

² Le maréchal de Saxe, qui venait d'être nommé maréchal général des camps et armées du roi, titre qu'avait eu Turenne. B.

³ Marie-Josèphe, fille du roi de Pologne, électeur de Saxe, mariée au dauphin, le 9 février 1747. B.

⁴ Var.
>J'ai laissé passer prudemment
>Des paniers la foule dorée,
>Qui remplit tout l'appartement ;
>Et cinq cents dames qui peut-être,
>S'approchant pour la censurer,
>Se sont mises à l'adorer
>Dès qu'elles ont pu la connaître.
>Virgile, etc.

ÉPITRE LXXVI.

AU ROI DE PRUSSE¹.

9 mars 1747.

Les fileuses des destinées,
Les Parques, ayant mille fois
Entendu les ames damnées²
Parler là-bas de vos exploits,
De vos rimes si bien tournées,
De vos victoires, de vos lois,

Et de tant de belles journées,
Vous crurent le plus vieux des rois.
Alors, des rives du Cocyte,
A Berlin vous rendant visite,
Atropos vint avec le Temps [3],
Croyant trouver des cheveux blancs,
Front ridé, face décrépite,
Et discours de quatre-vingts ans.
Que l'inhumaine fut trompée!
Elle aperçut de blonds cheveux,
Un teint fleuri, de grands yeux bleus,
Et votre flûte et votre épée;
Elle songea, pour mon bonheur [4],
Qu'Orphée autrefois par sa lyre,
Et qu'Alcide par sa valeur,
La bravèrent dans son empire.
Elle trembla quand elle vit
Ce grand homme qui réunit [5]
Les dons d'Orphée et ceux d'Alcide;
Doublement elle vous craignit,
Et, jetant son ciseau perfide [6],
Chez ses sœurs elle s'en alla,
Et pour vous le trio fila
Une trame toute nouvelle,
Brillante, dorée, immortelle,
Et la même que pour Louis;
Car vous êtes tous deux amis.
Tous deux vous forcez des murailles,
Tous deux vous gagnez des batailles
Contre les mêmes ennemis;
Vous régnez sur des cœurs soumis,

L'un à Berlin, l'autre à Versailles.
Tous deux un jour... mais je finis.
Il est trop aisé de déplaire
Quand on parle aux rois trop long-temps :
Comparer deux héros vivants
N'est pas une petite affaire.

NOTE ET VARIANTES DE L'ÉPITRE LXXVI.

1 Cette épitre fait partie de la lettre 1436 (voyez tome LV, page 153). B.

2 V<small>AR</small>.   Entendu des ames damnées.

3 V<small>AR</small>.   La Mort s'en vint avec le Temps.

4 V<small>AR</small>.   Elle se souvint par bonheur.

5 V<small>AR</small>.   Dans vous, dans mon prince, elle vit
Le seul homme qui réunit.

6 V<small>AR</small>.   Et, laissant son dard homicide,
S'enfuit au plus vite, et partit
Pour aller saisir la personne
De quelque pesant cardinal,
Ou pour achever dans Lisbonne
Le prêtre-roi du Portugal.

— Sur Jean V, *prêtre-roi du Portugal*, voyez la note, tome LV, page 154. B.

ÉPITRE LXXVII.

A S. A. S. Mme LA DUCHESSE DU MAINE,

SUR LA VICTOIRE REMPORTÉE PAR LE ROI, A LAWFELT.

1747.

Auguste fille et mère de héros,
Vous ranimez ma voix faible et cassée,
Et vous voulez que ma muse lassée
Comme Louis ignore le repos.
D'un crayon vrai vous m'ordonnez de peindre
Son cœur modeste et ses brillants exploits,
Et Cumberland, que l'on a vu deux fois
Chercher ce roi, l'admirer, et le craindre.
Mais des bons vers l'heureux temps est passé;
L'art des combats est l'art où l'on excelle.
Notre Alexandre en vain cherche un Apelle:
Louis s'élève, et le siècle est baissé.
De Fontenoy le nom plein d'harmonie
Pouvait au moins seconder le génie.
Boileau pâlit au seul nom de Voërden[1].
Que dirait-il si, non loin d'Helderen,
Il eût fallu suivre entre les deux Nèthes
Bathiani, si savant en retraites;
Avec d'Estrée à Rosmal s'avancer?
La Gloire parle, et Louis me réveille;
Le nom du roi charme toujours l'oreille;

Mais que Lawfelt est rude à prononcer ²!
Et quel besoin de nos panégyriques,
Discours en vers, épîtres héroïques,
Enregistrés, visés par Crébillon[a],
Signés Marville[b], et jamais Apollon?
   De votre fils je connais l'indulgence;
Il recevra sans courroux mon encens[3];
Car la Bonté, la sœur de la Vaillance,
De vos aïeux passa dans vos enfants.
Mais tout lecteur n'est pas si débonnaire;
Et si j'avais, peut-être téméraire,
Représenté vos fiers carabiniers
Donnant l'exemple aux plus braves guerriers;
Si je peignais ce soutien de nos armes,
Ce petit-fils, ce rival de Condé;
Du dieu des vers si j'étais secondé,
Comme il le fut par le dieu des alarmes,
Plus d'un censeur, encore avec dépit,
M'accuserait d'en avoir trop peu dit.
Très peu de gré, mille traits de satire,
Sont le loyer de quiconque ose écrire:
Mais pour son prince il faut savoir souffrir;
Il est partout des risques à courir;
Et la censure, avec plus d'injustice,
Va tous les jours acharner sa malice
Sur des héros dont la fidélité
L'a mieux servi que je ne l'ai chanté[4].
   Allons, parlez, ma noble académie:

---

[a] M. Crébillon, de l'académie française, examinateur des écrits en une feuille présentés à la police (1756).

[b] M. Feydeau de Marville, alors lieutenant de police (1756).

Sur vos lauriers êtes-vous endormie?
Représentez ce conquérant humain
Offrant la paix, le tonnerre à la main.
Ne louez point, auteurs, rendez justice;
Et, comparant aux siècles reculés
Le siècle heureux, les jours dont vous parlez,
Lisez César, vous connaîtrez Maurice[a].
 Si de l'état vous aimez les vengeurs,
Si la patrie est vivante en vos cœurs,
Voyez ce chef dont l'active prudence
Venge à-la-fois Gênes, Parme, et la France.
Chantez Belle-Isle: élevez dans vos vers
Un monument au généreux Boufflers[5];
Il est du sang qui fut l'appui du trône:
Il eût pu l'être; et la faux du trépas
Tranche ses jours, échappés à Bellone,
Au sein des murs délivrés par son bras.
Mais quelle voix assez forte, assez tendre,
Saura gémir sur l'honorable cendre
De ces héros que Mars priva du jour,
Aux yeux d'un roi, leur père et leur amour?
O vous surtout, infortuné Bavière,
Jeune Froulay, si digne de nos pleurs,
Qui chantera votre vertu guerrière?
Sur vos tombeaux qui répandra des fleurs?
 Anges des cieux, puissances immortelles,
Qui présidez à nos jours passagers,
Sauvez Lautrec au milieu des dangers:
Mettez Ségur à l'ombre de vos ailes;

---

[a] Maurice, comte de Saxe (1756).

Déjà Rocoux vit déchirer son flanc.
Ayez pitié de cet âge si tendre;
Ne versez pas le reste de ce sang
Que pour Louis il brûle de répandre[6].
De cent guerriers couronnez les beaux jours :
Ne frappez pas Bonac et d'Aubeterre,
Plus accablés sous de cruels secours
Que sous les coups des foudres de la guerre.

Mais, me dit-on, faut-il à tout propos
Donner en vers des listes de héros?
Sachez qu'en vain l'amour de la patrie
Dicte vos vers au vrai seul consacrés :
On flatte peu ceux qu'on a célébrés;
On déplaît fort à tous ceux qu'on oublie.
Ainsi toujours le danger suit mes pas;
Il faut livrer presque autant de combats
Qu'en a causé sur l'onde et sur la terre
Cette balance utile à l'Angleterre.

Cessez, cessez, digne sang de Bourbon,
De ranimer mon timide Apollon,
Et laissez-moi tout entier à l'histoire;
C'est là qu'on peut, sans génie et sans art,
Suivre Louis de l'Escaut jusqu'au Jart.
Je dirai tout, car tout est à sa gloire.
Il fait la mienne, et je me garde bien
De ressembler à ce grand satirique[a],
De son héros discret historien,
Qui, pour écrire un beau panégyrique[7],
Fut bien payé, mais qui n'écrivit rien.

---

[a] Boileau (1756).

NOTES ET VARIANTES DE L'ÉPITRE LXXVII.

¹ Boileau, épître IV, vers 11. B.

² VAR. Mais que Lawfelt est rude à prononcer!
Puis, quand ma voix, par ses faits enhardie,
L'aurait chanté sur le plus noble ton,
Qu'aurais-je fait? blesser sa modestie,
Sans ajouter à l'éclat de son nom.
  De votre fils, etc.

³   Il agréera mon inutile encens,

ou

  Il recevra mon inutile encens.

⁴ VAR. L'a mieux servi que je ne l'ai chanté.
Auteurs du temps, rompez donc le silence,
Osez sortir d'une morne indolence;
Quand Louis vole à des périls nouveaux,
Si les Latours ainsi que les Vanloos
Peignent ses traits qu'un peuple heureux adore,
Peignez son ame, elle est plus belle encore.
Représentez, etc.

⁵ Le duc de Boufflers, arrivé le 1ᵉʳ mai à Gênes pour y commander les troupes destinées à secourir cette république contre les Impériaux, après s'être signalé en diverses occasions, et avoir remporté de grands avantages sur les Autrichiens, tomba malade de la petite-vérole, et mourut le 2 juillet 1747, à quarante-deux ans. B.

⁶ M. le marquis de Ségur, ministre de la guerre, en 1780 : il avait été dangereusement blessé à Rocoux, et perdit un bras à la bataille de Lawfelt. K.

⁷   Qui pour écrire en style véridique.

ÉPITRE LXXVIII.

A M. LE DUC DE RICHELIEU.

Dans vos projets étudiés
Joignant la force et l'artifice,
Vous devenez donc un Ulysse,
D'un Achille que vous étiez.
Les intérêts de deux couronnes
Sont soutenus par vos exploits,
Et des fiers tyrans du Génois
On vous a vu prendre à-la-fois
Et les postes et les personnes.
L'ennemi, par vous déposté,
Admire votre habileté.
En pareil cas, quelque Voiture
Vous dirait qu'on vous vit toujours
Auprès de Mars et des Amours
Dans la plus brillante posture.
Ainsi jadis on s'exprimait
Dans la naissante académie
Que votre grand-oncle formait;
Mais la vieille dame, endormie
Dans le sein d'un triste repos,
Semble renoncer aux bons mots,
Et peut-être même au génie.
Mais quand vous viendrez à Paris,
Après plus d'un beau poste pris,

Il faudra bien qu'on vous harangue
Au nom du corps des beaux-esprits,
Et des maîtres de notre langue.
Revenez bientôt essuyer
Ces fadeurs qu'on nomme éloquence,
Et donnez-moi la préférence
Quand il faudra vous ennuyer.

ÉPITRE LXXIX.

A M. LE MARÉCHAL DE SAXE,

En lui envoyant les OEuvres de M. le marquis de Rochemore, son ancien ami, mort depuis peu [1]. (Ce dernier est supposé lui faire un envoi de l'autre monde.)

Je goûtais dans ma nuit profonde
Les froides douceurs du repos,
Et m'occupais peu des héros
Qui troublent le repos du monde ;
Mais dans nos champs élysiens
Je vois une troupe en colère
De fiers Bretons, d'Autrichiens,
Qui vous maudit et vous révère ;
Je vois des Français éventés
Qui tous se flattent de vous plaire,
Et qui sont encore entêtés
De leurs plaisirs et de leur gloire,
Car ils sont morts à vos côtés

Entre les bras de la Victoire.
Enfin dans ces lieux tout m'apprend
Que celui que je vis à table
Gai, doux, facile, complaisant,
Et des humains le plus aimable,
Devient aujourd'hui le plus grand.
J'allais vous faire un compliment;
Mais, parmi les choses étranges
Qu'on dit à la cour de Pluton,
On prétend que ce fier Saxon
S'enfuit au seul bruit des louanges,
Comme l'Anglais fuit à son nom.

Lisez seulement mes folies,
Mes vers, qui n'ont loué jamais
Que les trop dangereux attraits
Du dieu du vin et des Sylvies :
Ces sujets ont toujours tenté
Les héros de l'antiquité
Comme ceux du siècle où nous sommes :
Pour qui sera la volupté,
S'il en faut priver les grands hommes?

NOTE DE L'ÉPITRE LXXIX.

1 Je crois cette épître de 1748. C'est d'elle qu'il doit être question dans la lettre à madame d'Argental, du 25 février 1748 (voyez tome LV, page 181). Rochemore mourut en 1740 ou 1743; voyez la note, tome LI, page 472. Ses poésies n'ont jamais été recueillies. Une lettre en prose et en vers, qu'il avait adressée au comte d'Argental, est imprimée dans le tome II de la *Correspondance de Grimm*. B.

ÉPITRE LXXX.

A MADAME DENIS,

NIÈCE DE L'AUTEUR.

LA VIE DE PARIS ET DE VERSAILLES.

1748.

Vivons pour nous, ma chère Rosalie ;
Que l'amitié, que le sang qui nous lie
Nous tienne lieu du reste des humains :
Ils sont si sots, si dangereux, si vains !
Ce tourbillon qu'on appelle le monde
Est si frivole, en tant d'erreurs abonde,
Qu'il n'est permis d'en aimer le fracas
Qu'à l'étourdi qui ne le connaît pas.
　　Après dîné, l'indolente Glycère
Sort pour sortir, sans avoir rien à faire :
On a conduit son insipidité
Au fond d'un char, où, montant de côté,
Son corps pressé gémit sous les barrières
D'un lourd panier qui flotte aux deux portières.
Chez son amie au grand trot elle va,
Monte avec joie, et s'en repent déjà,
L'embrasse, et bâille ; et puis lui dit : « Madame,
J'apporte ici tout l'ennui de mon ame :
Joignez un peu votre inutilité

A ce fardeau de mon oisiveté. »
Si ce ne sont ses paroles expresses,
C'en est le sens. Quelques feintes caresses,
Quelques propos sur le jeu, sur le temps,
Sur un sermon, sur le prix des rubans,
Ont épuisé leurs ames excédées :
Elles chantaient déjà, faute d'idées;
Dans le néant leur cœur est absorbé,
Quand dans la chambre entre monsieur l'abbé,
Fade plaisant, galant escroc, et prêtre,
Et du logis pour quelques mois le maître.

Vient à la piste un fat en manteau noir,
Qui se rengorge et se lorgne au miroir.
Nos deux pédants sont tous deux sûrs de plaire;
Un officier arrive, et les fait taire,
Prend la parole, et conte longuement
Ce qu'à Plaisance [1] eût fait son régiment,
Si par malheur on n'eût pas fait retraite.
Il vous le mène au col de la Bouquette [2];
A Nice, au Var, à Digne il le conduit;
Nul ne l'écoute, et le cruel poursuit.
Arrive Isis, dévote au maintien triste,
A l'air sournois: un petit janséniste,
Tout plein d'orgueil et de saint Augustin,
Entre avec elle, en lui serrant la main.

D'autres oiseaux de différent plumage,
Divers de goût, d'instinct, et de ramage,
En sautillant font entendre à-la-fois
Le gazouillis de leurs confuses voix;
Et dans les cris de la folle cohue
La médisance est à peine entendue.

Ce chamaillis de cent propos croisés
Ressemble aux vents l'un à l'autre opposés.
Un profond calme, un stupide silence
Succède au bruit de leur impertinence ;
Chacun redoute un honnête entretien :
On veut penser, et l'on ne pense rien.
O roi David! ô ressource assurée!
Viens ranimer leur langueur désœuvrée ;
Grand roi David, c'est toi dont les sizains[a]
Fixent l'esprit et le goût des humains.
Sur un tapis dès qu'on te voit paraître,
Noble, bourgeois, clerc, prélat, petit-maître,
Femme surtout, chacun met son espoir
Dans tes cartons peints de rouge et de noir[3] :
Leur ame vide est du moins amusée
Par l'avarice en plaisir déguisée.
 De ces exploits le beau monde occupé
Quitte à la fin le jeu pour le soupé ;
Chaque convive en liberté déploie
A son voisin son insipide joie.
L'homme machine, esprit qui tient du corps,
En bien mangeant remonte ses ressorts :
Avec le sang l'ame se renouvelle,
Et l'estomac gouverne la cervelle.
Ciel! quels propos! ce pédant du palais
Blâme la guerre, et se plaint de la paix.
Ce vieux Crésus, en sablant du champagne,
Gémit des maux que souffre la campagne ;
Et, cousu d'or, dans le luxe plongé,

---

[a] Tous les jeux de cartes sont à l'enseigne du roi David (1756).

Plaint le pays de tailles surchargé.
Monsieur l'abbé vous entame une histoire
Qu'il ne croit point, et qu'il veut faire croire;
On l'interrompt par un propos du jour,
Qu'un autre conte interrompt à son tour.
De froids bons mots, des équivoques fades,
Des quolibets, et des turlupinades,
Un rire faux que l'on prend pour gaîté,
Font le brillant de la société.

C'est donc ainsi, troupe absurde et frivole,
Que nous usons de ce temps qui s'envole;
C'est donc ainsi que nous perdons des jours
Longs pour les sots, pour qui pense si courts.

Mais que ferai-je? où fuir loin de moi-même?
Il faut du monde; on le condamne, on l'aime:
On ne peut vivre avec lui ni sans lui [4].
Notre ennemi le plus grand, c'est l'ennui.
Tel qui chez soi se plaint d'un sort tranquille,
Vole à la cour, dégoûté de la ville.
Si dans Paris chacun parle au hasard,
Dans cette cour on se tait avec art,
Et de la joie, ou fausse ou passagère,
On n'a pas même une image légère.
Heureux qui peut de son maître approcher!
Il n'a plus rien désormais à chercher.
Mais Jupiter, au fond de l'empyrée,
Cache aux humains sa présence adorée:
Il n'est permis qu'à quelques demi-dieux
D'entrer le soir aux cabinets des cieux.
Faut-il aller, confondu dans la presse,
Prier les dieux de la seconde espèce [5],

Qui des mortels font le mal ou le bien?
Comment aimer des gens qui n'aiment rien,
Et qui, portés sur ces rapides sphères
Que la fortune agite en sens contraires,
L'esprit troublé de ce grand mouvement,
N'ont pas le temps d'avoir un sentiment?
A leur lever pressez-vous pour attendre,
Pour leur parler sans vous en faire entendre,
Pour obtenir, après trois ans d'oubli,
Dans l'antichambre un refus très poli.
« Non, dites-vous, la cour ni le beau monde
Ne sont point faits pour celui qui les fronde.
Fuis pour jamais ces puissants dangereux;
Fuis les plaisirs, qui sont trompeurs comme eux.
Bon citoyen, travaille pour la France,
Et du public attends ta récompense. »
Qui? le public! ce fantôme inconstant,
Monstre à cent voix, Cerbère dévorant,
Qui flatte et mord, qui dresse par sottise
Une statue, et par dégoût la brise?
Tyran jaloux de quiconque le sert,
Il profana la cendre de Colbert;
Et, prodiguant l'insolence et l'injure,
Il a flétri la candeur la plus pure:
Il juge, il loue, il condamne au hasard
Toute vertu, tout mérite, et tout art.
C'est lui qu'on vit, de critiques avide,
Déshonorer le chef-d'œuvre d'*Armide*,
Et, pour *Judith*, *Pirame*, et *Régulus*[6],
Abandonner *Phèdre*, et *Britannicus*;
Lui qui dix ans proscrivit *Athalie*,

Qui, protecteur d'une scène avilie,
Frappant des mains, bat à tort, à travers,
Au mauvais sens qui hurle en mauvais vers.
   Mais il revient, il répare sa honte ;
Le temps l'éclaire : oui, mais la mort plus prompte
Ferme mes yeux dans ce siècle pervers,
En attendant que les siens soient ouverts.
Chez nos neveux on me rendra justice ;
Mais, moi vivant, il faut que je jouisse.
Quand dans la tombe un pauvre homme est inclus,
Qu'importe un bruit, un nom qu'on n'entend plus⁷ ?
L'ombre de Pope avec les rois repose ;
Un peuple entier fait son apothéose,
Et son nom vole à l'immortalité :
Quand il vivait, il fut persécuté.
   Ah ! cachons-nous ; passons avec les sages
Le soir serein d'un jour mêlé d'orages ;
Et dérobons à l'œil de l'envieux
Le peu de temps que me laissent les dieux.
Tendre amitié, don du ciel, beauté pure,
Porte un jour doux dans ma retraite obscure !
Puissé-je vivre et mourir dans tes bras,
Loin du méchant qui ne te connaît pas,
Loin du bigot, dont la peur dangereuse
Corrompt la vie, et rend la mort affreuse !

NOTES ET VARIANTES DE L'ÉPITRE LXXX.

1 Il paraît que cette petite pièce fut faite immédiatement après la guerre de 1741 ; guerre funeste, entreprise pour dépouiller l'héritière de la maison d'Autriche de la succession paternelle. K.

² La *Bocheta* ou *Bocchetta*, passage en Italie, dans les montagnes, du côté de Gênes. B.

³ Var. Dans tes cartons peints de rouge et de noir.
Tu fais leur joie, et l'ame est abusée
Par l'avarice en plaisir déguisée.
C'est là qu'on voit l'Intérêt attentif,
Qui d'un œil sombre et d'un esprit actif,
En combinant que deux et deux font quatre,
S'obstine à vaincre, et se plaît à combattre.
Saint-Severin, et vous, grave du Theil,
Travaillez-vous avec un soin pareil,
Quand dans les murs bâtis par Charlemagne
Vous rajustez la France et l'Allemagne!
De ces exploits, etc.

—Le marquis de Saint-Severin, l'un des plénipotentiaires au congrès d'Aix-la-Chapelle.

⁴ Imitation de ce vers de Martial, XII, 47:

Nec tecum possum vivere, nec sine te. B.

⁵ Var. Prier les dieux de la seconde espèce;
A leurs autels porter son encensoir,
Et de leurs mains attendre un billet noir,
Qui peut sortir de cette roue immense
Où sont les lots que leur faveur dispense?
A leurs humeurs faut-il s'assujettir,
Importuner, souffrir, flatter, mentir,
Remercier d'un dégoût, d'un caprice,
Et, pour loyer d'un si noble service,
Obtenir d'eux, après un an d'oubli,
Dans l'antichambre, etc.

⁶ *Judith* est une tragédie de Boyer; *Pirame* et *Régulus* sont de Pradon. B.

⁷ Autre imitation de Martial, V, 10:

Si post fata venit gloria, non propero. B.

ÉPITRE LXXXI.

A M. LE PRÉSIDENT HÉNAULT.

Lunéville, novembre 1748.

Vous qui de la chronologie [1]
Avez réformé les erreurs ;
Vous dont la main cueillit les fleurs
De la plus belle poésie ;
Vous qui de la philosophie
Avez sondé les profondeurs,
Malgré les plaisirs séducteurs
Qui partagèrent votre vie ;
Hénault, dites-moi, je vous prie,
Par quel art, par quelle magie,
Parmi tant de succès flatteurs,
Vous avez désarmé l'Envie :
Tandis que moi, placé plus bas,
Qui devrais être inconnu d'elle,
Je vois chaque jour la cruelle
Verser ses poisons sur mes pas ?
Il ne faut point s'en faire accroire ;
J'eus l'air de me faire afficher
Aux murs du temple de Mémoire :
Aux sots vous sûtes vous cacher.
Je parus trop chercher la gloire,
Et la gloire vint vous chercher.

Qu'un chêne, l'honneur d'un bocage,
Domine sur mille arbrisseaux,
On respecte ses verts rameaux,
Et l'on danse sous son ombrage ;
Mais que du tapis d'un gazon
Quelque brin d'herbe ou de fougère
S'élève un peu sur l'horizon,
On l'en arrache avec colère.
Je plains le sort de tout auteur,
Que les autres ne plaignent guères ;
Si dans ses travaux littéraires
Il veut goûter quelque douceur,
Que, des beaux-esprits serviteur,
Il évite ses chers confrères.
Montaigne, cet auteur charmant,
Tour-à-tour profond et frivole,
Dans son château paisiblement,
Loin de tout frondeur malévole,
Doutait de tout impunément,
Et se moquait très librement
Des bavards fourrés de l'école ;
Mais quand son élève Charron,
Plus retenu, plus méthodique,
De sagesse donna leçon,
Il fut près de périr, dit-on,
Par la haine théologique.
Les lieux, le temps, l'occasion,
Font votre gloire ou votre chute :
Hier on aimait votre nom,
Aujourd'hui l'on vous persécute.

La Grèce à l'insensé Pyrrhon
Fait élever une statue :
Socrate prêche la raison,
Et Socrate boit la ciguë.
 Heureux qui dans d'obscurs travaux
A soi-même se rend utile !
Il faudrait, pour vivre tranquille,
Des amis, et point de rivaux.
La gloire est toujours inquiète ;
Le bel-esprit est un tourment.
On est dupe de son talent :
C'est comme une épouse coquette,
Il lui faut toujours quelque amant.
Sa vanité, qui vous obsède,
S'expose à tout imprudemment ;
Elle est des autres l'agrément,
Et le mal de qui la possède.
 Mais finissons ce triste ton :
Est-il si malheureux de plaire ?
L'envie est un mal nécessaire ;
C'est un petit coup d'aiguillon
Qui vous force encore à mieux faire.
Dans la carrière des vertus
L'ame noble en est excitée.
Virgile avait son Mævius,
Hercule avait son Eurysthée.
Que m'importent de vains discours
Qui s'envolent et qu'on oublie ?
Je coule ici mes heureux jours
Dans la plus tranquille des cours,

Sans intrigue, sans jalousie,
Auprès d'un roi sans courtisans [a],
Près de Boufflers et d'Émilie;
Je les vois et je les entends,
Il faut bien que je fasse envie.

[a] Le roi Stanislas (1756).

NOTE DE L'ÉPITRE LXXXI.

[1] Cette épître commençait ainsi:

> Hénault, fameux par vos soupés,
> Et par votre chronologie,
> Par des vers au bon coin frappés,
> Pleins de douceur et d'harmonie;
> Vous qui dans l'étude occupez
> L'heureux loisir de votre vie,
> Daignez m'apprendre, je vous prie,
> Par quel secret vous échappez
> Aux malignités de l'Envie;
> Tandis que moi, placé plus bas,
> Qui devrais être inconnu d'elle,
> Je vois que sa rage éternelle
> Répand son poison sur mes pas.
> Il ne faut point, etc.

Le président Hénault fut blessé de ce qu'on paraissait faire entrer ses soupers pour quelque chose dans sa réputation, et se fâcha sérieusement. M. de Voltaire changea sur-le-champ les premiers vers de sa pièce. K.

— Voyez la lettre du 3 janvier 1749, tome LV, page 230. B.

ÉPITRE LXXXII.

A M. LE DUC DE RICHELIEU,

A QUI LE SÉNAT DE GÊNES AVAIT ÉRIGÉ UNE STATUE [1].

A Lunéville, 18 novembre 1748

Je la verrai cette statue
Que Gêne élève justement
Au héros qui l'a défendue.
Votre grand-oncle, moins brillant,
Vit sa gloire moins étendue ;
Il serait jaloux, à la vue
De cet unique monument.
   Dans l'âge frivole et charmant
Où le plaisir seul est d'usage,
Où vous reçûtes en partage
L'art de tromper si tendrement,
Pour modeler ce beau visage,
Qui de Vénus ornait la cour,
On eût pris celui de l'Amour,
Et surtout de l'Amour volage ;
Et quelques traits moins enfantins
Auraient été la vive image
Du dieu qui préside aux jardins.
Ce double et charmant avantage
Peut diminuer à la fin ;
Mais la gloire augmente avec l'âge.

Du sculpteur la modeste main
Vous fera l'air moins libertin;
C'est de quoi mon héros enrage.
On ne peut filer tous ses jours
Sur le trône heureux des Amours;
Tous les plaisirs sont de passage :
Mais vous saurez régner toujours
Par l'esprit et par le courage.
Les traits du Richelieu coquet,
De cette aimable créature,
Se trouveront en miniature
Dans mille boîtes à portrait
Où Macé mit votre figure [2].
Mais ceux du Richelieu vainqueur,
Du héros soutien de nos armes,
Ceux du père, du défenseur
D'une république en alarmes,
Ceux de Richelieu son vengeur,
Ont pour moi cent fois plus de charmes.
 Pardon, je sens tous les travers
De la morale où je m'engage;
Pardon, vous n'êtes pas si sage
Que je le prétends dans ces vers:
Je ne veux pas que l'univers
Vous croie un grave personnage.
Après ce jour de Fontenoy,
Où, couvert de sang et de poudre,
On vous vit ramener la foudre
Et la victoire à votre roi [3];
Lorsque, prodiguant votre vie,
Vous eûtes fait pâlir d'effroi

Les Anglais, l'Autriche, et l'Envie,
Vous revîntes vite à Paris
Mêler les myrtes de Cypris
A tant de palmes immortelles.
Pour vous seul, à ce que je vois,
Le Temps et l'Amour n'ont point d'ailes,
Et vous servez encor les belles,
Comme la France et les Génois.

NOTES DE L'ÉPITRE LXXXII.

1 Dans le *Nouveau magasin français*, par madame L. P. de Beaumont, tome I, page 151, de la seconde édition anglaise, il y a une *Réponse* (au nom) *de M. le duc de Richelieu à M. de Voltaire*. Cette réponse est aussi en vers de huit syllabes. B.

2 J.-B. Macé, peintre, mort en 1767, que Voltaire a déjà nommé dans la scène VI de *l'Indiscret;* voyez tome II, page 295. B.

3 Voltaire, dans son *Précis du Siècle de Louis XV* (chap. xv), fait honneur au duc de Richelieu du conseil de faire avancer quatre pièces de canon contre la colonne anglaise ; ce qui décida la victoire. C'était, dit-on, un simple grenadier français qui en avait donné l'idée au duc de Richelieu. B.

ÉPITRE LXXXIII.

A M. DE SAINT-LAMBERT.

1749.

Tandis qu'au-dessus de la terre,
Des aquilons et du tonnerre,
La belle amante de Newton

Dans les routes de la lumière
Conduit le char de Phaéton,
Sans verser dans cette carrière,
Nous attendons paisiblement,
Près de l'onde castalienne,
Que notre héroïne revienne
De son voyage au firmament;
Et nous assemblons pour lui plaire,
Dans ces vallons et dans ces bois,
Les fleurs dont Horace autrefois
Fesait des bouquets pour Glycère.
Saint-Lambert, ce n'est que pour toi
Que ces belles fleurs sont écloses;
C'est ta main qui cueille les roses,
Et les épines sont pour moi.
Ce vieillard chenu qui s'avance,
Le Temps, dont je subis les lois,
Sur ma lyre a glacé mes doigts,
Et des organes de ma voix
Fait trembler la sourde cadence.
Les Graces dans ces beaux vallons,
Les dieux de l'amoureux délire,
Ceux de la flûte et de la lyre,
T'inspirent tes aimables sons,
Avec toi dansent aux chansons,
Et ne daignent plus me sourire.

 Dans l'heureux printemps de tes jours
Des dieux du Pinde et des amours
Saisis la faveur passagère;
C'est le temps de l'illusion.
Je n'ai plus que de la raison :

Encore, hélas! n'en ai-je guère.
  Mais je vois venir sur le soir,
Du plus haut de son aphélie,
Notre astronomique Émilie [1]
Avec un vieux tablier noir,
Et la main d'encre encor salie.
Elle a laissé là son compas,
Et ses calculs, et sa lunette;
Elle reprend tous ses appas :
Porte-lui vite à sa toilette
Ces fleurs qui naissent sous tes pas,
Et chante-lui sur ta musette
Ces beaux airs que l'Amour répète,
Et que Newton ne connut pas.

---

[1] Madame du Châtelet. B.

ÉPITRE LXXXIV.

A M. DARGET.

9 ou 10 auguste 1750.

Ma foi, plus je lis, plus j'admire
Le philosophe de ces lieux ;
Son sceptre peut briller aux yeux,
Mais mon oreille aime encor mieux
Les sons enchanteurs de sa lyre.
  Ce feu que dans les cieux vola
Le demi-dieu qui modela

Notre première mijaurée;
Ce feu, cette essence sacrée,
Dont ailleurs assez peu l'on a,
Est donc tout en cette contrée?
Ou bien du haut de l'empyrée
L'esprit d'Horace s'en alla
Sur les rivages de la Sprée,
Et sur le trône d'Attila.
Le feu roi, s'il voyait cela,
En aurait l'ame pénétrée.

ÉPITRE LXXXV.

A M. DESMAHIS.

1750.

Vos jeunes mains cueillent des fleurs
Dont je n'ai plus que les épines;
Vous dormez dessous les courtines
Et des Graces et des neuf Sœurs :
Je leur fais encor quelques mines,
Mais vous possédez leurs faveurs.
  Tout s'éteint, tout s'use, tout passe :
Je m'affaiblis, et vous croissez;
Mais je descendrai du Parnasse
Content, si vous m'y remplacez.
Je jouis peu, mais j'aime encore;
Je verrai du moins vos amours :
Le crépuscule de mes jours

S'embellira de votre aurore.
Je dirai, Je fus comme vous :
C'est beaucoup me vanter peut-être ;
Mais je ne serai point jaloux :
Le plaisir permet-il de l'être ?

ÉPITRE LXXXVI.

A M. LE CARDINAL QUIRINI.

Berlin, 1751.

Quoi ! vous voulez donc que je chante
Ce temple orné par vos bienfaits,
Dont aujourd'hui Berlin se vante !
Je vous admire, et je me tais.
Comment sur les bords de la Sprée,
Dans cette infidèle contrée
Où de Rome on brave les lois,
Pourrai-je élever une voix
A des cardinaux consacrée ?
Éloigné des murs de Sion,
Je gémis en bon catholique.
Hélas ! mon prince est hérétique,
Et n'a point de dévotion.
Je vois avec componction
Que dans l'infernale séquelle
Il sera près de Cicéron,
Et d'Aristide et de Platon,
Ou vis-à-vis de Marc-Aurèle.

On sait que ces esprits fameux
Sont punis dans la nuit profonde;
Il faut qu'il soit damné comme eux,
Puisqu'il vit comme eux dans ce monde.
Mais surtout que je suis fâché
De le voir toujours entiché
De l'énorme et cruel péché
Que l'on nomme la tolérance !
Pour moi, je frémis quand je pense
Que le musulman, le païen,
Le quakre, et le luthérien,
L'enfant de Genève et de Rome,
Chez lui tout est reçu si bien,
Pourvu que l'on soit honnête homme.
Pour comble de méchanceté,
Il a su rendre ridicule
Cette sainte inhumanité,
Cette haine dont sans scrupule
S'arme le dévot entêté,
Et dont se raille l'incrédule.
Que ferai-je, grand cardinal,
Moi chambellan très inutile
D'un prince endurci dans le mal,
Et proscrit dans notre Évangile?
  Vous dont le front prédestiné
A nos yeux doublement éclate;
Vous dont le chapeau d'écarlate
Des lauriers du Pinde est orné;
Qui, marchant sur les pas d'Horace
Et sur ceux de saint Augustin,
Suivez le raboteux chemin

Du paradis et du Parnasse,
Convertissez ce rare esprit :
C'est à vous d'instruire et de plaire ;
Et la grace de Jésus-Christ
Chez vous brille en plus d'un écrit,
Avec les trois Graces d'Homère.

ÉPITRE LXXXVII.

A M. DARGET.

9 mars 1751.

Tout mon corps est en désarroi ;
Cul, tête, et ventre, sont chez moi
Fort indignes de notre maître.
Un cœur me reste : il est peut-être
Moins indigne de ce grand roi.
C'est un tribut que je lui doi ;
Mais, hélas ! il n'en a que faire.
Fatigué de vœux empressés,
Il peut croire que c'est assez
D'être bienfesant et de plaire.
Né pour le grand art de charmer,
Pour la guerre et la politique,
Il est trop grand, trop héroïque,
Et trop aimable pour aimer.
Tant pis pour mes flammes secrètes :
J'ose aimer le premier des rois ;
Je crains de vivre sous les lois

De la première des coquettes.
Du moins, pour prix de mes desirs,
J'entendrai sa docte harmonie,
Ces vers qui feraient mon envie,
S'ils ne fesaient pas mes plaisirs.
Adieu, monsieur son secrétaire;
Soyez toujours mon tendre appui :
Si Frédéric ne m'aimait guère,
Songez que vous paierez pour lui.

ÉPITRE LXXXVIII.

AU ROI DE PRUSSE.

9 avril 1751.

Dans ce jour du saint vendredi,
Jour où l'on veut nous faire accroire
Qu'un Dieu pour le monde a pâti,
J'ose adresser ma voix à mon vrai roi de gloire.

De mon salut vrai créateur,
De d'Argens et de moi l'unique rédempteur,
Du salut éternel je ne suis pas en peine;
Mais de ce vrai salut qu'on nomme la santé,
Mon esprit est inquiété.
Pardonnez, cher sauveur, à mon audace vaine.

O vous qui faites des heureux,
L'êtes-vous ? souffrez-vous ? êtes-vous à la gêne ?

Et les points de côté, la colique inhumaine,
Troubleraient-ils encor des jours si précieux?

O philosophe roi, grand homme, heureux génie!
　　　Vous dont le charmant entretien,
L'indulgente raison, l'aimable poésie,
　　　　Étonnent mon ame ravie,
　　　　Puissiez-vous goûter tout le bien
　　　Que vous versez sur notre vie!

EPITRE LXXXIX.

AU MÊME.

1751.

　　　Est-il vrai que Voltaire aura
　　　A Sans-Souci l'honneur de boire
　　　Les eaux d'Hippocrène ou d'Égra,
　　　Au lieu de l'onde sale et noire
　　　Qu'en enfer il avalera?
　　　　En ce cas il apportera
　　　Son paquet et son écritoire,
　　　Et près de vous il apprendra
　　　Que sagesse vaut mieux que gloire.
　　　　Sur les arbres il écrira :
　　　« Beaux lieux consacrés à la lyre,
　　　« Aux arts, aux douceurs du repos,
　　　　« J'admirais ici mon héros,
　　　　« Et me gardais de le lui dire. »

ÉPITRE XC.

AU ROI DE PRUSSE[1].

Blaise Pascal a tort, il en faut convenir;
Ce pieux misanthrope, Héraclite sublime,
Qui pense qu'ici-bas tout est misère et crime,
Dans ses tristes accès ose nous maintenir
Qu'un roi que l'on amuse, et même un roi qu'on aime,
  Dès qu'il n'est plus environné,
  Dès qu'il est réduit à lui-même,
Est de tous les mortels le plus infortuné[2].
Il est le plus heureux s'il s'occupe et s'il pense.
Vous le prouvez très bien; car, loin de votre cour,
En hibou fort souvent renfermé tout le jour,
Vous percez d'un œil d'aigle en cet abîme immense
Que la philosophie offre à nos faibles yeux;
  Et votre esprit laborieux,
Qui sait tout observer, tout orner, tout connaître,
Qui se connaît lui-même, et qui n'en vaut que mieux,
Par ce mâle exercice augmente encor son être.
Travailler est le lot et l'honneur d'un mortel.
Le repos est, dit-on, le partage du ciel.
Je n'en crois rien du tout: quel bien imaginaire
D'être les bras croisés pendant l'éternité!
Est-ce dans le néant qu'est la félicité?
Dieu serait malheureux s'il n'avait rien à faire;
Il est d'autant plus Dieu qu'il est plus agissant.

Toujours, ainsi que vous, il produit quelque ouvrage :
On prétend qu'il fait plus, on dit qu'il se repent.
Il préside au scrutin qui, dans le Vatican,
Met sur un front ridé la coiffe à triple étage.
Du prisonnier Mahmoud il vous fait un sultan.
Il mûrit à Moka, dans le sable arabique [3],
Ce café nécessaire aux pays des frimas ;
  Il met la fièvre en nos climats,
  Et le remède en Amérique.
  Il a rendu l'humain séjour
De la variété le mobile théâtre ;
Il se plut à pétrir d'incarnat et d'albâtre
Les charmes arrondis du sein de Pompadour,
Tandis qu'il vous étend un noir luisant d'ébène
Sur le nez aplati d'une dame africaine,
Qui ressemble à la nuit comme l'autre au beau jour.
Dieu se joue à son gré de la race mortelle ;
Il fait vivre cent ans le Normand Fontenelle,
Et trousse à trente-neuf mon dévot de Pascal.
Il a deux gros tonneaux d'où le bien et le mal
  Descendent en pluie éternelle
Sur cent mondes divers et sur chaque animal.
Les sots, les gens d'esprit, et les fous, et les sages,
Chacun reçoit sa dose, et le tout est égal.
On prétend que de Dieu les rois sont les images [4].
  Les Anglais pensent autrement ;
  Ils disent en plein parlement
Qu'un roi n'est pas plus dieu que le pape infaillible.
  Mais il est pourtant très plausible
Que ces puissants du siècle un peu trop adorés,
A la faiblesse humaine ainsi que nous livrés,

Ressemblent en un point à notre commun maître :
C'est qu'ils font comme lui le mal et le bien-être ;
Ils ont les deux tonneaux. Bouchez-moi pour jamais
Le tonneau des dégoûts, des chagrins, des caprices,
Dont on voit tant de cours s'abreuver à longs traits ;
  Répandez de pures délices
Sur votre peu d'élus à vos banquets admis ;
Que leurs fronts soient sereins, que leurs cœurs soient unis ;
Au feu de votre esprit que notre esprit s'éclaire ;
Que sans empressement nous cherchions à vous plaire ;
  Qu'en dépit de la majesté,
  Notre agréable Liberté,
Compagne du Plaisir, mère de la Saillie,
  Assaisonne avec volupté
  Les ragoûts de votre ambrosie.
Les honneurs rendent vain, le plaisir rend heureux.
  Versez les douceurs de la vie
  Sur votre Olympe sablonneux,
Et que le bon tonneau soit à jamais sans lie.

NOTES DE L'ÉPITRE XC.

[1] Cette pièce est de 1751. On l'a imprimée souvent avec le titre des *Deux tonneaux*. K. — C'est sous ce titre, *les Deux tonneaux*, qu'elle est imprimée dans *la Bigarrure*, tome XX, page 46, qui est du commencement de 1753. B.

[2] Voyez les *Pensées de Pascal*, Ire part., art. VII, n° 1. B.

[3] Ce vers et les trois suivants sont cités dans l'article FIÈVRE, tome XXIX, page 393. B.

[4] Voyez une variante en note, tome XXX, page 147. B.

ÉPITRE XCI.

L'AUTEUR

ARRIVANT DANS SA TERRE, PRÈS DU LAC DE GENÈVE[1].

Mars 1755.

O maison d'Aristippe! ô jardins d'Épicure!
Vous qui me présentez, dans vos enclos divers,
    Ce qui souvent manque à mes vers,
Le mérite de l'art soumis à la nature,
Empire de Pomone et de Flore sa sœur,
    Recevez votre possesseur!
Qu'il soit, ainsi que vous, solitaire et tranquille!
Je ne me vante point d'avoir en cet asile
    Rencontré le parfait bonheur:
Il n'est point retiré dans le fond d'un bocage;
    Il est encor moins chez les rois;
    Il n'est pas même chez le sage:
De cette courte vie il n'est point le partage.
Il y faut renoncer: mais on peut quelquefois
    Embrasser au moins son image.

Que tout plaît en ces lieux à mes sens étonnés!
D'un tranquille océan[a] l'eau pure et transparente
Baigne les bords fleuris de ces champs fortunés;
D'innombrables coteaux ces champs sont couronnés.

[a] Le lac de Genève (1756).

Bacchus les embellit; leur insensible pente
Vous conduit par degrés à ces monts sourcilleux ᵃ
Qui pressent les enfers et qui fendent les cieux.
Le voilà ce théâtre et de neige et de gloire,
Éternel boulevard qui n'a point garanti
      Des Lombards le beau territoire.
Voilà ces monts affreux célébrés dans l'histoire,
Ces monts qu'ont traversés, par un vol si hardi,
Les Charles, les Othon, Catinat, et Conti,
      Sur les ailes de la Victoire.
Au bord de cette mer où s'égarent mes yeux,
Ripaille ², je te vois. O bizarre Amédée ᵇ,
      Est-il vrai que dans ces beaux lieux,
Des soins et des grandeurs écartant toute idée,
Tu vécus en vrai sage, en vrai voluptueux,
Et que, lassé bientôt de ton doux ermitage,
Tu voulus être pape, et cessas d'être sage ³?
Lieux sacrés du repos, je n'en ferais pas tant;
Et, malgré les deux clefs dont la vertu nous frappe,
      Si j'étais ainsi pénitent,
      Je ne voudrais point être pape.

Que le chantre flatteur du tyran des Romains,
L'auteur harmonieux des douces *Géorgiques*,
Ne vante plus ces lacs et leurs bords magnifiques,
Ces lacs que la nature a creusés de ses mains
      Dans les campagnes italiques!
Mon lac est le premier: c'est sur ces bords heureux

ᵃ Les Alpes (1756).
ᵇ Le premier duc de Savoie, Amédée, pape ou antipape, sous le nom de Félix (1756).

Qu'habite des humains la déesse éternelle,
L'ame des grands travaux, l'objet des nobles vœux,
Que tout mortel embrasse, ou desire, ou rappelle,
Qui vit dans tous les cœurs, et dont le nom sacré
Dans les cours des tyrans est tout bas adoré,
La Liberté. J'ai vu cette déesse altière,
Avec égalité répandant tous les biens,
Descendre de Morat en habit de guerrière,
Les mains teintes du sang des fiers Autrichiens
  Et de Charles-le-Téméraire.
Devant elle on portait ces piques et ces dards,
On traînait ces canons, ces échelles fatales
Qu'elle-même brisa quand ses mains triomphales
De Genève en danger défendaient les remparts.
Un peuple entier la suit, sa naïve allégresse
Fait à tout l'Apennin répéter ses clameurs;
Leurs fronts sont couronnés de ces fleurs que la Grèce
Aux champs de Marathon prodiguait aux vainqueurs.
C'est là leur diadème; ils en font plus de compte
Que d'un cercle à fleurons de marquis et de comte,
Et des larges mortiers à grands bords abattus,
Et de ces mitres d'or aux deux sommets pointus.
On ne voit point ici la grandeur insultante
  Portant de l'épaule au côté
  Un ruban que la Vanité
  A tissu de sa main brillante,
  Ni la fortune insolente
  Repoussant avec fierté
  La prière humble et tremblante
  De la triste pauvreté.
On n'y méprise point les travaux nécessaires :

Les états sont égaux, et les hommes sont frères.

Liberté! liberté! ton trône est en ces lieux:
La Grèce où tu naquis t'a pour jamais perdue,
      Avec ses sages et ses dieux.
Rome, depuis Brutus, ne t'a jamais revue.
Chez vingt peuples polis à peine es-tu connue.
Le Sarmate à cheval t'embrasse avec fureur;
Mais le bourgeois à pied, rampant dans l'esclavage,
Te regarde, soupire, et meurt dans la douleur.
L'Anglais pour te garder signala son courage:
Mais on prétend qu'à Londre on te vend quelquefois.
Non, je ne le crois point: ce peuple fier et sage
Te paya de son sang, et soutiendra tes droits.
Aux marais du Batave on dit que tu chancelles,
Tu peux te rassurer: la race des Nassaux,
Qui dressa sept autels à tes lois immortelles[a],
      Maintiendra de ses mains fidèles
      Et tes honneurs et tes faisceaux.
Venise te conserve, et Gênes t'a reprise.
Tout à côté du trône à Stockholm on t'a mise;
Un si beau voisinage est souvent dangereux.
Présidé à tout état où la loi t'autorise,
      Et reste-s-y, si tu le peux.
Ne va plus, sous les noms et de Ligue et de Fronde,
Protectrice funeste en nouveautés féconde,
Troubler les jours brillants d'un peuple de vainqueurs,
Gouverné par les lois, plus encor par les mœurs;
      Il chérit la grandeur suprême:

---

[a] L'union des sept provinces (1756).

Qu'a-t-il besoin de tes faveurs,
Quand son joug est si doux qu'on le prend pour toi-mê
Dans le vaste Orient ton sort n'est pas si beau.
Aux murs de Constantin, tremblante et consternée,
Sous les pieds d'un vizir tu languis enchaînée
  Entre le sabre et le cordeau.
Chez tous les Levantins tu perdis ton chapeau.
Que celui du grand Tell[a] orne en ces lieux ta tête!
Descends dans mes foyers en tes beaux jours de fête,
  Viens m'y faire un destin nouveau.
Embellis ma retraite, où l'Amitié t'appelle;
Sur de simples gazons viens t'asseoir avec elle.
Elle fuit comme toi les vanités des cours,
Les cabales du monde et son règne frivole.
O deux divinités! vous êtes mon recours.
L'une élève mon ame, et l'autre la console :
  Présidez à mes derniers jours!

[a] L'auteur de la liberté helvétique (1756).

NOTES ET VARIANTE DE L'ÉPITRE XCI.

1 Cette pièce a été imprimée séparément en 1755, dans les formats in-4° et in-8°. On imprima une *Réponse à M. de Voltaire*, en soixante-dix vers de huit syllabes, et une *Réponse à l'épître de M. de V*** en arrivant dans sa terre près du lac de Genève, en mars 1755*. Cette dernière n'a que vingt-trois vers de mesure inégale, et commence ainsi :

  O maison de V****, et non pas d'Épicure,
   Vous renfermez une tête à l'envers.

Elle a quelquefois été imprimée à la suite de l'épitre de Voltaire Grimm, qui l'a comprise dans sa *Correspondance littéraire* (juille 1755), l'attribue à Voisenon. B.

² Ripaille était un couvent d'augustins sur la rive gauche du lac de Genève. Le duc de Savoie, après avoir abdiqué, y vécut voluptueusement, et quelques personnes pensaient que c'était ce qui avait donné lieu au proverbe *faire ripaille*. Mais La Mésangère, dans son *Dictionnaire des proverbes*, pense que *Ripaille* vient de *Ripuaille*, dérivé de *repue, bonne chère*. B.

³ Var.   . . . . O bizarre Amédée !
            De quel caprice ambitieux
            Ton ame est-elle possédée ?
            Duc, ermite, et voluptueux,
        Ah ! pourquoi t'échapper de ta douce carrière ?
        Comment as-tu quitté ces bords délicieux,
        Ta cellule et ton vin, ta maîtresse et tes jeux,
        Pour aller disputer la barque de saint Pierre ?
        Lieux sacrés du repos, etc.

ÉPITRE XCII.

A M. DESMAHIS¹.

1756.

Vous ne comptez pas trente hivers :
Les Graces sont votre partage ;
Elles ont dicté vos beaux vers.
Mais je ne sais par quel travers
Vous vous proposez d'être sage.
C'est un mal qui prend à mon âge,
Quand le ressort des passions,
Quand de l'Amour la main divine,
Quand les belles tentations
Ne soutiennent plus la machine.

Trop tôt vous vous désespérez.
Croyez-moi, la raison sévère,
Qui trompe vos sens égarés,
N'est qu'une attaque passagère;
Vous êtes jeune et fait pour plaire,
Soyez sûr que vous guérirez.
Je vous en dirais davantage
Contre ce mal de la raison,
Que je hais d'un si bon courage;
Mais je médite un gros ouvrage
Pour le vainqueur du Port-Mahon.
Je veux peindre à ma nation
Ce jour d'éternelle mémoire.
Je dirai, moi qui sais l'histoire,
Qu'un géant nommé Gérion
Fut pris autrefois par Alcide
Dans la même île, au même lieu
Où notre brillant Richelieu
A vaincu l'Anglais intrépide;
Je dirai qu'ainsi que Paphos,
Minorque à Vénus fut soumise.
Vous voyez bien que mon héros
Avait double droit à sa prise.
J'ai prédit ses heureux exploits,
Malgré l'envie et la critique:
Je suis prophète quelquefois;
Et l'on prétend que je lui dois
Encore une ode pindarique.
Mais les odes ont peu d'appas
Pour les guerriers et pour moi-même,

Et je conçois qu'il ne faut pas
Ennuyer les héros qu'on aime.

NOTE DE L'ÉPITRE XCII.

¹ Ces vers font partie de la lettre 2387; voyez tome LVII, page 109. B.

ÉPITRE XCIII.

A L'EMPEREUR FRANÇOIS Ier,

ET L'IMPÉRATRICE,

REINE DE HONGRIE.

SUR L'INAUGURATION DE L'UNIVERSITÉ DE VIENNE.

1756 ¹.

Quand un roi bienfesant que ses peuples bénissent
  Les a comblés de ses bienfaits,
Les autres nations à sa gloire applaudissent;
Les étrangers charmés deviennent ses sujets;
Tous les rois à l'envi vont suivre ses exemples :
Il est le bienfaiteur du reste des mortels;
Et, tandis qu'aux beaux-arts il élève des temples,
  Dans nos cœurs il a des autels.
Dans Vienne à l'indigence on donne des asiles,
Aux guerriers des leçons, des honneurs aux beaux-arts,

Et des secours aux arts utiles.
Connaissez à ces traits la fille des Césars.
Du Danube embelli les rives fortunées
Font retentir la voix des premiers des Germains;
Leurs chants sont parvenus aux Alpes étonnées,
Et l'écho les redit aux rivages romains.
Le Rhône impétueux et la Tamise altière
  Répètent les mêmes accents.
Thérèse et son époux ont dans l'Europe entière
  Un concert d'applaudissements.
Couple auguste et chéri, recevez cet hommage
  Que cent nations ont dicté;
Pardonnez cet éloge, et souffrez ce langage
  En faveur de la vérité.

NOTE DE L'ÉPITRE XCIII.

1 Tirée d'un volume in-folio, où se trouve le discours latin du P. Maister, jésuite, prononcé à la même occasion devant leurs majestés, au mois d'avril 1756. K.

ÉPITRE XCIV.

A M. LE DUC DE RICHELIEU.

SUR LA CONQUÊTE DE MAHON.

Mai 1756.

Depuis plus de quarante années
 Vous avez été mon héros;
J'ai présagé vos destinées.

Ainsi quand Achille à Scyros
Paraissait se livrer en proie
Aux jeux, aux amours, au repos,
Il devait un jour sur les flots
Porter la flamme devant Troie :
Ainsi quand Phryné dans ses bras
Tenait le jeune Alcibiade,
Phryné ne le possédait pas,
Et son nom fut dans les combats
Égal au nom de Miltiade.
Jadis les amants, les époux,
Tremblaient en vous voyant paraître.
Près des belles et près du maître
Vous avez fait plus d'un jaloux ;
Enfin c'est aux héros à l'être.
C'est rarement que dans Paris,
Parmi les festins et les ris,
On démêle un grand caractère ;
Le préjugé ne conçoit pas
Que celui qui sait l'art de plaire
Sache aussi sauver les états :
Le grand homme échappe au vulgaire :
Mais lorsqu'aux champs de Fontenoy
Il sert sa patrie et son roi [1] ;
Quand sa main des peuples de Gênes
Défend les jours et rompt les chaînes ;
Lorsque, aussi prompt que les éclairs,
Il chasse les tyrans des mers
Des murs de Minorque opprimée,
Alors ceux qui l'ont méconnu
En parlent comme son armée.

Chacun dit : « Je l'avais prévu. »
Le succès fait la renommée.
Homme aimable, illustre guerrier,
En tout temps l'honneur de la France,
Triomphez de l'Anglais altier,
De l'envie, et de l'ignorance.
Je ne sais si dans Port-Mahon
Vous trouverez un statuaire ;
Mais vous n'en avez plus affaire :
Vous allez graver votre nom
Sur les débris de l'Angleterre ;
Il sera béni chez l'Ibère,
Et chéri dans ma nation.
Des deux Richelieu sur la terre
Les exploits seront admirés ;
Déjà tous deux sont comparés,
Et l'on ne sait qui l'on préfère.
Le cardinal affermissait
Et partageait le rang suprême
D'un maître qui le haïssait :
Vous vengez un roi qui vous aime.
Le cardinal fut plus puissant,
Et même un peu trop redoutable :
Vous me paraissez bien plus grand,
Puisque vous êtes plus aimable.

NOTE DE L'ÉPITRE XCIV.

[1] Voyez tome XXI, page 142 ; et les notes, tome LV, page 27 ;
LVI, 736. B.

ÉPITRE XCV.

A M. L'ABBÉ DE LA PORTE.

1759¹.

Tu pousses trop loin l'amitié,
Abbé, quand tu prends ma défense ;
Le vil objet de ta vengeance
Sous ta verge me fait pitié.
Il ne faut point tant de courage
Pour se battre contre un poltron,
Ni pour écraser un Fréron,
Dont le nom seul est un outrage.
Un passant donne au polisson
Un coup de fouet sur le visage :
Ce n'est que de cette façon
Qu'on corrige un tel personnage,
S'il pouvait être corrigé.
Mais on le hue, on le bafoue,
On l'a mille fois fustigé :
Il se carre encor dans la boue ;
Dans le mépris il est plongé ;
Sur chaque théâtre on le joue :
Ne suis-je pas assez vengé ?

NOTE DE L'ÉPITRE XCV.

1 Dans son *Observateur littéraire*, 1759, t. II, p. 177, en rendant compte de la nouvelle édition des *OEuvres de Voltaire*, l'abbé de La Porte avait dit : « J'ai saisi plus d'une fois l'occasion de rendre à cet illustre auteur l'hommage que la malignité, et surtout la jalousie impuissante et ridicule de certains petits esprits s'efforcent de lui ravir. » B.

ÉPITRE XCVI.

A UNE JEUNE VEUVE.

Jeune et charmant objet à qui pour son partage
Le ciel a prodigué les trésors les plus doux,
Les graces, la beauté, l'esprit et le veuvage,
  Jouissez du rare avantage
D'être sans préjugés ainsi que sans époux!
  Libre de ce double esclavage,
Joignez à tous ces dons celui d'en faire usage;
Faites de votre lit le trône de l'Amour;
Qu'il ramène les Ris, bannis de votre cour
  Par la puissance maritale.
Ah! ce n'est pas au lit qu'un mari se signale :
Il dort toute la nuit et gronde tout le jour;
  Ou s'il arrive par merveille
Que chez lui la nature éveille le desir,
Attend-il qu'à son tour chez sa femme il s'éveille?
Non : sans aucun prélude il brusque le plaisir;
Il ne connaît point l'art d'animer ce qu'on aime,

D'amener par degrés la volupté suprême;
Le traître jouit seul..., si pourtant c'est jouir.
Loin de vous tous liens, fût-ce avec Plutus même!
L'Amour se chargera du soin de vous pourvoir.
Vous n'avez jusqu'ici connu que le devoir,
    Le plaisir vous reste à connaître.
Quel fortuné mortel y sera votre maître!
    Ah! lorsque, d'amour enivré,
Dans le sein du plaisir il vous fera renaître,
Lui-même trouvera qu'il l'avait ignoré.

ÉPÎTRE XCVII.

A M. LE PRÉSIDENT HÉNAULT,

Sur son ballet du Temple des Chimères, mis en musique par M. le duc de Nivernais, et représenté chez M. le maréchal de Belle-Isle, en 1760.

    Votre amusement lyrique
    M'a paru du meilleur ton.
    Si Linus fit la musique,
    Les vers sont d'Anacréon.
    L'Anacréon de la Grèce
    Vaut-il celui de Paris?
    Il chanta la double ivresse[1]
    De Silène et de Cypris;
    Mais fit-il avec sagesse
    L'histoire de son pays?
    Après des travaux austères,
    Dans vos doux délassements

Vous célébrez les chimères.
Elles sont de tous les temps;
Elles nous sont nécessaires.
Nous sommes de vieux enfants;
Nos erreurs sont nos lisières,
Et les vanités légères
Nous bercent en cheveux blancs.

NOTE DE L'ÉPITRE XCVII.

1 Beaucoup d'éditions portent :
> Il chanta la *douce* ivresse.

Je n'ai pas hésité à préférer *double*. Voltaire a, plus tard (voyez épitre CIV, page 248), parlé du
> ....triple délire
> Des vers, de l'amour, et du vin.   B.

ÉPITRE XCVIII.

A DAPHNÉ,

CÉLÈBRE ACTRICE[1].

TRADUITE DE L'ANGLAIS.

1er janvier 1761.

Belle Daphné, peintre de la nature,
Vous l'imitez, et vous l'embellissez.
La voix, l'esprit, la grace, la figure,
Le sentiment, n'est point encore assez ;
Vous nous rendez ces prodiges d'Athène

Que le génie étalait sur la scène.
 Quand dans les arts de l'esprit et du goût
On est sublime, on est égal à tout².
Que dis-je? on règne, et d'un peuple fidèle
On est chéri, surtout si l'on est belle.
O ma Daphné! qu'un destin si flatteur
Est différent du destin d'un auteur!
 Je crois vous voir sur ce brillant théâtre
Où tout Paris*, de votre art idolâtre,
Porte en tribut son esprit et son cœur.
Vous récitez des vers plats et sans grace,
Vous leur donnez la force et la douceur;
D'un froid récit vous réchauffez la glace;
Les contre-sens deviennent des raisons.
Vous exprimez par vos sublimes sons,
Par vos beaux yeux, ce que l'auteur veut dire;
Vous lui donnez tout ce qu'il croit avoir;
Vous exercez un magique pouvoir
Qui fait aimer ce qu'on ne saurait lire.
On bat des mains, et l'auteur ébaudi
Se remercie, et pense être applaudi.
 La toile tombe, alors le charme cesse.
Le spectateur apportait des présents
Assez communs de sifflets et d'encens;
Il fait deux lots quand il sort de l'ivresse,
L'un pour l'auteur, l'autre pour son appui:
L'encens pour vous, et les sifflets pour lui.
 Vous cependant, au doux bruit des éloges
Qui vont pleuvant de l'orchestre et des loges,

---

* Le traducteur a mis *Paris* au lieu de *Londres* (1764).

Marchant en reine, et traînant après vous
Vingt courtisans l'un de l'autre jaloux,
Vous admettez près de votre toilette
Du noble essaim la cohue indiscrète.
L'un dans la main vous glisse un billet doux ;
L'autre à Passy[a] vous propose une fête ;
Josse avec vous veut souper tête à tête ;
Candale y soupe, et rit tout haut d'eux tous.
On vous entoure, on vous presse, on vous lasse.
Le pauvre auteur est tapi dans un coin,
Se fait petit, tient à peine une place.
Certain marquis, l'apercevant de loin,
Dit : « Ah ! c'est vous ; bonjour, monsieur Pancrace[3],
Bonjour : vraiment, votre pièce a du bon. »
Pancrace fait révérence profonde,
Bégaie un mot, à quoi nul ne répond,
Puis se retire, et se croit du beau monde.

Un intendant des plaisirs dits menus[4],
Chez qui les arts sont toujours bien venus,
Grand connaisseur, et pour vous plein de zèle,
Vous avertit que la pièce nouvelle
Aura l'honneur de paraître à la cour.

Vous arrivez, conduite par l'Amour :
On vous présente à la reine, aux princesses,
Aux vieux seigneurs, qui, dans leurs vieux propos,
Vont regrettant le chant de la Duclos.
Vous recevez compliments et caresses ;
Chacun accourt, chacun dit : « La voilà ! »
De tous les yeux vous êtes remarquée ;

---

[a] Le traducteur a mis *Passy*, au lieu de *Kinsington* (1764).

De mille mains on vous verrait claquée
Dans le salon, si le roi n'était là.
Pancrace suit : un gros huissier lui ferme
La porte au nez ; il reste comme un terme,
La bouche ouverte et le front interdit :
Tel que Le Franc, qui, tout brillant de gloire,
Ayant en cour présenté son mémoire [5],
Crève à-la-fois d'orgueil et de dépit.
   Il gratte, il gratte ; il se présente, il dit :
« Je suis l'auteur... » Hélas ! mon pauvre hère,
C'est pour cela que vous n'entrerez pas.
Le malheureux, honteux de sa misère,
S'esquive en hâte, et, murmurant tout bas
De voir en lui les neuf muses bannies,
Du temps passé regrettant les beaux jours,
Il rime encore, et s'étonne toujours
Du peu de cas qu'on fait des grands génies.
   Pour l'achever, quelque compilateur,
Froid gazetier, jaloux d'un froid auteur,
Quelque Fréron, dans l'*Ane littéraire* [6],
Vient l'entamer de sa dent mercenaire ;
A l'aboyeur il reste abandonné,
Comme un esclave aux bêtes condamné.
Voilà son sort ; et puis cherchez à plaire.
   Mais c'est bien pis, hélas ! s'il réussit.
L'Envie alors, Euménide implacable,
Chez les vivants harpie insatiable,
Que la mort seule à grand'peine adoucit [7],
L'affreuse Envie, active, impatiente,
Versant le fiel de sa bouche écumante,
Court à Paris, par de longs sifflements,

Dans leurs greniers réveiller ses enfants.
A cette voix, les voilà qui descendent,
Qui dans le monde à grands flots se répandent,
En manteau court, en soutane, en rabat,
En petit-maître, en petit magistrat.
Écoutez-les : « Cette œuvre dramatique
Est dangereuse, et l'auteur hérétique [8]. »
Maître Abraham va sur lui distillant
L'acide impur qu'il vendait sur la Loire [a];
Maître Crevier, dans sa pesante histoire
Qu'on ne lit point, condamne son talent.

Un petit singe [9], à face de Thersite [10],
Au sourcil noir, à l'œil noir, au teint gris,
Bel-esprit faux [b] qui hait les bons esprits,
Fou sérieux que le bon sens irrite,
Écho des sots, trompette des pervers,
En prose dure insulte les beaux vers,
Poursuit le sage, et noircit le mérite.

Mais écoutez ces pieux loups-garous,
Persécuteurs de l'art des Euripides,
Qui vont hurlant en phrases insipides
Contre la scène, et même contre vous.

Quand vos talents entraînent au théâtre
Un peuple entier, de votre art idolâtre,
Et font valoir quelque ouvrage nouveau,
Un possédé, dans le fond d'un tonneau [c]

---

[a] Le traducteur a substitué la *Loire* à la *Tamise* (1764).

[b] L'abbé Guyon et ses semblables. — Voltaire, dans sa lettre du 2 février 1761, n° 3248, dit que cette note est de son correspondant à Paris, mais que d'autres prétendent qu'il fallait un autre nom. B.

[c] L'auteur anglais a sans doute en vue les chaires des presbytériens (1764).

Qu'on coupe en deux, et qu'un vieux dais surmonte,
Crie au scandale, à l'horreur, à la honte,
Et vous dépeint au public abusé
Comme un démon en fille déguisé.
Ainsi toujours, unissant les contraires,
Nos chers Français, dans leurs têtes légères[a],
Que tous les vents font tourner à leur gré,
Vont diffamer ce qu'ils ont admiré.
O mes amis! raisonnez, je vous prie;
Un mot suffit. Si cet art est impie,
Sans répugnance il le faut abjurer;
S'il ne l'est pas, il le faut honorer.

[a] Le traducteur transporte toujours la scène à Paris (1764).

NOTES ET VARIANTES DE L'ÉPITRE XCVIII.

[1] Cette pièce est souvent citée par Voltaire sous le titre de *Pantaodai*. La première édition est en effet intitulée : *Pantaodai, étrennes à mademoiselle Clairon, par A*** C****; les initiales *A. C.* désignaient Abraham Chaumeix (voyez lettres 3245, 3248, et 3252); cependant *maître Abraham* est immolé dans les vers 101-102. Ce fut Dalembert (voyez ses lettres des 22 septembre et 18 octobre 1760, tome LIX) qui engagea Voltaire à donner à mademoiselle Clairon un monument marqué de reconnaissance pour le succès de *Tancrède*. Malgré la date du 1er janvier qu'elle porte dans la première édition, elle n'était pas encore achevée le 11 de ce mois. Voltaire recommandait à d'Argental, le 16 février 1761, que le *Pantaodai* restât un ouvrage de société. Dans une édition faite à Paris on supprima les vers contre Omer Joly de Fleury; cette suppression contrariait beaucoup Voltaire (voyez sa lettre à Damilaville, du 8 mai 1761). B.

[2] Dans l'épître CII, qu'il adressa, en 1765, à mademoiselle Clairon, Voltaire dit:

Le sublime en tout genre est le don le plus rare.   B.

3 Il paraît par la lettre à Dalembert, du 19 mars 1761, que Pancrace désigne Colardeau, dont la tragédie de *Caliste* avait été jouée le 12 novembre 1760. Mademoiselle Clairon y jouait le rôle de Caliste. B.

4 Voyez ma note, tome XL, page 318. B.

5 J'ai cité quelques phrases de ce mémoire, t. XL, p. 157. B.

6 Ici Voltaire désigne l'*Année littéraire* de Fréron, sous le titre d'un écrit de Lebrun contre Fréron; voyez t. LIX, p. 297. B.

7 Voltaire a dit dans sa *Henriade*, chant VII, vers 148 :

Triste amante des morts, elle hait les vivants. B.

8 Après ce vers,

Est dangereuse, et l'auteur hérétique,

on lisait ceux-ci, qui terminaient l'épître :

Mais s'il compose un ouvrage nouveau
Qui puisse plaire à Boufflers, à Beauvau,
A ce vainqueur des Anglais et des belles,
Qui ne trouva ni rivaux, ni cruelles;
Si le bon goût du généreux Choiseul
A ses travaux fait un honnête accueil,
S'il trouve grace aux yeux de la marquise,
Du seul mérite en plus d'un genre éprise;
S'il satisfait La Vallière et d'Ayen,
Malheur à lui : la cohorte empestée
Damne mon homme, et le journal chrétien
Secrètement vous le déclare athée.
S'il répond peu, c'est qu'il est accablé;
Si, méprisant l'Envie et ses trompettes,
Il vit en paix dans ses belles retraites,
S'il y sert Dieu, c'est qu'il est exilé.

— La marquise est madame de Pompadour. B.

9 Ce *petit singe*, etc., était Omer Joly de Fleury (voyez lettre 5251), qui, dans le chant XVI de *la Pucelle*, est appelé

Ce pédant sec, à face de Thersite.

Voyez tome XI, page 257. B.

10 VAR. Un petit singe, à phrases compassées,
Au sourcil noir, au long et noir habit,
Plus noir encore et de cœur et d'esprit,

Vomit sur lui ses fureurs empestées;
Mais, grace au ciel, il est un roi puissant
Qui d'un coup d'œil protége l'innocent,
Et d'un coup d'œil démasque l'hypocrite;
Il hait la fraude, il hait les imposteurs;
Des factions il connait les auteurs.
Tremblez, méchants, qui trompez sa justice;
Craignez l'Histoire, elle est votre supplice;
Craignez sa main : cette main, qui des rois
A sur l'airain consacré les exploits,
Y gravera vos infames cabales,
Vos sourds complots, vos ténébreux scandales;
L'Hypocrisie au perfide souris,
Le Fanatisme étincelant de rage,
Le fade Orgueil peignant son plat visage
Du fard brillant de l'amour du pays,
Tout paraîtra dans son jour véritable.
On vous verra l'horreur et le mépris
D'un peuple entier par vos fourbes surpris.
Le dieu des vers, ce dieu de la lumière,
Dont votre oreille ignore les accents,
Et dont votre œil fuit les rayons perçants;
Ce même dieu, finissant sa carrière,
Daigne écraser et plonger dans la nuit
L'affreux Python que la fange a produit.
 Mais aujourd'hui, dans leurs grottes obscures,
Laissons siffler ces couleuvres impures;
Ne souillons pas de leurs hideux portraits
Les doux crayons qui dessinent vos traits.
Belle Clairon, toutes ces barbaries
Sont des objets à vos yeux inconnus;
Et quand on parle à Minerve, à Vénus,
Faut-il nommer Cerbère et les Furies?

Autre variante:

Un petit singe, ignorant, indocile,
Au sourcil noir, au long et noir habit,
Plus noir encore et de cœur et d'esprit,
Répand sur moi ses phrases et sa bile;
En grimaçant, le monstre s'applaudit
D'être à la fois et Thersite et Zoïle:
Mais, grace au ciel, etc.

ÉPITRE XCIX.

A MADAME DENIS.

SUR L'AGRICULTURE.

14 mars 1761.

Qu'il est doux d'employer le déclin de son âge
Comme le grand Virgile occupa son printemps!
Du beau lac de Mantoue il aimait le rivage;
Il cultivait la terre, et chantait ses présents.
Mais bientôt, ennuyé des plaisirs du village,
D'Alexis et d'Áminte il quitta le séjour,
Et, malgré Mævius, il parut à la cour.
C'est la cour qu'on doit fuir, c'est aux champs qu'il faut vivre.
Dieu du jour, dieu des vers, j'ai ton exemple à suivre.
Tu gardas les troupeaux, mais c'étaient ceux d'un roi;
Je n'aime les moutons que quand ils sont à moi.
L'arbre qu'on a planté rit plus à notre vue
Que le parc de Versaille et sa vaste étendue.
Le Normand Fontenelle, au milieu de Paris[a],

---

[a] Théocrite et Virgile étaient à la campagne, ou en venaient, quand ils firent des églogues. Ils chantèrent les moissons qu'ils avaient fait naître, et les troupeaux qu'ils avaient conduits. Cela donnait à leurs bergers un air de vérité qu'ils ne peuvent guère avoir dans les rues de Paris. Aussi les églogues de Fontenelle furent des madrigaux galants (1771).

— M. de Voltaire a donné à Fontenelle l'épithète de Normand dans cette pièce, comme dans l'épître au roi de Prusse: *Blaise Pascal a tort*. Il a substitué aussi, dans *le Temple du Goût*, le *discret* Fontenelle au *sage* Fontenelle des premières éditions; c'est que le sage Fontenelle n'avait pas

Prêta des agréments au chalumeau champêtre;
Mais il vantait des soins qu'il craignait de connaître,
Et de ses faux bergers il fit de beaux-esprits.
Je veux que le cœur parle, ou que l'auteur se taise;
Ne célébrons jamais que ce que nous aimons.
En fait de sentiment l'art n'a rien qui nous plaise :
Ou chantez vos plaisirs, ou quittez vos chansons;
Ce sont des faussetés, et non des fictions.

« Mais quoi! loin de Paris se peut-il qu'on respire? »
Me dit un petit-maître, amoureux du fracas.
Les Plaisirs dans Paris voltigent sur nos pas:
On oublie, on espère, on jouit, on desire;
Il nous faut du tumulte, et je sens que mon cœur,
S'il n'est pas enivré, va tomber en langueur. »

Attends, bel étourdi, que les rides de l'âge
Mûrissent ta raison, sillonnent ton visage;
Que Gaussin t'ait quitté, qu'un ingrat t'ait trahi,
Qu'un Bernard t'ait volé[1], qu'un jaloux hypocrite
T'ait noirci des poisons de sa langue maudite;
Qu'un opulent fripon, de ses pareils haï,
Ait ravi des honneurs qu'on enlève au mérite :
Tu verras qu'il est bon de vivre enfin pour soi,
Et de savoir quitter le monde qui nous quitte.

« Mais vivre sans plaisir, sans faste, sans emploi!
Succomber sous le poids d'un ennui volontaire! »

De l'ennui! Penses-tu que, retiré chez toi,
Pour les tiens, pour l'état, tu n'as plus rien à faire?

---

contre les préjugés la haine active de M. de Voltaire; qu'il le laissa combattre seul, cachant avec soin aux ennemis de la raison le mépris qu'il avait pour eux, et ne s'intéressant point assez à la vérité ou à ses apôtres pour risquer de se brouiller avec les persécuteurs. K.

La Nature t'appelle, apprends à l'observer;
La France a des déserts, ose les cultiver;
Elle a des malheureux : un travail nécessaire,
Ce partage de l'homme, et son consolateur,
En chassant l'indigence amène le bonheur :
Change en épis dorés, change en gras pâturages
Ces ronces, ces roseaux, ces affreux marécages.
Tes vassaux languissants, qui pleuraient d'être nés,
Qui redoutaient surtout de former leurs semblables,
Et de donner le jour à des infortunés,
Vont se lier gaîment par des nœuds desirables;
D'un canton désolé l'habitant s'enrichit;
Turbilli[a], dans l'Anjou, t'imite et t'applaudit;
Bertin, qui dans son roi voit toujours sa patrie,
Prête un bras secourable à ta noble industrie;
Trudaine sait assez que le cultivateur
Des ressorts de l'état est le premier moteur,
Et qu'on ne doit pas moins, pour le soutien du trône,
A la faux de Cérès qu'au sabre de Bellone.

J'aime assez saint Benoît : il prétendit du moins[a]
Que ses enfants tondus, chargés d'utiles soins,
Méritassent de vivre en guidant la charrue,
En creusant des canaux, en défrichant des bois.
Mais je suis peu content du bon homme François[b];

---

[a] Benedict ou Benoît voulut que les mains de ses moines cultivassent la terre. Elles ont été employées à d'autres travaux, à donner des éditions des Pères, à les commenter, à copier d'anciens titres, et à en faire. Plusieurs de leurs abbés réguliers sont devenus évêques; plusieurs ont eu des richesses immenses (1771).

[b] François d'Assise, en instituant les mendiants, fit un mal beaucoup plus grand. Ce fut un impôt exorbitant mis sur le pauvre peuple, qui n'osa refuser son tribut d'aumône à des moines qui disaient la messe et qui con-

Il crut qu'un vrai chrétien doit gueuser dans la rue,
Et voulut que ses fils, robustes fainéants,
Fissent serment à Dieu de vivre à nos dépens.
Dieu veut que l'on travaille et que l'on s'évertue ;
Et le sot mari d'Ève, au paradis d'Éden,
Reçut un ordre exprès d'arranger son jardin^a.
C'est la première loi donnée au premier homme [3],
Avant qu'il eût mangé la moitié de sa pomme.
Mais ne détournons point nos mains et nos regards
Ni des autres emplois, ni surtout des beaux-arts.
Il est des temps pour tout ; et lorsqu'en mes vallées,
Qu'entoure un long amas de montagnes pelées,
De quelques malheureux ma main sèche les pleurs,
Sur la scène, à Paris, j'en fais verser peut-être ;
Dans Versaille étonné j'attendris de grands cœurs ;
Et, sans croire approcher de Racine, mon maître,
Quelquefois je peux plaire, à l'aide de Clairon.
Au fond de son bourbier je fais rentrer Fréron.
L'archidiacre Trublet prétend que je l'ennuie [4] ;
La représaille est juste ; et je sais à propos
Confondre les pervers, et me moquer des sots.
En vain sur son crédit un délateur s'appuie ;
Sous son bonnet carré, que ma main jette à bas,
Je découvre, en riant, la tête de Midas [5].

---

fessaient : de sorte qu'encore aujourd'hui, dans les pays catholiques romains, le paysan, après avoir payé le roi, son seigneur, et son curé, est encore forcé de donner le pain de ses enfants à des cordeliers et à des capucins (1771).

^a Cet ordre exprès, que la Genèse dit avoir été donné de Dieu à l'homme, de cultiver son jardin, fait bien voir quel est le ridicule de dire que l'homme fut condamné au travail. L'Arabe Job est bien plus raisonnable : il dit que l'homme est né pour travailler, comme l'oiseau pour voler (1771).

J'honore Diderot, malgré la calomnie ;
Ma voix parle plus haut que les cris de l'envie :
Les échos des rochers qui ceignent mon désert
Répètent après moi le nom de Dalembert.
Un philosophe est ferme, et n'a point d'artifice ;
Sans espoir et sans crainte il sait rendre justice :
Jamais adulateur, et toujours citoyen,
A son prince attaché sans lui demander rien,
Fuyant des factions les brigues ennemies
Qui se glissent parfois dans nos académies,
Sans aimer Loyola, condamnant saint Médard[a],
Des billets qu'on exige il se rit à l'écart,
Et laisse aux parlements à réprimer l'Église ;
Il s'élève à son Dieu, quand il foule à ses pieds
Un fatras dégoûtant d'arguments décriés ;
Et son ame inflexible au vrai seul est soumise.
C'est ainsi qu'on peut vivre à l'ombre de ses bois,
En guerre avec les sots, en paix avec soi-même,
Gouvernant d'une main le soc de Triptolème,
Et de l'autre essayant d'accorder sous ses doigts
La lyre de Racine et le luth de Chapelle.
  O vous, à l'amitié dans tous les temps fidèle,
Vous qui, sans préjugés, sans vices, sans travers,
Embellissez mes jours ainsi que mes déserts,
Soutenez mes travaux et ma philosophie ;
Vous cultivez les arts, les arts vous ont suivie.
Le sang du grand Corneille[b], élevé sous vos yeux,

[a] Voyez les notes sur les convulsions et sur les billets de confession, deux ridicules et opprobres de la France, à la fin de la pièce intitulée *le Pauvre Diable*, tome XIV (1771).

[b] Mademoiselle Corneille, mariée à M. Dupuits, officier de l'état-major (1771).

Apprend, par vos leçons, à mériter d'en être.
Le père de Cinna vient m'instruire en ces lieux :
Son ombre entre nous trois, aime encore à paraître ;
Son ombre nous console, et nous dit qu'à Paris
Il faut abandonner la place aux Scudéris.

NOTES DE L'ÉPITRE XCIX.

¹ On avait proposé à Voltaire de changer cet hémistiche, et de dire :

        Qu'un riche t'ait volé.

Voltaire approuva la correction (voyez la lettre 3303, tome LIX, page 378). Cependant la correction n'a été faite dans aucune édition. B.

² Le marquis de Turbilli, auteur d'un ouvrage sur les défrichements, qui avait alors quelque célébrité. M. Bertin, contrôleur général, depuis ministre, avait institué des sociétés d'agriculture dans chaque généralité. MM. Trudaine, intendants des finances, ont été du petit nombre des magistrats qui ont véritablement aimé les sciences et les arts. Ils ont beaucoup contribué au progrès que les manufactures et le commerce ont fait en France sous le règne de Louis XV. Le fils était un des hommes de l'Europe les plus instruits des vrais principes et des détails de l'administration des états. K. — Voyez ma note, tome LVIII, page 520. B.

³ Cette épitre ayant fait beaucoup de bruit, la reine desira la lire ; mais pour ménager la susceptibilité de cette princesse, Dalembert corrigea ainsi deux vers :

      Et le *bon* mari d'Ève, au paradis d'Éden...
        Avant qu'il eût *goûté de la fatale pomme.*

« Ce qui est bien plat, dit-il ; mais cela est encore trop bon pour Versailles. » B.

⁴ Voyez ma note, tome LIX, page 402. B.

⁵ Ce trait porte contre l'avocat général Omer Joly de Fleury ; voyez la lettre à Dalembert, du 19 juin 1761, t. LIX, p. 339. B.

ÉPITRE C.

A MADAME ÉLIE DE BEAUMONT,

EN RÉPONSE A UNE ÉPÎTRE EN VERS

AU SUJET DE MADEMOISELLE CORNEILLE.

20 mai 1761.

S'il est au monde une beauté
Qui de Corneille ait hérité,
Vous possédez cet apanage.
L'enfant dont je me suis chargé[1]
N'a point l'art des vers en partage;
Vous l'avez : c'est un avantage
Qui m'a quelquefois affligé,
Et que doit fuir tout homme sage.
Ce dangereux et beau talent
Est pour vous un simple ornement,
Un pompon de plus à votre âge;
Mais quand un homme a le malheur
D'avoir fait en forme un ouvrage,
Et quand il est monsieur l'auteur,
C'est un métier dont il enrage.

Les vers, la musique, l'amour,
Sont les charmes de notre vie;
Le sage en a la fantaisie,
Et sait les goûter tour-à-tour :
S'y livrer toujours, c'est folie.

---

[1] Mademoiselle Corneille. K.

ÉPITRE CI.

AU DUC DE LA VALLIÈRE,

GRAND-FAUCONNIER DE FRANCE.

1761.

Illustre protecteur des perdrix de Mont-Rouge,
Des faucons, des auteurs, et surtout des catins;
Vous dont l'auguste sceptre au cuir blanc, au bout rouge,
Est l'effroi des cocus et l'amour des p......,
Vous daignez vous servir de votre aimable plume
   Pour dire à la postérité
Que vous avez aimé certain Suisse effronté,
Très indiscret auteur de plus d'un gros volume,
Mais dont l'esprit encor conserve sa gaîté.
   Il pense comme monsieur Hume,
   Il rit de la sotte âpreté
   De tout dévot plein d'amertume;
   Tranquillement il s'accoutume
   A l'humaine méchanceté;
   Le flambeau de la Vérité
   Quelquefois dans ses mains s'allume;
   Il doit être bientôt compté
   Dans le rang d'un auteur posthume :
   Mais quand le temps qui tout consume
   Au néant l'aura rapporté,
   Son nom, comme je le présume,
Ira, par votre grace, à l'immortalité.

ÉPITRE CII.

A MADEMOISELLE CLAIRON[1].

1765.

Le sublime en tout genre est le don le plus rare[2];
C'est là le vrai phénix; et, sagement avare,
La nature a prévu qu'en nos faibles esprits
Le beau, s'il est commun, doit perdre de son prix.
La médiocrité couvre la terre entière;
Les mortels ont à peine une faible lumière,
Quelques vertus sans force, et des talents bornés.
S'il est quelques esprits par le ciel destinés
A s'ouvrir des chemins inconnus au vulgaire,
A franchir des beaux-arts la limite ordinaire,
La nature est alors prodigue en ses présents;
Elle égale dans eux les vertus aux talents.
Le souffle du génie et ses fécondes flammes
N'ont jamais descendu que dans de nobles ames;
Il faut qu'on en soit digne, et le cœur épuré
Est le seul aliment de ce flambeau sacré.
Un esprit corrompu ne fut jamais sublime.

Toi que forma Vénus, et que Minerve anime,
Toi qui ressuscitas sous mes rustiques toits
L'*Électre* de Sophocle aux accents de ta voix
(Non l'*Électre* française[3], à la mode soumise,
Pour le galant Itys si galamment éprise);

Toi qui peins la nature en osant l'embellir,
Souveraine d'un art que tu sus ennoblir,
Toi dont un geste, un mot, m'attendrit et m'enflamme,
Si j'aime tes talents, je respecte ton ame.
L'amitié, la grandeur, la fermeté, la foi [a],
Les vertus que tu peins, je les retrouve en toi;
Elles sont dans ton cœur. La vertu que j'encense
N'est pas des voluptés la sévère abstinence.
L'amour, ce don du ciel, digne de son auteur,
Des malheureux humains est le consolateur.
Lui-même il fut un dieu dans les siècles antiques;
On en fait un démon chez nos vils fanatiques:
Très désintéressé sur ce péché charmant,
J'en parle en philosophe, et non pas en amant.
Une femme sensible, et que l'amour engage,
Quand elle est honnête homme, à mes yeux est un sage.
 Que ce conteur heureux qui plaisamment chanta [b]
Le démon Belphégor et madame Honesta,
L'Ésope des Français, le maître de la fable,
Ait de la Champmêlé vanté la voix aimable,
Ses accents amoureux et ses sons affétés,

---

[a] La foi, en poésie, signifie la bonne foi (1765).

[b] La Fontaine, dans son prologue de *Belphégor*, dédié à mademoiselle Champmêlé, fameuse actrice pour son temps. La déclamation était alors une espèce de chant. La Motte a fait des stances pour mademoiselle Duclos, dans lesquelles il la loue d'imiter la Champmêlé : et ni l'une ni l'autre ne devaient être imitées. On est tombé depuis dans un autre défaut beaucoup plus grand : c'est un familier excessif et ridicule, qui donne à un héros le ton d'un bourgeois. Le naturel dans la tragédie doit toujours se ressentir de la grandeur du sujet, et ne s'avilir jamais par la familiarité. Baron, qui avait un jeu si naturel et si vrai, ne tomba jamais dans cette bassesse (1765).

Écho des fades airs que Lambert[a] a notés ;
Tu n'étais pas alors ; on ne pouvait connaître
Cet art qui n'est qu'à toi, cet art que tu fais naître.
 Corneille, des Romains peintre majestueux,
T'aurait vue aussi noble, aussi Romaine qu'eux.
Le ciel, pour échauffer les glaces de mon âge,
Le ciel me réservait ce flatteur avantage :
Je ne suis point surpris qu'un sort capricieux
Ait pu mêler quelque ombre à tes jours glorieux.
L'ame qui sait penser n'en est point étonnée ;
Elle s'en affermit, loin d'être consternée :
C'est le creuset du sage ; et son or altéré
En renaît plus brillant, en sort plus épuré.
En tout temps, en tout lieu, le public est injuste ;
Horace s'en plaignait sous l'empire d'Auguste.
La malice, l'orgueil, un indigne desir
D'abaisser des talents qui font notre plaisir,
De flétrir les beaux-arts qui consolent la vie,
Voilà le cœur de l'homme ; il est né pour l'envie.
A l'église, au barreau, dans les camps, dans les cours,
Il est, il fut ingrat, et le sera toujours.
 Du siècle que j'ai vu[4] tu sais quelle est la gloire :
Ce siècle des talents vivra dans la mémoire.
Mais vois à quels dégoûts le sort abandonna
L'auteur d'*Iphigénie* et celui de *Cinna*,
Ce qu'essuya Quinault ; ce que souffrit Molière,
Fénelon dans l'exil terminant sa carrière ;
Arnauld, qui dut jouir du destin le plus beau,

---

[a] Lambert, auteur de quelques airs insipides, très célèbre avant Lulli (1765).

Arnauld manquant d'asile, et même de tombeau.
De l'âge où nous vivons que pouvons-nous attendre?
La lumière, il est vrai, commence à se répandre;
Avec moins de talents on est plus éclairé:
Mais le goût s'est perdu, l'esprit s'est égaré.
Ce siècle ridicule est celui des brochures,
Des chansons, des extraits, et surtout des injures.
La barbarie approche: Apollon indigné
Quitte les bords heureux où ses lois ont régné;
Et, fuyant à regret son parterre et ses loges,
Melpomène avec toi fuit chez les Allobroges[5].

NOTES DE L'ÉPITRE CII.

[1] Cette épitre fut adressée à mademoiselle Clairon en juillet 1765; voyez la lettre du 23 juillet, tome LXII, page 392. B.

[2] Voltaire avait déjà dit, dans une première épître à mademoiselle Clairon,

> Quand dans les arts de l'esprit et du goût
> On est sublime, on est égal à tout.

Voyez ci-dessus, page 225. B.

[3] L'*Électre* de Crébillon, dans laquelle on condamnait surtout la partie carrée d'Électre avec Itys et d'Iphianasse avec Tydée; voyez tome XL, page 476. B.

[4] Le siècle de Louis XIV. Voltaire avait vingt et un ans à la mort de ce prince. B.

[5] Mademoiselle Clairon venait de quitter le théâtre, et avait été passer quelque temps à Ferney. K.

ÉPITRE CIII.

A HENRI IV,

Sur ce qu'on avait écrit à l'auteur que plusieurs citoyens de Paris s'étaient mis à genoux devant la statue équestre de ce prince pendant la maladie du dauphin [1].

1766.

Intrépide soldat, vrai chevalier, grand homme,
Bon roi, fidèle ami, tendre et loyal amant,
Toi que l'Europe a plaint d'avoir fléchi sous Rome,
Sans qu'on osât blâmer ce triste abaissement,
Henri, tous les Français [2] adorent ta mémoire :
Ton nom devient plus cher et plus grand chaque jour ;
Et peut-être autrefois quand j'ai chanté ta gloire
Je n'ai point dans les cœurs affaibli tant d'amour.
  Un des beaux rejetons de ta race chérie,
Des marches de ton trône au tombeau descendu,
Te porte, en expirant, les vœux de ta patrie,
Et les gémissements de ton peuple éperdu.
  Lorsque la Mort sur lui levait sa faux tranchante,
On vit de citoyens une foule tremblante
Entourer ta statue et la baigner de pleurs ;
C'était là leur autel, et, dans tous nos malheurs,
On t'implore aujourd'hui [3] comme un dieu tutélaire.
La fille qui naquit aux chaumes de Nanterre,
Pieusement célèbre en des temps ténébreux [4],
N'entend point nos regrets, n'exauce point nos vœux,

De l'empire français n'est point la protectrice.
C'est toi, c'est ta valeur, ta bonté, ta justice,
Qui préside à l'état raffermi par tes mains.
Ce n'est qu'en t'imitant qu'on a des jours prospères ;
C'est l'encens qu'on te doit : les Grecs et les Romains
Invoquaient des héros, et non pas des bergères.

   Oh! si de mes déserts, où j'achève mes jours,
Je m'étais fait entendre [5] au fond du sombre empire!
Si, comme au temps d'Orphée, un enfant de la lyre
De l'ordre des destins [6] interrompait le cours!
Si ma voix...! Mais tout cède à leur arrêt suprême :
Ni nos chants, ni nos cris, ni l'art et ses secours,
Les offrandes, les vœux, les autels [7], ni toi-même,
Rien ne suspend la mort. Ce monde illimité
Est l'esclave éternel de la fatalité.
A d'immuables lois Dieu soumit la nature.

   Sur ces monts entassés, séjour de la froidure,
Au creux de ces rochers, dans ces gouffres affreux,
Je vois des animaux maigres, pâles, hideux,
Demi-nus, affamés, courbés sous l'infortune ;
Ils sont hommes pourtant : notre mère commune [8]
A daigné prodiguer des soins aussi puissants
A pétrir de ses mains leur substance mortelle,
Et le grossier instinct qui dirige leurs sens,
Qu'à former les vainqueurs de Pharsale et d'Arbelle.
Au livre des destins tous leurs jours sont comptés ;
Les tiens l'étaient aussi. Ces dures vérités
Épouvantent le lâche et consolent le sage.
Tout est égal au monde : un mourant n'a point d'âge.
Le dauphin le disait au sein de la grandeur,
Au printemps de sa vie, au comble du bonheur ;

Il l'a dit en mourant, de sa voix affaiblie,
A son fils, à son père, à la cour attendrie.
O toi! triste témoin de son dernier moment,
Qui lis de sa vertu ce faible monument,
Ne me demande point ce qui fonda sa gloire,
Quels funestes exploits assurent sa mémoire [9],
Quels peuples malheureux on le vit conquérir,
Ce qu'il fit sur la terre... il t'apprit à mourir!

NOTES ET VARIANTES DE L'ÉPITRE CIII.

[1] Le dauphin, père de Louis XVI, Louis XVIII, et Charles X, est mort le 20 décembre 1765. L'*Épître à Henri IV* est de janvier 1766; elle est imprimée dans le *Journal encyclopédique* du 1ᵉʳ février, sauf quelques vers que supprimèrent les éditeurs. Les vers supprimés sont les 3ᵉ, 4ᵉ, 18ᵉ, 19ᵉ, 20ᵉ, 21ᵉ, la fin du 25ᵉ et le 26ᵉ. B.

[2] VAR. Henri, tous nos Français.

[3] VAR. Nous t'implorons encor.

[4] VAR. Pieusement célèbre en des temps ténébreux,
    A vu sans s'alarmer qu'on t'adressât des vœux.
    Elle-même avec nous t'eût rendu cet hommage;
    Tu l'as trop mérité : c'est toi, c'est ton courage
    Qui préside à l'état raffermi par tes mains, etc.

— Voltaire n'avait fait les vers 2, 3, et 4 de cette variante que pour ne se brouiller ni avec sainte Geneviève, ni avec ses moines; voyez la lettre à Damilaville, du 6 janvier 1766, n° 4561. B.

[5] VAR. Ma voix pourrait percer.

[6] VAR. Des ordres du destin.

[7] VAR. Nos offrandes, nos vœux, nos autels.

[8]   Et la mère commune.

[9] VAR. Quel funeste succès assure sa mémoire.

ÉPITRE CIV.

A M. LE CHEVALIER DE BOUFFLERS.

1766.

Croyez qu'un vieillard cacochyme,
Chargé de soixante et douze ans,
Doit mettre, s'il a quelque sens,
Son ame et son corps au régime.
Dieu fit la douce Illusion
Pour les heureux fous du bel âge ;
Pour les vieux fous l'ambition,
Et la retraite pour le sage.
Vous me direz qu'Anacréon,
Que Chaulieu même, et Saint-Aulaire,
Tiraient encor quelque chanson
De leur cervelle octogénaire.
Mais ces exemples sont trompeurs ;
Et quand les derniers jours d'automne
Laissent éclore quelques fleurs,
On ne leur voit point les couleurs
Et l'éclat que le printemps donne :
Les bergères et les pasteurs
N'en forment point une couronne.
La Parque, de ses vilains doigts,
Marquait d'un sept avec un trois
La tête froide et peu pensante

De Fleury, qui donna les lois
A notre France languissante.
Il porta le sceptre des rois,
Et le garda jusqu'à nonante.
Régner est un amusement
Pour un vieillard triste et pesant,
De toute autre chose incapable;
Mais vieux bel-esprit, vieux amant,
Vieux chanteur, est insupportable.
C'est à vous, ô jeune Boufflers,
A vous, dont notre Suisse admire
Le crayon, la prose, et les vers,
Et les petits contes pour rire;
C'est à vous de chanter Thémire,
Et de briller dans un festin,
Animé du triple délire
Des vers, de l'amour, et du vin.

ÉPITRE CV.

A M. FRANÇOIS DE NEUFCHATEAU.

1766.

Si vous brillez à votre aurore,
Quand je m'éteins à mon couchant;
Si dans votre fertile champ
Tant de fleurs s'empressent d'éclore,
Lorsque mon terrain languissant

Est dégarni des dons de Flore;
Si votre voix jeune et sonore
Prélude d'un ton si touchant,
Quand je fredonne à peine encore
Les restes d'un lugubre chant;
Si des Graces, qu'en vain j'implore,
Vous devenez l'heureux amant;
Et si ma vieillesse déplore
La perte de cet art charmant
Dont le dieu des vers vous honore;
Tout cela peut m'humilier :
Mais je n'y vois point de remède;
Il faut bien que l'on me succède,
Et j'aime en vous mon héritier.

ÉPITRE CVI.

A M. DE CHABANON,

QUI DANS UNE PIÈCE DE VERS EXHORTAIT L'AUTEUR A QUITTER L'ÉTUDE DE LA MÉTAPHYSIQUE POUR LA POÉSIE.

27 auguste 1766.

Aimable amant de Polymnie,
Jouissez de cet âge heureux
Des voluptés et du génie;
Abandonnez-vous à leurs feux:
Ceux de mon ame appesantie
Ne sont qu'une cendre amortie,

Et je renonce à tous vos jeux.
La fleur de la saison passée
Par d'autres fleurs est remplacée.
Une sultane avec dépit,
Dans le vieux sérail délaissée,
Voit la jeune entrer dans le lit
Dont le grand-seigneur l'a chassée.
Lorsque Élie était décrépit,
Il s'enfuit, laissant son esprit
A son jeune élève Élisée.
Ma muse est de moi trop lassée;
Elle me quitte, et vous chérit :
Elle sera mieux caressée.

ÉPITRE CVII.

A MADAME DE SAINT-JULIEN[1],

NÉE COMTESSE DE LA TOUR-DU-PIN.

Fille de ces dauphins de qui l'extravagance
S'ennuya de régner pour obéir en France;
Femme aimable, honnête homme, esprit libre et hardi,
Qui, n'aimant que le vrai, ne suis que la nature;
Qui méprisas toujours le vulgaire engourdi
  Sous l'empire de l'imposture;
Qui ne conçus jamais la moindre vanité
  Ni de l'éclat de la naissance,
  Ni de celui de la beauté,

Ni du faste de l'opulence ;
Tu quittes le fracas des villes et des cours,
Les spectacles, les jeux, tous les riens du grand monde,
Pour consoler mes derniers jours
Dans ma solitude profonde.
En habit d'amazone, au fond de mes déserts,
Je te vois arriver plus belle et plus brillante
Que la divinité qui naquit sur les mers.
D'un flambeau dans tes mains la flamme étincelante
Apporte un jour nouveau dans mon obscurité ;
Ce n'est point de l'Amour le flambeau redoutable,
C'est celui de la Vérité :
C'est elle qui t'instruit, et tu la rends aimable.
C'est ainsi qu'auprès de Platon,
Auprès du vieux Anacréon,
Les belles nymphes de la Grèce
Accouraient pour donner leçon
Et de plaisir et de sagesse.

La légende nous a conté
Que l'on vit sainte Thècle, au public exposée,
Suivant partout saint Paul, en homme déguisée,
Braver tous les brocards de la malignité.
Cet exemple de piété
En tout pays fut imité
Chez la révérende prêtrise :
Chacun des pères de l'Église
Eut une femme à son côté.
Il n'est point de François de Sale
Sans une dame de Chantal :

Un dévot peut penser à mal,
Mais ne donne point de scandale.

Bravez donc les discours malins,
Demeurez dans mon ermitage,
Et craignez plus les jeunes saints
Que les fleurettes d'un vieux sage.

NOTE DE L'ÉPITRE CVII.

1 Madame de Saint-Julien, née de La Tour-du-Pin de Charce, est morte le 9 mai 1820.

Cette épitre a toujours été imprimée sans date, et placée parmi celles de 1772. Je la crois de 1766, et antérieure à la lettre du 14 septembre 1766, où Voltaire parle d'un voyage que cette dame avait fait à Ferney. B.

ÉPITRE CVIII.

A MADAME DE SAINT-JULIEN.

1768.

Des contraires bel assemblage,
Vous qui, sous l'air d'un papillon,
Cachez les sentiments d'un sage,
Revolez de mon ermitage
A votre brillant tourbillon;
Allez chercher l'Illusion,
Compagne heureuse du bel âge;
Que votre imagination,

Toujours forte, toujours légère,
Entre Boufflers et Voisenon
Répande cent traits de lumière;
Que Diane[1], que les Amours,
Partagent vos nuits et vos jours.
S'il vous reste en ce train de vie,
Dans un temps si bien employé,
Quelques moments pour l'amitié,
Ne m'oubliez pas, je vous prie;
J'aurais encor la fantaisie
D'être au nombre de vos amants :
Je cède ces honneurs charmants
Aux doyens de l'académie[2].
Mais quand j'aurai quatre-vingts ans,
Je prétends dé ces jeunes gens
Surpasser la galanterie,
S'ils me passent en beaux talents.

    Ces petits vers froids et coulants
Sentent un peu la décadence :
On m'assure qu'en plus d'un sens
Il en est tout de même en France.
Le bon temps reviendra, je pense;
Et j'ai la plus ferme espérance
Dans un de messieurs vos parents[3].

NOTES DE L'ÉPITRE CVIII.

[1] Madame de Saint-Julien aimait beaucoup la chasse. K.

[2] Les doyens de l'académie française, en 1768, étaient le maréchal de Richelieu, reçu en 1720, et MM. d'Olivet et Hénault, reçus en 1723. B.

[3] M. le duc de Choiseul. K.

ÉPITRE CIX.

A MON VAISSEAU[a].

1768[1].

O vaisseau qui portes mon nom,
Puisses-tu comme moi résister aux orages!
L'empire de Neptune a vu moins de naufrages
  Que le Permesse d'Apollon.
Tu vogueras peut-être à ces climats sauvages
Que Jean-Jacque a vantés dans son nouveau jargon.
  Va débarquer sur ces rivages
  Patouillet, Nonnotte, et Fréron;
  A moins qu'aux chantiers de Toulon
Ils ne servent le roi noblement et sans gages.
Mais non, ton sort t'appelle aux dunes d'Albion.
Tu verras, dans les champs qu'arrose la Tamise,
La Liberté superbe auprès du trône assise:
Le chapeau qui la couvre est orné de lauriers;
Et, malgré ses partis, sa fougue, et sa licence,
Elle tient dans ses mains la corne d'abondance
  Et les étendards des guerriers.

Sois certain que Paris ne s'informera guère
Si tu vogues vers Smyrne où l'on vit naître Homère,

---

[a] Une compagnie de Nantes venait de mettre en mer un beau vaisseau qu'elle a nommé *le Voltaire* (1768). — Voyez la lettre 5387, et ci-après la note 1, pages 256-57. B.

Ou si ton breton nautonier
Te conduit près de Naple, en ce séjour fertile
Qui fait bien plus de cas du sang de saint Janvier
Que de la cendre de Virgile.
Ne va point sur le Tibre : il n'est plus de talents,
Plus de héros, plus de grand homme ;
Chez ce peuple de conquérants
Il est un pape, et plus de Rome.

Va plutôt vers ces monts qu'autrefois sépara
Le redoutable fils d'Alcmène,
Qui dompta les lions, sous qui l'hydre expira,
Et qui des dieux jaloux brava toujours la haine.
Tu verras en Espagne un Alcide nouveau[a],
Vainqueur d'une hydre plus fatale,
Des superstitions déchirant le bandeau,
Plongeant dans la nuit du tombeau
De l'Inquisition la puissance infernale.
Dis-lui qu'il est en France un mortel qui l'égale ;
Car tu parles, sans doute, ainsi que le vaisseau
Qui transporta dans la Colchide
Les deux jumeaux divins, Jason, Orphée, Alcide.
Baptisé sous mon nom, tu parles hardiment :
Que ne diras-tu point des énormes sottises
Que mes chers Français ont commises
Sur l'un et sur l'autre élément !

Tu brûles de partir : attends, demeure, arrête ;
Je prétends m'embarquer, attends-moi, je te joins.

---

[a] M. le comte d'Aranda (1768).

Libre de passions, et d'erreurs, et de soins,
J'ai su de mon asile écarter la tempête :
Mais dans mes prés fleuris, dans mes sombres forêts,
    Dans l'abondance, et dans la paix,
    Mon ame est encore inquiète ;
Des méchants et des sots je suis encor trop près :
Les cris des malheureux percent dans ma retraite.
Enfin le mauvais goût qui domine aujourd'hui
    Déshonore trop ma patrie.
Hier on m'apporta, pour combler mon ennui,
    Le *Tacite* de La Blétrie[2].
Je n'y tiens point, je pars, et j'ai trop différé.

Ainsi je m'occupais, sans suite et sans méthode,
De ces pensers divers où j'étais égaré,
Comme tout solitaire à lui-même livré,
    Ou comme un fou qui fait une ode,
Quand Minerve, tirant les rideaux de mon lit,
Avec l'aube du jour m'apparut, et me dit :
« Tu trouveras partout la même impertinence ;
    Les ennuyeux et les pervers
    Composent ce vaste univers :
    Le monde est fait comme la France. »
    Je me rendis à la raison ;
Et, sans plus m'affliger des sottises du monde,
Je laissai mon vaisseau fendre le sein de l'onde,
    Et je restai dans ma maison.

NOTES DE L'ÉPITRE CIX.

1 Cette épître doit être de juin 1768; les *Mémoires secrets* en parlent dès le 12 juillet. On en imprima des fragments dans le

Mercure de 1768, tome second de juillet, pages 5-8. Fréron (*Année littéraire*, 1769, t. IV, p. 259) dit qu'un négociant de Nantes ayant donné à l'un de ses bâtiments le nom de *Jean-Jacques*, un autre négociant (M. de Montaudouin à qui est adressée la lettre 5387, t. LXV) appela *Voltaire* un de ses vaisseaux; mais il ajoute (t. VI, p. 213) que *le Voltaire* n'était qu'un petit bâtiment. Piron dit gaîment:

> Si j'avais un vaisseau qui se nommât Voltaire,
> Sous cet auspice heureux j'en ferais un corsaire.

Dans le *Mercure* de septembre 1768, pages 57-59, on trouve des *Vers à M. de Voltaire sur le vaisseau qui porte son nom.*- B.

² 1768, trois volumes in-12 (voyez tome LXV, la note sur la lettre 5396). B.

ÉPITRE CX.

A BOILEAU,

OU MON TESTAMENT[1].

1769.

Boileau, correct auteur de quelques bons écrits,
Zoïle de Quinault, et flatteur de Louis,
Mais oracle du goût dans cet art difficile
Où s'égayait Horace, où travaillait Virgile,
Dans la cour du Palais je naquis ton voisin:
De ton siècle brillant mes yeux virent la fin;
Siècle de grands talents bien plus que de lumière,
Dont Corneille, en bronchant, sut ouvrir la carrière.
Je vis le jardinier de ta maison d'Auteuil,

Qui chez toi, pour rimer, planta le chèvre-feuil*.
Chez ton neveu Dongois*b* je passai mon enfance;
Bon bourgeois qui se crut un homme d'importance.
Je veux t'écrire un mot sur tes sots ennemis,
A l'hôtel Rambouillet*c* contre toi réunis,
Qui voulaient, pour loyer de tes rimes sincères,
Couronné de lauriers t'envoyer aux galères.
Ces petits beaux-esprits craignaient la vérité,
Et du sel de tes vers la piquante âcreté.
Louis avait du goût, Louis aimait la gloire:
Il voulut que ta muse assurât sa mémoire;
Et, satirique heureux, par ton prince avoué,
Tu pus censurer tout, pourvu qu'il fût loué.

Bientôt les courtisans, ces singes de leur maître,
Surent tes vers par cœur, et crurent s'y connaître.

---

a   Antoine, gouverneur de mon jardin d'Auteuil,
        Qui diriges chez moi l'if et le chèvre-feuil.

La maison était fort vilaine, et le jardin aussi (1769).
— Les deux vers que Voltaire cite dans cette note sont les premiers de l'épître XI de Boileau à son jardinier; et, en les citant, Voltaire a sans doute voulu faire voir que ce n'était pas lui qui avait pris la licence d'écrire *chèvre-feuil*. B.

b Boileau a dit quelque part: *M. Dongois, mon illustre neveu.* C'était un greffier du parlement, qui demeurait dans la cour du Palais avec toute la famille de Boileau (1771).

c L'hôtel Rambouillet se déchaîna long-temps contre Boileau, qui avait accablé, dans ses satires, Chapelain, très estimé et recherché dans cette maison, mauvais poëte, à la vérité, mais homme fort savant, et, ce qui est étonnant, bon critique; Cotin, non moins plat poëte, et de plus plat prédicateur, mais homme de lettres et aimable dans la société; d'autres encore, dont aucun ne lui avait donné le moindre sujet de plainte. Il n'en est pas de même de notre auteur: il n'a jamais rendu ridicules que ceux qui l'ont attaqué; et en cela il a très bien fait, et nous l'exhortons à continuer (1773).

On admira dans toi jusqu'au style un peu dur
Dont tu défiguras le vainqueur de Namur [2],
Et sur l'amour de Dieu ta triste psalmodie [3],
Du haineux janséniste en son temps applaudie;
Et l'Équivoque même, enfant plus ténébreux,
D'un père sans vigueur avorton malheureux.
Des muses dans ce temps, au pied du trône assises,
On aimait les talents, on passait les sottises.
Un maudit Écossais, chassé de son pays,
Vint changer tout en France, et gâta nos esprits.
L'Espoir trompeur et vain, l'Avarice au teint blême,
Sous l'abbé Terrasson [a] calculant son système,
Répandaient à grands flots leurs papiers imposteurs,
Vidaient nos coffres-forts, et corrompaient nos mœurs;
Plus de goût, plus d'esprit: la sombre arithmétique [4]
Succéda dans Paris à ton art poétique.
Le duc et le prélat, le guerrier, le docteur,
Lisaient pour tous écrits des billets au porteur.
On passa du Permesse au rivage du Gange,
Et le sacré vallon fut la place du change.
 Le ciel nous envoya, dans ces temps corrompus,
Le sage et doux pasteur des brebis de Fréjus,
Économe sensé, renfermé dans lui-même,

---

[a] L'abbé Terrasson, traducteur de Diodore de Sicile, philosophe et savant, mais entêté du système de Law. Il fit imprimer, le 21 juin 1720, une brochure dans laquelle il démontrait que les billets de banque étaient fort préférables à l'argent, parceque le billet avait un prix invariable. Les colporteurs qui débitaient sa brochure criaient en même temps un arrêt qui réduisait les billets à moitié. Il fut ruiné par ce système même qu'il avait tant prêché. Ce fut lui qui, dans le temps où l'on remboursait en papier toutes les rentes, proposa à Law de rembourser la religion catholique. Law lui répondit que l'Église n'était pas si sotte, et qu'il lui fallait de l'argent comptant (1773).

Et qui n'affecta rien que le pouvoir suprême.
La France était blessée : il laissa ce grand corps
Reprendre un nouveau sang, raffermir ses ressorts,
Se rétablir lui-même en vivant de régime.
Mais si Fleury fut sage, il n'eut rien de sublime ;
Il fut loin d'imiter la grandeur des Colberts :
Il négligeait les arts, il aimait peu les vers.
Pardon si contre moi son ombre s'en irrite,
Mais il fut en secret jaloux de tout mérite.
Je l'ai vu refuser, poliment inhumain,
Une place à Racine[a], à Crébillon du pain.
Tout empira depuis. Deux partis fanatiques,
De la droite raison rivaux évangéliques,
Et des dons de l'esprit dévots persécuteurs,
S'acharnaient à l'envi sur les pauvres auteurs.
Du faubourg Saint-Médard les dogues aboyèrent,
Et les renards d'Ignace avec eux se glissèrent.
J'ai vu ces factions, semblables aux brigands
Rassemblés dans un bois pour voler les passants ;
Et, combattant entre eux pour diviser leur proie,
De leur guerre intestine ils m'ont donné la joie.
J'ai vu l'un des partis de mon pays chassé,
Maudit comme les Juifs, et comme eux dispersé ;
L'autre, plus méprisé, tombant dans la poussière
Avec Guyon[b], Fréron, Nonotte, et Sorinière.
Mais parmi ces faquins l'un sur l'autre expirants,

---

[a] Louis Racine, fils du grand Racine (1773). — Voyez tome XXXVII, page 264. B.

[b] Guyon, auteur de plusieurs livres, comme de *l'Oracle des philosophes*. Fréron est connu ; Nonotte est, ainsi que Fréron, un ex-jésuite et un folliculaire ; Sorinière, nous ne savons quel est cet auteur (1773).

Au milieu des billets exigés des mourants,
Dans cet amas confus d'opprobre et de misère,
Qui distingue mon siècle et fait son caractère,
Quels chants pouvaient former les enfants des neuf Sœurs?
Sous un ciel orageux, dans ces temps destructeurs,
Des chantres de nos bois les voix sont étouffées :
Au siècle des Midas on ne voit point d'Orphées.
Tel qui dans l'art d'écrire eût pu te défier,
Va compter dix pour cent chez Rabot le banquier :
De dépit et de honte il a brisé sa lyre.

 Ce temps est, réponds-tu, très bon pour la satire.
Mais quoi! puis-je en mes vers, aiguisant un bon mot,
Affliger sans raison l'amour-propre d'un sot ;
Des Cotins de mon temps poursuivre la racaille,
Et railler un Coger dont tout Paris se raille?
Non, ma muse m'appelle à de plus hauts emplois.
A chanter la vertu j'ai consacré ma voix.
Vainqueur des préjugés que l'imbécile encense,
J'ose aux persécuteurs prêcher la tolérance ;
Je dis au riche avare : « Assiste l'indigent ; »
Au ministre des lois : « Protége l'innocent ; »
Au docteur tonsuré : « Sois humble et charitable,
Et garde-toi surtout de damner ton semblable. »
Malgré soixante hivers, escortés de seize ans [a],
Je fais au monde encore entendre mes accents.
Du fond de mes déserts, aux malheureux propice,
Pour Sirven [b] opprimé je demande justice :

---

[a] L'auteur aurait dû dire dix-sept, mais apparemment dix-sept aurait gâté le vers (1773).

[b] Sirven est cet homme si innocent et si connu dont M. de Voltaire prit la

Je l'obtiendrai sans doute; et cette même main,
Qui ranima la veuve et vengea l'orphelin,
Soutiendra jusqu'au bout la famille éplorée
Qu'un vil juge a proscrite, et non déshonorée.
Ainsi je fais trembler, dans mes derniers moments,
Et les pédants jaloux, et les petits tyrans.
J'ose agir sans rien craindre, ainsi que j'ose écrire.
Je fais le bien que j'aime, et voilà ma satire.
Je vous ai confondus, vils calomniateurs,
Détestables cagots, infames délateurs;
Je vais mourir content. Le siècle qui doit naître
De vos traits empestés me vengera peut-être.
Oui, déjà Saint-Lambert^a, en bravant vos clameurs,
Sur ma tombe qui s'ouvre a répandu des fleurs;
Aux sons harmonieux de son luth noble et tendre,
Mes mânes consolés chez les morts vont descendre.
Nous nous verrons, Boileau : tu me présenteras
Chapelain, Scudéri, Perrin, Pradon, Coras.
Je pourrais t'amener, enchaînés sur mes traces [5],
Nos Zoïles honteux, successeurs des Garasses [b].

défense. Les juges l'avaient condamné lui et sa femme au dernier supplice. Le procureur fiscal de cette juridiction, nommé Trinquet, donna les conclusions suivantes : « Je requiers que l'accusé, duement atteint et convaincu « de parricide, soit banni pour dix ans. » Ce Trinquet était ivre sans doute quand il conclut ainsi; mais les juges ! Et c'est de pareils imbéciles barbares que dépend la vie des hommes ! A la fin M. de Voltaire est venu à bout de faire rendre justice à cette famille (1773).

[a] M. de Saint-Lambert, dans son excellent poëme des quatre Saisons (1769).

[b] Garasse, jésuite fameux par l'excès de ses bêtises et de ses fureurs. Il fut le délateur et le calomniateur de Théophile, auquel il pensa en coûter la vie, dans un temps où il y avait beaucoup de juges aussi absurdes que Garasse (1773).

Minos entre eux et moi va bientôt prononcer:
Des serpents d'Alecton nous les verrons fesser :
Mais je veux avec toi baiser dans l'Élysée
La main qui nous peignit l'épouse de Thésée.
J'embrasserai Quinault, en dusses-tu crever;
Et si ton goût sévère a pu désapprouver
Du brillant Torquato le séduisant ouvrage [6],
Entre Homère et Virgile il aura mon hommage.
Tandis que j'ai vécu, l'on m'a vu hautement
Aux badauds effarés dire mon sentiment;
Je veux le dire encor dans ces royaumes sombres:
S'ils ont des préjugés, j'en guérirai les ombres.
A table avec Vendôme, et Chapelle, et Chaulieu,
M'enivrant du nectar qu'on boit en ce beau lieu,
Secondé de Ninon, dont je fus légataire,
J'adoucirai les traits de ton humeur austère.
Partons : dépêche-toi, curé de mon hameau,
Viens de ton eau bénite asperger mon caveau [7].

NOTES ET VARIANTES DE L'ÉPITRE CX.

[1] Voltaire parle de cette épître dans sa lettre à d'Argental, du 12 mars 1769. Clément de Dijon y répondit par une pièce intitulée *Boileau à Voltaire*. C'est à cette réponse que Voltaire fait allusion dans le quatrième vers de son *Épître à Horace* (épître cxxi).

L'*Épître à Boileau*, l'*Épître à l'auteur du livre des Trois Imposteurs*, qui suit, et l'*Épître à Saint-Lambert*, cxii, furent réunies, et intitulées *Les trois épîtres*: il paraît qu'une édition fautive en fut donnée à Paris. C'est sous le même titre qu'elles sont à la fin du tome VI de l'*Évangile du jour*. Dans cette réimpression une note fut ajoutée à l'*Épître à Saint-Lambert*; voyez page 271. B.

[2] Ce vers est déjà dans *le Temple du Goût*; voyez tome XII, page 355. B.

3 VAR. Et sur l'amour de Dieu l'ennuyeuse homélie
Qu'enfanta tristement l'hiver de ton génie.

4 VAR. La triste arithmétique.

5 VAR. Nonotte et Jean Fréron, successeurs des Garasses,
De chardons couronnés, paraîtront sur mes traces.

6 La *Jérusalem délivrée* du Tasse. B.

7 VAR. Asperger mon tombeau. B.

ÉPITRE CXI[1].

A L'AUTEUR
DU LIVRE DES TROIS IMPOSTEURS[a].

1769.

Insipide écrivain, qui crois à tes lecteurs
Crayonner les portraits de tes Trois Imposteurs,
D'où vient que, sans esprit, tu fais le quatrième?

[a] Ce livre des *Trois Imposteurs* est un très mauvais ouvrage, plein d'un athéisme grossier, sans esprit, et sans philosophie (1771).

— En mars 1768 avait paru, en français, un ouvrage intitulé *Traité des Trois Imposteurs*, 1768, in-8°, dont il existe d'autres éditions. On attribuait à l'empereur Frédéric II et à son chancelier Des Vignes un ouvrage latin intitulé *De tribus Impostoribus*, traité à l'existence duquel Voltaire ne croyait pas (voyez tome XVI, page 141; XXIII, 242; XLIII, 499). C'est aussi l'opinion de La Monnoye (voyez sa Dissertation à la fin du quatrième volume du *Ménagiana*). Il existe un traité *De tribus Impostoribus*, M.D.IIC. (1598), petit in-8°, dont on n'a vu que deux ou trois exemplaires; on croit que cet ouvrage a été fabriqué au dix-huitième siècle par Mercier, abbé de Saint-Léger, et le duc de La Vallière (voyez le *Dictionnaire des ouvrages anonymes* de Barbier, seconde édition, n° 21612). Une copie de l'ouvrage daté de 1598 s'est trouvée dans les manuscrits de Saint-Léger (mais non de sa main), et fesait partie de la bibliothèque de A.-M.-H. Boulard, tome IV, page 177. Sur le *Traité des Trois Imposteurs* en français, on peut aussi consulter la seconde édition du *Dictionnaire des anonymes*, — ° 18250. B.

Pourquoi, pauvre ennemi de l'essence suprême,
Confonds-tu Mahomet avec le Créateur,
Et les œuvres de l'homme avec Dieu, son auteur?...
Corrige le valet, mais respecte le maître.
Dieu ne doit point pâtir des sottises du prêtre :
Reconnaissons ce Dieu, quoique très mal servi.

De lézards et de rats mon logis est rempli ;
Mais l'architecte existe, et quiconque le nie
Sous le manteau du sage est atteint de manie.
Consulte Zoroastre, et Minos, et Solon,
Et le martyr Socrate, et le grand Cicéron :
Ils ont adoré tous un maître, un juge, un père.
Ce système sublime à l'homme est nécessaire.
C'est le sacré lien de la société,
Le premier fondement de la sainte équité,
Le frein du scélérat, l'espérance du juste.

Si les cieux, dépouillés de son empreinte auguste,
Pouvaient cesser jamais de le manifester,
Si Dieu n'existait pas, il faudrait l'inventer.
Que le sage l'annonce, et que les rois le craignent.
Rois, si vous m'opprimez, si vos grandeurs dédaignent
Les pleurs de l'innocent que vous faites couler,
Mon vengeur est au ciel : apprenez à trembler.
Tel est au moins le fruit d'une utile croyance.

Mais toi, raisonneur faux, dont la triste imprudence
Dans le chemin du crime ose les rassurer,
De tes beaux arguments quel fruit peux-tu tirer?
Tes enfants à ta voix seront-ils plus dociles?
Tes amis, au besoin, plus sûrs et plus utiles?
Ta femme plus honnête? et ton nouveau fermier,
Pour ne pas croire en Dieu, va-t-il mieux te payer?...

Ah! laissons aux humains la crainte et l'espérance.
Tu m'objectes en vain l'hypocrite insolence
De ces fiers charlatans aux honneurs élevés [2],
Nourris de nos travaux, de nos pleurs abreuvés;
Des Césars avilis la grandeur usurpée;
Un prêtre au Capitole où triompha Pompée;
Des faquins en sandale, excrément des humains,
Trempant dans notre sang leurs détestables mains;
Cent villes à leur voix couvertes de ruines,
Et de Paris sanglant les horribles matines :
Je connais mieux que toi ces affreux monuments;
Je les ai sous ma plume exposés cinquante ans.
Mais, de ce fanatisme ennemi formidable [3],
J'ai fait adorer Dieu quand j'ai vaincu le diable.
Je distinguai toujours de la religion
Les malheurs qu'apporta la superstition.
L'Europe m'en sut gré; vingt têtes couronnées
Daignèrent applaudir mes veilles fortunées,
Tandis que Patouillet m'injuriait en vain.
J'ai fait plus en mon temps que Luther et Calvin.
On les vit opposer, par une erreur fatale,
Les abus aux abus, le scandale au scandale.
Parmi les factions ardents à se jeter,
Ils condamnaient le pape, et voulaient l'imiter.
L'Europe par eux tous fut long-temps désolée;
Ils ont troublé la terre, et je l'ai consolée.
J'ai dit aux disputants l'un sur l'autre acharnés :
« Cessez, impertinents; cessez, infortunés;
Très sots enfants de Dieu, chérissez-vous en frères,
Et ne vous mordez plus pour d'absurdes chimères. »
Les gens de bien m'ont cru : les fripons écrasés

En ont poussé des cris du sage méprisés ;
Et dans l'Europe enfin l'heureux tolérantisme
De tout esprit bien fait devient le catéchisme.

Je vois venir de loin ces temps, ces jours sereins,
Où la philosophie, éclairant les humains,
Doit les conduire en paix aux pieds du commun maître ;
Le fanatisme affreux tremblera d'y paraître :
On aura moins de dogme avec plus de vertu.

Si quelqu'un d'un emploi veut être revêtu,
Il n'amènera plus deux témoins à sa suite[a]
Jurer quelle est sa foi, mais quelle est sa conduite.

A l'attrayante sœur d'un gros bénéficier
Un amant huguenot pourra se marier ;
Des trésors de Lorette, amassés pour Marie,
On verra l'indigence habillée et nourrie ;
Les enfants de Sara, que nous traitons de chiens,
Mangeront du jambon fumé par des chrétiens.
Le Turc, sans s'informer si l'iman lui pardonne,
Chez l'abbé Tamponet ira boire en Sorbonne[b].
Mes neveux souperont sans rancune et gaîment
Avec les héritiers des frères Pompignan ;
Ils pourront pardonner à ce dur[d] La Blétrie[c]
D'avoir coupé trop tôt la trame de ma vie.
Entre les beaux-esprits on verra l'union :
Mais qui pourra jamais souper avec Fréron ?

---

[a] En France, pour être reçu procureur, notaire, greffier, il faut deux témoins qui déposent de la catholicité du récipiendaire (1769).

[b] Tamponet était en effet docteur de Sorbonne (1771).

[c] La Bléterie, à ce qu'on m'a rapporté, a imprimé que j'avais oublié de me faire enterrer (1769). — Voyez tome LXV, une note sur la lettre 5396, et les lettres 5494 et 5515. B.

NOTES ET VARIANTES DE L'ÉPITRE CXI.

¹ Cette épître, classée jusqu'à ce jour en 1771, est de 1769. Non seulement Voltaire en parle dans sa lettre à madame du Deffand, du 15 mars 1769; mais la pièce est imprimée dans le tome VI de l'*Évangile du jour*, et dans la VIIIe partie des *Nouveaux mélanges*, volumes qui portent la date de 1769. B.

² VAR.   A la pourpre élevés.

³ VAR. Mais défenseur heureux d'un dogme respectable.

⁴ Je prends cette version dans la lettre de Voltaire, du 27 mars 1769. Jusqu'à ce jour on avait imprimé :

    Ils pourront pardonner au pincé La Blétrie.   B.

ÉPITRE CXII.

A M. DE SAINT-LAMBERT¹.

1769.

Chantre des vrais plaisirs, harmonieux émule
Du pasteur de Mantoue et du tendre Tibulle,
Qui peignez la nature, et qui l'embellissez,
Que vos *Saisons* m'ont plu! que mes sens émoussés
A votre aimable voix se sentirent renaître!
Que j'aime, en vous lisant, ma retraite champêtre!
Je fais, depuis quinze ans, tout ce que vous chantez.
    Dans ces champs malheureux, si long-temps désertés,
Sur les pas du Travail j'ai conduit l'Abondance;
J'ai fait fleurir la Paix et régner l'Innocence.

Ces vignobles, ces bois, ma main les a plantés;
Ces granges, ces hameaux désormais habités,
Ces landes, ces marais changés en pâturages,
Ces colons rassemblés, ce sont là mes ouvrages :
Ouvrages fortunés, dont le succès constant [a]
De la mode et du goût n'est jamais dépendant;
Ouvrages plus chéris que *Mérope* et *Zaïre*,
Et que n'atteindront point les traits de la satire !

Heureux qui peut chanter les jardins et les bois,
Les charmes de l'amour, l'honneur des grands exploits,
Et, parcourant des arts la flatteuse carrière,
Aux mortels aveuglés rendre un peu de lumière !
Mais encor plus heureux qui peut, loin de la cour,
Embellir sagement son champêtre séjour,
Entendre autour de lui cent voix qui le bénissent !
De ses heureux succès quelques fripons gémissent;
Un vil cagot mitré [a], tyran des gens de bien,
Va l'accuser en cour de n'être pas chrétien :
Le sage ministère écoute avec surprise;
Il reconnaît Tartuffe, et rit de sa sottise.

Cependant le vieillard achève ses moissons;

---

[a] On ne sait quel est le misérable brouillon dont l'auteur parle ici (1769); dès que nous en serons informés, nous lui rendrons toute la justice qu'il mérite (1771).

— Il s'agit ici du nommé Biord, évêque d'Anneci, lequel proposa à M. le duc de Choiseul de faire enlever M. de Voltaire de son château, attendu que sa présence empêchait Biord de faire croire la présence réelle aux Genevois. Le ministre lui répondit avec le mépris que méritaient sa sottise, son insolence, et sa méchanceté. Biord croire que son nom l'emportera sur celui de l'auteur d'*Alzire* et de *Mahomet!* un prêtre ordonner, au nom de Dieu, d'arracher un vieillard de son asile; proposer à un ministre de violer les lois de l'humanité et celles de la nation ! K.

Le pauvre en est nourri : ses chanvres, ses toisons,
Habillent décemment le berger, la bergère.
Il unit par l'hymen Mœris avec Glycère ;
Il donne une chasuble au bon curé du lieu,
Qui, buvant avec lui, voit bien qu'il croit en Dieu.
Ainsi dans l'allégresse il achève sa vie.

 Ce n'est qu'au successeur du chantre d'Ausonie
De peindre ces tableaux ignorés dans Paris,
D'en ranimer les traits par son beau coloris,
D'inspirer aux humains le goût de la retraite.
Mais de nos chers Français la noblesse inquiète,
Pouvant régner chez soi, va ramper dans les cours ;
Les folles vanités consument ses beaux jours :
Le vrai séjour de l'homme est un exil pour elle.

 Plutus est dans Paris, et c'est là qu'il appelle
Les voisins de l'Adour, et du Rhône, et du Var :
Tous viennent à genoux environner son char ;
Les uns montent dessus, les autres dans la boue
Baisent, en soupirant, les rayons de sa roue.
Le fils de mon manœuvre, en ma ferme élevé,
A d'utiles travaux à quinze ans enlevé,
Des laquais de Paris s'en va grossir l'armée.
Il sert d'un vieux traitant la maîtresse affamée ;
De sergent des impôts il obtient un emploi :
Il vient dans son hameau, tout fier ; *De par le roi,*
Fait des procès-verbaux, tyrannise, emprisonne,
Ravit aux citoyens le pain que je leur donne,
Et traîne en des cachots le père et les enfants.

 Vous le savez, grand Dieu ! j'ai vu des innocents,
Sur le faux exposé de ces loups mercenaires,

Pour cinq sous[a] de tabac envoyés aux galères.
Chers enfants de Cérès, ô chers agriculteurs!
Vertueux nourriciers de vos persécuteurs,
Jusqu'à quand serez-vous, vers ces tristes frontières,
Écrasés sans pitié sous ces mains meurtrières?

[a] Avis aux imprimeurs. On avait imprimé *cinq sols*, au lieu de *cinq sous*. Ce n'est que dans l'ancien jargon du barreau qu'on prononce *sol*; et encore ce n'est que dans un seul cas, *au sol la livre*. En toute autre occasion on dit et on écrit *sou*.

.....Mais aussi, quand il n'a pas un *sou*,
Tu m'avoueras qu'il est amoureux comme un *fou*.
(Comédie du *Joueur*.)

L'auteur ne dit pas

Quand il n'a pas un *sol*,
Tu m'avoueras qu'il est amoureux comme un *fol*.

Le cardinal de Retz, dans ses *Mémoires*, parle souvent du conseiller *Quatre-Sous*, et jamais du conseiller *Quatre-Sols*.

La plupart des libraires font aussi la faute d'imprimer Westphalie, Wirtemberg, Wirtzbourg, etc. Ils ne savent pas que c'est comme s'ils imprimaient Wienne au lieu de Vienne, et Wétéravie pour Vétéravie. Ils ne savent pas que ce double W des Allemands est leur V consonne. Nous prononçons comme eux Vestphalie, Virtemberg. Nous ne nous servons jamais du double W pour écrire Ouest, Ouate, Oui, Ouais! Nous n'avons adopté le double W que pour écrire quelques noms propres anglais; le tyran Cromwell, l'insolent Warburton, le savant Wiston, le téméraire Wolston, etc.

On fait aussi la faute d'imprimer *Je crois d'aller, je crois de faire*. Il faut mettre *Je crois aller, je crois faire*.

On imprime encore *qu'il aie fait, qu'il aie voyagé*, etc. Il faut *qu'il ait fait, qu'il ait voyagé*.

On ne manque jamais de dire et d'imprimer *intimément, unanimément*; il faut ôter l'accent, et dire *unanimement, intimement*, parceque ces adverbes viennent d'*unanime, intime*, et non d'*unanimé, intimé*.

Presque tous les livres imprimés en ce pays sont remplis de pareilles fautes. Les éditeurs doivent avoir une grande attention, afin qu'on ne dise pas

In qua scribebat barbara terra fuit.

— Cette note fut ajoutée dans l'édition de l'*Épître à Saint-Lambert*, qui fait partie du tome VI de *l'Évangile du jour*. Elle n'avait pas encore été reproduite. Le vers latin qui la termine est d'Ovide, livre III des *Tristes*, I, 18. B.

Ne vous ai-je assemblés que pour vous voir périr
En maudissant les champs que vos mains font fleurir!
Un temps viendra sans doute où des lois plus humaines
De vos bras opprimés relâcheront les chaînes :
Dans un monde nouveau vous aurez un soutien;
Car pour ce monde-ci je n'en espère rien.

Extremum... quod te alloquor, hoc est ³.

Le 31 mars 1769.

NOTES ET VARIANTE DE L'ÉPITRE CXII.

¹ Cette épître à Saint-Lambert est imprimée dans le *Journal encyclopédique* de 1769, tome VIII, page 436; et dans l'*Évangile du jour*, tome VI.

Voltaire, en 1771, dans la cinquième partie des *Questions sur l'Encyclopédie*, reproduisit cette pièce sous le titre de : « ÉGLOGUE A M. DE SAINT-LAMBERT, auteur du poëme des quatre *Saisons*. » Voyez tome XXIX, page 59. B.

² VAR. Ouvrages fortunés, dont l'illustre Fréron,
Le divin Patouillet, monsieur l'abbé Guyon,
Ne pourront dans ma ferme abolir la mémoire :
Qu'ils m'en laissent jouir, ils ont assez de gloire.

³ Virgile, *Æn.*, VI, 466. B.

ÉPITRE CXIII.

A M. DE LA HARPE.

1769.

Des dames de Paris Boileau fit la satire.
De la moitié du monde, hélas! faut-il médire?

Jean-Jacque, assez connu par ses témérités,
En nouveau Diogène aboie à nos beautés.
Il leur a préféré l'innocente faiblesse,
Les faciles appas de sa grosse Suissesse,
Qui, contre son amant ayant peu combattu,
Se défait d'un faux germe, et garde sa vertu.
« Mais nos dames, dit-il, sont fausses et galantes,
Sans esprit, sans pudeur, et fort impertinentes;
Elles ont l'air hautain, mais l'accueil familier,
Le ton d'un petit-maître, et l'œil d'un grenadier. »
O le méchant esprit! gardez-vous bien de lire
De ce grave insensé l'insipide délire.
  Auteurs mieux élevés, fêtez dans vos écrits
Les dames de Versaille et celles de Paris.
Étudiez leur goût: vous trouverez chez elles
De l'esprit sans effort, des graces naturelles,
De l'art de converser les naïves douceurs,
L'honnête liberté qui réforma nos mœurs,
Et tous ces agréments que souvent Polymnie
Dédaigna d'accorder aux hommes de génie.
  Ne connaissez-vous point une femme de bien,
Aimable en ses propos, décente en son maintien,
Belle sans être vaine, instruite, et pourtant sage?
Elle n'est pas pour vous; mais briguez son suffrage.
  Après un tel portrait cherchez-vous encor plus?
Avec tous les attraits vous faut-il des vertus?
Faites-vous présenter par certain secrétaire
Chez certaine beauté dont le nom doit se taire;
C'est Vénus-Uranie, épouse du dieu Mars[1].
C'est elle dont l'esprit anime les beaux-arts;
Non celle qu'on voyait, sous le fils de Cynire,

De son fripon d'enfant suivant l'injuste empire,
Entre Adonis et Mars partager ses faveurs.
 Il est vrai qu'en sa cour il est très peu d'auteurs ;
Dans les palais des dieux elle vit retirée.
Vénus est philosophe au sein de l'empyrée :
Mais sa philosophie est de faire du bien ;
Elle exige surtout que je n'en dise rien.
Sur mille infortunés que sa bonté console
J'ai promis le secret, et je lui tiens parole.
 Toi qui peignis si bien, dans un style épuré,
Une tendre novice, un honnête curé [2] ;
Toi, dont le goût formé voudrait encor s'instruire,
Entre Mars et Vénus tâche de t'introduire.
Déjà de leurs bienfaits tu connais le pouvoir :
Il est un plus grand bien, c'est celui de les voir.
Mais ce bonheur est rare ; et le dieu de la guerre
Garde son cabinet, dont on n'approche guère.
Je sais plus d'un brave homme, à sa porte assidu,
Qui lui doit sa fortune, et ne l'a jamais vu.
Il faut entrer pourtant ; il faut que les Apelles
Puissent à leur plaisir contempler leurs modèles,
Et, pleins de leurs vertus ainsi que de leurs traits,
En transmettre à nos yeux de fidèles portraits.
 Tes vers seront plus beaux, et ta muse plus fière
D'un pas plus assuré va fournir sa carrière.
Courtin jadis en vers à Sonning dit : « Adieu,
« Faites mes compliments à l'abbé de Chaulieu. »
Moi, je te dis en prose : « Enfant de l'Harmonie,
« Présente mon hommage à Vénus-Uranie. »

NOTES DE L'ÉPITRE CXIII.

[1] Cette Vénus-Uranie doit être madame de Choiseul, dont le mari était alors ministre de la guerre. B.

[2] Dans le drame de *Mélanie*. B.

ÉPITRE CXIV.

A M. PIGAL[1].

1770.

Cher Phidias, votre statue
Me fait mille fois trop d'honneur;
Mais quand votre main s'évertue[2]
A sculpter votre serviteur,
Vous agacez l'esprit railleur
De certain peuple rimailleur,
Qui depuis si long-temps me hue.
L'ami Fréron, ce barbouilleur
D'écrits qu'on jette dans la rue,
Sourdement de sa main crochue
Mutilera votre labeur.
   Attendez que le destructeur
Qui nous consume et qui nous tue,
Le Temps, aidé de mon pasteur,
Ait d'un bras exterminateur
Enterré ma tête chenue.
Que ferez-vous d'un pauvre auteur

Dont la taille et le cou de grue,
Et la mine très peu joufflue,
Feront rire le connaisseur?

Sculptez-nous quelque beauté nue,
De qui la chair blanche et dodue
Séduise l'œil du spectateur,
Et qui dans son ame insinue[3]
Ces doux desirs et cette ardeur
Dont Pygmalion le sculpteur,
Votre digne prédécesseur,
Brûla, si la fable en est crue.

Au marbre il sut donner un cœur[4],
Cinq sens, instruments du bonheur,
Une ame en ces sens répandue;
Et, soudain fille devenue,
Cette fille resta pourvue
De doux appas que sa pudeur
Ne dérobait point à la vue :
Même elle fut plus dissolue
Que son père et son créateur.
Que cet exemple si flatteur[5]
Par vos beaux soins se perpétue!

NOTE ET VARIANTES DE L'ÉPITRE CXIV.

[1] Voyez ci-après l'épître cxxvi, à madame Necker, et dans le volume précédent, page 549, les stances adressées à la même dame. B.

[2] Var.   Monsieur Pigal, votre statue
            Me fait mille fois trop d'honneur;
            Jean-Jacque a dit avec candeur

>   Que c'est à lui qu'elle était due.
>   Quand votre ciseau s'évertue, etc.
>
> ³ Var. Et qui dans nos sens insinue...
>
> ⁴ Var. Son marbre eut un esprit, un cœur;
>   Il eut mieux, dit un grave auteur :
>   Car, soudain fille devenue, etc.
>
> ⁵ Var. C'est un exemple très flatteur :
>   Il faut bien qu'on le perpétue!

ÉPITRE CXV.

AU ROI DE LA CHINE[1],

SUR SON RECUEIL DE VERS QU'IL A FAIT IMPRIMER.

1771.

Reçois mes compliments, charmant roi de la Chine[a].
Ton trône est donc placé sur la double colline!

---

[a] Kien-Long, roi ou empereur de la Chine, actuellement régnant, a composé vers l'an 1743 de notre ère vulgaire, un poëme en vers chinois et en vers tartares. Ce n'est pas à beaucoup près son seul ouvrage. On vient de publier la traduction française de son poëme.

Les Chinois et les Tartares ont le malheur de n'avoir pas, comme presque tous les autres peuples, un alphabet qui, à l'aide d'environ vingt-quatre caractères, puisse suffire à tout exprimer. Au lieu de lettres, les Chinois ont trois mille trois cent quatre-vingt-dix caractères primitifs, dont chacun exprime une idée. Ce caractère forme un mot; et ce mot, avec une petite marque additionnelle, en forme un autre. J'aime, *gnao*, se peint par une figure. J'ai aimé, j'aurais aimé, j'aimerai, demandent des figures un peu différentes, dont le caractère qui peint *gnao* est la racine.

Cette méthode a produit plus de quatre-vingt mille figures qui composent la langue; et à mesure qu'on fait de nouvelles découvertes dans la nature et dans les arts, elles exigent de nouveaux caractères pour les expri-

On sait dans l'Occident que, malgré mes travers,
J'ai toujours fort aimé les rois qui font des vers.
David même me plut, quoique, à parler sans feinte,
Il prône trop souvent sa triste cité sainte,
Et que d'un même ton sa muse à tout propos
Fasse danser les monts et reculer les flots.
Frédéric a plus d'art, et connaît mieux son monde;
Il est plus varié, sa veine est plus féconde;
Il a lu son Horace, il l'imite; et vraiment

mer. Toute la vie d'un Chinois lettré se consume donc dans le soin pénible d'apprendre à lire et à écrire.

Rien ne marque mieux la prodigieuse antiquité de cette nation, qui, ayant d'abord exprimé, comme toutes les autres, le petit nombre d'idées absolument nécessaire, par des lignes et par des figures symboliques pour chaque mot, a persévéré dans cette méthode antique, lors même qu'elle est devenue insupportable.

Ce n'est pas tout: les caractères ont un peu changé avec le temps, et il y en a trente-deux espèces différentes. Les Tartares Mantchoux se sont trouvés accablés du même embarras; mais ils n'étaient point encore parvenus à la gloire d'être surchargés de trente-deux façons d'écrire. L'empereur Kien-Long, qui est, comme on sait, de race tartare, a voulu que ses compatriotes jouissent du même honneur que les Chinois. Il a inventé lui-même des caractères nouveaux, aidé dans l'art de multiplier les difficultés par les princes de son sang, par un de ses frères, un de ses oncles, et les principaux colao de l'empire.

On s'est donné une peine incroyable, et il a fallu des années, pour faire imprimer de soixante-quatre manières différentes son poëme de *Moukden*, qui aurait été facilement imprimé en deux jours, si les Chinois avaient voulu se réduire à l'alphabet des autres nations.

Le respect pour l'antique et pour le difficile se montre ici dans tout son faste et dans toute sa misère. On voit pourquoi les Chinois, qui sont peut-être le premier des peuples policés pour la morale, sont le dernier dans les sciences, et que leur ignorance est égale à leur fierté.

Le poëme de l'empereur Kien-Long a plus d'un mérite, soit dans le sujet, qui est l'éloge de ses ancêtres, et où la piété filiale semble naturelle; soit dans les descriptions, instructives pour nous, de la ville de Moukden, et des animaux, des plantes de cette vaste province; soit dans la clarté du style, perfection si rare parmi nous. Il est encore à croire que l'auteur

Ta majesté chinoise en devrait faire autant.

Je vois avec plaisir que sur notre hémisphère [2]
L'art de la poésie à l'homme est nécessaire.
Qui n'aime point les vers a l'esprit sec et lourd ;
Je ne veux point chanter aux oreilles d'un sourd :
Les vers sont en effet la musique de l'ame.

O toi que sur le trône un feu céleste enflamme,
Dis-moi si ce grand art dont nous sommes épris
Est aussi difficile à Pékin qu'à Paris.

parle purement : c'est un avantage qui manque à plus d'un de nos poëtes.

Ce qui est surtout très remarquable, c'est le respect dont cet empereur paraît être pénétré pour l'Être suprême. On doit peser ces paroles à la page 103 de la traduction : « Un tel pays, de tels hommes ne pouvaient « manquer d'attirer sur eux des regards de prédilection de la part du sou- « verain maître qui règne dans le plus haut des cieux. » Voilà bien de quoi confondre à jamais tous ceux qui ont imprimé dans tant de livres que le gouvernement chinois est athée. Comment nos théologiens détracteurs ont-ils pu accorder les sacrifices solennels avec l'athéisme ? N'était-ce pas assez de se contredire continuellement dans leurs opinions ? fallait-il se contredire encore pour calomnier d'autres hommes au bout de l'hémisphère ?

Il est triste que l'empereur Kien-Long, auteur d'ailleurs fort modeste, dise qu'il descend d'une vierge qui devint grosse par la faveur du ciel, après avoir mangé d'un fruit rouge. Cela fait un peu de tort à la sagesse de l'empereur et à celle de son ouvrage. Il est vrai que c'est une ancienne tradition de sa famille ; il est encore vrai qu'on en avait dit autant de la mère de Gengis.

Une chose qui fait plus d'honneur à Kien-Long, c'est l'extrême considération qu'il montre pour l'agriculture, et son amour pour la frugalité.

N'oublions pas que, tout originaire qu'il est de la Tartarie, il rend hommage à l'antiquité incontestable de la nation chinoise. Il est bien loin de rêver que les Chinois sont une colonie d'Égypte : les Égyptiens, dans le temps même de leurs hiéroglyphes, eurent un alphabet, et les Chinois n'en ont jamais eu ; les Égyptiens eurent douze signes du zodiaque empruntés mal à propos des Chaldéens, et les Chinois en eurent toujours vingt-huit : tout est différent entre ces deux peuples. Le P. Parennin réfuta pleinement cette imagination, il y a quelques années, dans ses Lettres à M. de Mairan (1771).

Ton peuple est-il soumis à cette loi si dure
Qui veut qu'avec six pieds d'une égale mesure,
De deux alexandrins côte à côte marchants,
L'un serve pour la rime et l'autre pour le sens?
Si bien que sans rien perdre, en bravant cet usage,
On pourrait retrancher la moitié d'un ouvrage.

 Je me flatte, grand roi, que tes sujets heureux
Ne sont point opprimés sous ce joug onéreux,
Plus importun cent fois que les aides, gabelles,
Contrôle, édits nouveaux, remontrances nouvelles,
Bulle *Unigenitus*, billets aux confessés [a],
Et le refus d'un gîte aux chrétiens trépassés.
Parmi nous le sentier qui mène aux deux collines
Ainsi que tout le reste est parsemé d'épines.
A la Chine sans doute il n'en est pas ainsi.
Les biens sont loin de nous, et les maux sont ici:
C'est de l'esprit français la devise éternelle.

 Je veux m'y conformer, et, d'un crayon fidèle,
Peindre notre Parnasse à tes regards chinois.
Écoute: mon partage est d'ennuyer les rois.
Tu sais (car l'univers est plein de nos querelles)
Quels débats inhumains, quelles guerres cruelles,
Occupent tous les mois l'infatigable main
Des sales héritiers d'Estienne et de Plantin [b].

---

[a] Ce passage n'a guère besoin de commentaire. On sait assez quelle peine la sagesse du roi très chrétien et du ministère a eue à calmer toutes ces querelles, aussi odieuses que ridicules. Elles ont été poussées jusqu'à refuser la sépulture aux morts. Ces horribles extravagances sont certainement inconnues à la Chine, où nous avons pourtant eu la hardiesse d'envoyer des missionnaires (1771).

[b] Probablement l'auteur donne l'épithète de *sales* aux imprimeurs, par-

Cent rames de journaux, des rats fatale proie,
Sont le champ de bataille où le sort se déploie.
C'est là qu'on vit briller ce grave magistrat [a]
Qui vint de Montauban pour gouverner l'état.
Il donna des leçons à notre académie,
Et fut très mal payé de tant de prud'hommie.
Du jansénisme obscur le fougueux gazetier [b]
Aux beaux-esprits du temps ne fait aucun quartier;
Hayer [c] poursuit de loin les encyclopédistes;

ce que leurs mains sont toujours noircies d'encre. Les Estienne et les Plantin étaient des imprimeurs très savants et très corrects, tels qu'il s'en trouve aujourd'hui rarement (1771).

[a] L'auteur fait allusion, sans doute, à un principal magistrat de la ville de Montauban, qui, dans son discours de réception à l'académie française, sembla insulter plusieurs gens de lettres, qui lui répondirent par un déluge de plaisanteries. Mais ces facéties ne portent point sur l'essentiel, et laissent subsister le mérite de l'homme de lettres et celui du galant homme (1771).

[b] On ne peut méconnaître à ce portrait l'auteur du libelle hebdomadaire qu'on débite clandestinement et régulièrement sous le nom de *Nouvelles ecclésiastiques*, depuis plusieurs années. Rien ne ressemble moins à l'Ecclésiastique ou à l'Ecclésiaste que ce libelle dans lequel on déchire tous les écrivains qui ne sont pas du parti, et où l'on accable des plus fades louanges ceux qui en sont encore. Je ne suis pas étonné que l'auteur de l'Épître au roi de la Chine donne le nom d'obscur au jansénisme. Il ne l'était pas du temps de Pascal, d'Arnaud, et de la duchesse de Longueville; mais depuis qu'il est devenu une caverne de convulsionnaires, il est tombé dans un assez grand mépris. Au reste, il ne faut pas confondre avec les jansénistes convulsionnaires, les gens de bien éclairés qui soutiennent les droits de l'Église gallicane et de toute église, contre les usurpations de la cour de Rome. Ce sont de bons citoyens, et non des jansénistes : ils méritent les remerciements de l'Europe (1771).

[c] On croit que cet Hayer était un moine récollet qui avait part à un journal dans lequel on disait des injures au *Dictionnaire encyclopédique*. On appelait ce journal *chrétien* ; comme si les autres journaux de l'Europe avaient été païens. Les injures n'étaient pas chrétiennes. Bien des gens

Linguet fond en courroux sur les économistes[a];
A brûler les païens Ribalier se morfond[b];

doutent que ce journal ait existé; cependant il est certain qu'il a été imprimé plusieurs années de suite (1771).

— Le journal du P. Hayer était intitulé *Lettres sur quelques écrits de ce temps*. Il le fesait en commun avec un avocat nommé Soret.

Le *Journal chrétien* est un autre ouvrage auquel Hayer a pu travailler aussi quelque temps. C'est ce même Hayer qui s'avisa un jour de faire imprimer dans une brochure trente-sept démonstrations de la spiritualité de l'ame. K.

— L'ouvrage de Hayer est intitulé *la Religion vengée*, etc. (voyez tome LVII, page 206), et a 21 volumes in-12. Les *Lettres sur quelques écrits de ce temps*, 1752-54, 13 volumes in-12, sont de Fréron et de l'abbé de Laporte. Le *Journal chrétien* avait pour rédacteurs Dinouart, Jouannet, et Trublet; voyez tome XL, page 154; XLII, 651; LVIII, 559. B.

[a] Les économistes sont une société qui a donné d'excellents morceaux sur l'agriculture, sur l'économie champêtre, et sur plusieurs objets qui intéressent le genre humain. M. Linguet est un avocat de beaucoup d'esprit, auteur de plusieurs ouvrages dans lesquels on a trouvé des vues philosophiques et des paradoxes. Il a eu des querelles assez vives avec les économistes, auteur des *Éphémérides du citoyen*, et s'est tiré avec un succès plus brillant de celles que l'abbé La Blétrie lui a suscitées (1771).

[b] Ceci est une allusion visible à la grande querelle de M. Ribalier, principal du collége Mazarin, avec M. Marmontel de l'académie française, auteur du célèbre ouvrage moral intitulé *Bélisaire*. Il s'agissait de savoir si tous les grands hommes de l'antiquité qui avaient pratiqué la justice et les bonnes œuvres, sans pouvoir connaitre notre sainte religion, étaient plongés dans un gouffre de flammes éternelles. L'académicien soupçonnait que le père de tous les hommes, en mettant la vertu dans leurs cœurs, leur avait fait miséricorde. Le principal du collége, membre de la Sorbonne, affirmait qu'ils étaient en enfer, comme ayant invinciblement ignoré la science du salut.

L'Europe fut pour M. Marmontel, et la Sorbonne pour M. Ribalier. M. de Beaumont, archevêque de Paris, prit aussi le parti de la faculté. Ce procédé déplut beaucoup à l'empereur Kien-Long, qui en fut informé par le P. Amyot, l'un des jésuites conservés à la Chine pour leur savoir et pour leurs services; mais ce n'est pas le seul roi qui a eu de petits démêlés avec M. de Beaumont. L'empereur Kien-Long n'en gouverna pas moins bien ses états, et continua à faire des vers (1771).

Beaumont pousse à Jean-Jacque, et Jean-Jacque à Beaumont[a];

[a] Jean-Jacques Rousseau, natif de la ville de Genève, était un original qui avait voulu à toute force qu'on parlât de lui. Pour y parvenir, il composa des romans, et écrivit contre les romans; il fit des comédies, et publia que la comédie est une œuvre du malin. Jean-Jacques, dans ses livres, disait, *O mon ami !* avec effusion de cœur, et se brouillait avec tous ses amis. Jean-Jacques s'écriait dans les préfaces de ses brochures, *O ma patrie ! ma chère patrie !* et il renonçait à sa patrie. Il écrivait de gros livres en faveur de la liberté, et il présentait requête au conseil de Berne pour le prier de le faire enfermer, afin d'avoir ses coudées franches. Il écrivait que les prédicants de Genève étaient orthodoxes, et puis il écrivait que ces prédicants étaient des fripons et des hérétiques. *O mon cher pasteur de Boveresse ! a bovibus,* s'écriait-il encore dans ses brochures, que je vous aime, et que vous êtes un pasteur selon le cœur de Dieu et selon le mien ! et que vous m'avez fait verser de larmes de joie ! Mais le lendemain il imprimait que le pasteur de Boveresse était un coquin qui avait voulu le faire lapider par tous les petits garçons du village.

De là Jean-Jacques, vêtu en Arménien, s'en allait en Angleterre avec un ami intime qu'il n'avait jamais vu ; et comme la nation anglaise fesait usage de sa liberté en se moquant outrageusement de lui, il imprima que son ami intime, qui lui rendait des services inouïs, était le cœur le plus noir et le plus perfide qu'il y eût dans les trois royaumes.

M. de Beaumont, archevêque de Paris, qui était d'un caractère tout différent, et qui écrivait dans un goût tout opposé, prit Jean-Jacques sérieusement, et donna un gros mandement, non pas un mandement sur ses fermiers, pour fournir à Jean-Jacques quelques rétributions par la main des diacres, selon les règles de la primitive Église, mais un mandement pour lui dire qu'il était un hérétique, coupable d'expressions malsonnantes, téméraires, offensives des oreilles pieuses, tendantes à insinuer qu'on ne peut être en même temps à Rome et à Pékin, et qu'il y a du vrai dans les premières règles de l'arithmétique.

Jean-Jacques, de son côté, répondit sérieusement à monsieur l'archevêque de Paris. Il intitula sa lettre : *Jean-Jacques à Christophe de Beaumont*, comme César écrivait à Cicéron, *Cæsar imperator Ciceroni imperatori.* Il faut avouer encore que c'était aussi le style des premiers siècles de l'Église. Saint Jérôme, qui n'était qu'un pauvre savant prêtre, retiré à Bethléem pour apprendre l'idiome hébraïque, écrivait ainsi à Jean, évêque de Jérusalem, son ennemi capital.

Jean-Jacques, dans sa lettre à Christophe, dit, page 2 : « Je devins « homme de lettres par mon mépris même pour cet état. » Cela parut fier et grand. On remarqua dans un journal que Jean-Jacques, fils d'un mau-

Palissot contre eux tous puissamment s'évertue[a] :
Que de fiel s'évapore, et que d'encre est perdue !

vais ouvrier de Genève, nourri de l'hôpital, méprisait le titre d'hommes de lettres, dont l'empereur de la Chine et le roi de Prusse s'honorent. Il ne doute pas dans cette lettre que *l'univers entier n'ait sur lui les yeux.* Il prie, page 12, l'archevêque de lire son roman d'*Héloïse*, dans lequel le héros gagne un mal vénérien au b......, et l'héroïne fait un enfant avec le héros avant de se marier à un ivrogne. Après quoi Jean-Jacques parle de Jésus-Christ, de la grace prévenante, du péché originel, et de la Trinité. Et il conclut par déclarer positivement, page 127, que tous les gouvernements de l'Europe *lui devaient élever des statues à frais communs.*

Enfin, après avoir traité à fond avec Christophe tous les points abstrus de la théologie, il finit par faire un petit opéra en prose.

De son côté, Christophe commence par avertir les fidèles, page 4, que « Jean-Jacques est amateur de lui-même, fier, et même superbe, même « enflé d'orgueil, impie, blasphémateur et calomniateur, et *qui pis est*, « amateur des voluptés plutôt que de Dieu ; enfin, d'un esprit corrompu et « perverti dans la foi. »

On demandera peut-être à la Chine ce que le public de Paris a pensé de ces traits d'éloquence. Il a ri (1771).

[a] M. Palissot est l'auteur de la comédie des *Philosophes*, dans laquelle on représenta Jean-Jacques marchant à quatre pattes, et des savants volant dans la poche. Il est aussi l'auteur d'un poëme intitulé *la Dunciade*, d'après la *Dunciade* de Pope. Ce poëme est rempli de traits contre MM. Marmontel, abbé Coyer, abbé Raynal, abbé Le Blanc, Mailhol, Baculard d'Arnaud, Le Mierre, Du Belloy, Sedaine, Dorat, La Morlière, Rochou, Boistel, Taconnet, Poinsinet, Du Rosoy, Blin, Colardeau, Bastide, Mouhi, Portelance, Sauvigny, Robbé, Lattaignant, Jonval, Açarq, Bergier ; mesdames Graffigni, Riccoboni, Unci, Curé [1], etc.

Ce poëme est en trois chants [2]. Fréron y est installé chancelier de la Sottise. Sa souveraine le change en âne. Fréron, qui ne peut courir, la prie de vouloir bien lui faire présent d'une paire d'ailes ; elle lui en donne, mais elle les lui ajuste à contre-sens : de sorte que Fréron, quand il veut voler en haut, tombe toujours en bas avec la Sottise, qu'il porte sur son dos. Cette imagination a été regardée comme la meilleure de tout l'ouvrage. On apprend, dans les notes ajoutées à ce poëme par l'auteur, « que

[1] Voyez ma note tome LIX, page 18. B.
[2] Il y en a dix aujourd'hui ; de troisième qu'il était, celui où l'on parle des ailes à l'envers et des aventures de Fréron est devenu le neuvième. B.

Parmi les combattants vient un rimeur gascon [a],
Prédicant petit-maître, ami d'Aliboron [3],
Qui, pour se signaler, refait *la Henriade;*
Et tandis qu'en secret chacun se persuade
De voler en vainqueur au haut du mont sacré,
On vit dans l'amertume, et l'on meurt ignoré.
La Discorde est partout, et le public s'en raille.
On se hait au Parnasse encor plus qu'à Versaille.
Grand roi, de qui les vers et l'esprit sont si doux,
Crois-moi, reste à Pékin, ne viens jamais chez nous.

   Aux bords du fleuve Jaune un peuple entier t'admire;
Tes vers seront toujours très bons dans ton empire:
Mais gare que Paris ne flétrît tes lauriers!
Les Français sont malins et sont grands chansonniers.
Les trois rois d'Orient, que l'on voit chaque année [b],
Sur les pas d'une étoile à marcher obstinée,
Combler l'enfant Jésus des plus rares présents,
N'emportent de Paris, pour tous remerciements,
Que des couplets fort gais qu'on chante sans scrupule.
Collé dans ses refrains les tourne en ridicule.

« Fréron était ci-devant un jésuite chassé du collége pour ses mœurs, qu'il « fut ensuite abbé, puis sous-lieutenant, et se déguisa en comtesse. » (Page 62, chant III.) Le grand nombre de gens de mérite attaqués dans ce poëme nuisit à son succès; mais la métamorphose de Fréron en âne réunit tous les suffrages (1771).

[a] Voyez la note sur l'épître cxvii à Dalembert, page 304 (1771).

[b] Voyez l'article ÉPIPHANIE, dans les *Questions sur l'Encyclopédie*. On a été dans l'habitude à Paris de faire presque tous les ans des couplets sur le voyage des trois mages ou des trois rois qui vinrent, conduits par une étoile, à Bethléem, et qui reconnurent l'enfant Jésus pour leur suzerain dans son étable, en lui offrant de l'encens, de la myrrhe, et de l'or. On appelle ces chansons des noëls, parceque c'est aux fêtes de Noël qu'on les chante. On en a fait des recueils dans lesquels on trouve des couplets extrêmement plaisants (1771).

Les voilà bien payés d'apporter un trésor!
Tout mon étonnement est de les voir encor.

Le roi, me diras-tu, de la zone cimbrique[a],
Accompagné partout de l'estime publique,
Vit Paris sans rien craindre, et régna sur les cœurs;
On respecta son nom comme on chérit ses mœurs.
Oui; mais cet heureux roi, qu'on aime et qu'on révère,
Se connaît en bons vers, et se garde d'en faire.
Nous ne les aimons plus; notre goût s'est usé:
Boileau, craint de son siècle, au nôtre est méprisé.
Le tragique étonné de sa métamorphose,
Fatigué de rimer, va ne pleurer qu'en prose.
De Molière oublié le sel s'est affadi.

En vain, pour ranimer le Parnasse engourdi,
Du peintre des *Saisons*[b] la main féconde et pure
Des plus brillantes fleurs a paré la nature;
Vainement, de Virgile élégant traducteur,
Delille a quelquefois égalé son auteur[c]:
D'un siècle dégoûté la démence imbécile
Préfère les remparts et Waux-hall à Virgile.
On verrait Cicéron sifflé dans le Palais.

Le léger vaudeville et les petits couplets
Maintiennent notre gloire à l'Opéra-comique;
Tout le reste est passé, le sublime est gothique.
N'expose point ta muse à ce peuple inconstant.
Les Frérons te loueraient pour quelque argent comptant;

---

[a] Le roi de Danemark, glorieusement régnant (1771).

[b] M. de Saint-Lambert, mestre de camp, auteur du charmant poëme des *Saisons* (1771).

[c] M. Delille, auteur d'une traduction des *Géorgiques*, très estimée des gens de lettres (1771).

Mais tu serais peu lu, malgré tout ton génie,
Des gens qu'on nomme ici la bonne compagnie.
Pour réussir en France il faut prendre son temps.
Tu seras bien reçu de quelques grands savants,
Qui pensent qu'à Pékin tout monarque est athée[a],
Et que la compagnie autrefois tant vantée,
En disant à la Chine un éternel adieu,
Vous a permis à tous de renoncer à Dieu.
Mais, sans approfondir ce qu'un Chinois doit croire,
Seguier[b] t'affublerait d'un beau réquisitoire;
La cour pourrait te faire un fort mauvais parti,
Et blâmer, par arrêt, tes vers et ton *Changti*.

    La Sorbonne, en latin, mais non sans solécismes,
Soutiendra que ta muse a besoin d'exorcismes;
Qu'il n'est de gens de bien que nous et nos amis;
Que l'enfer, grace à Dieu, t'est pour jamais promis.
Dispensateurs fourrés de la vie éternelle,
Ils ont rôti Trajan et bouilli Marc-Aurèle.
Ils t'en feront autant, et, partout condamné,
Tu ne seras venu que pour être damné.

    Le monde en factions dès long-temps se partage;
Tout peuple a sa folie ainsi que son usage:

---

[a] Une faction dans Paris a soutenu pendant trente ans que le gouvernement de la Chine est athée. L'empereur de la Chine, qui ne sait rien des sottises de Paris, a bien confondu cette horrible impertinence dans son poëme, où il parle de la divinité avec autant de sentiment que de respect (1771).

[b] Avocat général qui a fait trop d'honneur au livre du *Système de la nature,* livre d'un déclamateur qui se répète sans cesse, et d'un très grand ignorant en physique, qui a la sottise de croire aux anguilles de Needham. Il vaut mieux croire en Dieu avec Épictète et Marc-Aurèle. C'est une grande consolation pour la France que ce réquisitoire n'attaque que des livres anglais (1771).

Ici les Ottomans, bien sûrs que l'Éternel
Jadis à Mahomet députa Gabriel,
Vont se laver le coude aux bassins des mosquées[a];
Plus loin du grand lama les reliques musquées[b]
Passent de son derrière au cou des plus grands rois.

Quand la troupe écarlate à Rome a fait un choix,
L'élu, fût-il un sot, est dès-lors infaillible.
Dans l'Inde le Veidam, et dans Londres la Bible[c],
A l'hôpital des fous ont logé plus d'esprits
Que Grisel[d] n'a trouvé de dupes à Paris.

Monarque, au nez camus, des fertiles rivages
Peuplés, à ce qu'on dit, de fripons et de sages,
Règne en paix, fais des vers, et goûte de beaux jours;
Tandis que, sans argent, sans amis, sans secours,
Le Mogol est errant dans l'Inde ensanglantée,
Que d'orages nouveaux la Perse est agitée,
Qu'une pipe à la main, sur un large sofa
Mollement étendu, le pesant Moustapha
Voit le Russe entasser des victoires nouvelles
Des rives de l'Araxe au bord des Dardanelles,
Et qu'un bacha du Caire à sa place est assis
Sur le trône où les chats régnaient avec Isis[d].

Nous autres cependant, au bout de l'hémisphère,

---

[a] Il est ordonné aux musulmans de commencer l'ablution par le coude. Les prêtres catholiques ne se lavent que les trois doigts (1771).

[b] Il est très vrai que le grand lama distribue quelquefois sa chaise percée à ses adorateurs (1771).

[c] Il n'y a point de pays où il y ait eu plus de disputes sur la *Bible* qu'à Londres, et où les théologiens aient débité plus de rêveries, depuis Prinn jusqu'à Warburton (1771).

[d] Grisel, fameux dans le métier de directeur (1771). — Voyez tome XII, page 548. B.

Nous, des Welches grossiers postérité légère,
Livrons-nous en riant, dans le sein des loisirs,
A nos frivolités que nous nommons plaisirs;
Et puisse, en corrigeant trente ans d'extravagances[a],
Monsieur l'abbé Terray rajuster nos finances[b] !

[a] L'auteur devait dire *depuis cinquante-deux ans*; car le système de Law est de cette date. Mais on prétend en France que *cinquante-deux* ne peut pas entrer dans un vers (1771).

[b] C'est ce que nous attendons avec concupiscence. S'il en vient à bout, il sera couvert de gloire, et nous le chanterons (1771).

NOTE ET VARIANTES DE L'ÉPITRE CXV.

[1] J'ai laissé à cette épître la date de 1771, mais elle est de la fin de 1770. Voltaire l'envoya à madame de Choiseul le 13 novembre 1770; il en parle dans plusieurs des lettres qui suivent celle à madame de Choiseul.

La *Correspondance de Grimm*, t. VII, p. 346, contient une réponse à l'épître de Voltaire. Le titre de la pièce en est le premier vers :

> Le grand roi de la Chine au grand *Tien* du Parnasse.

Cette réponse est attribuée à La Harpe; dans sa lettre à Dalembert, du 21 décembre 1770, Voltaire dit : « Le roi de Prusse m'a écrit des vers à faire mourir de rire, de la part du roi de la Chine. » Je n'ai pas trouvé dans les *OEuvres de Frédéric* ces vers, qui m'ont tout l'air d'être une réponse à l'*Épître au roi de la Chine*. Une brochure intitulée *Les quatre dernières Épîtres du poëte-philosophe*, 1771, in-8°, contient dans l'ordre suivant les épîtres CXVIII, CXIX, CXVI, CXVII. On les mettait avant, mais je les ai mises après l'*Épître au roi de la Chine*, qui leur est antérieure. B.

[2] VAR. Je vois avec plaisir que, de Pékin à Rome,
L'art de la poésie est nécessaire à l'homme.

[3] VAR. Prédicant huguenot, favori de Fréron.

[4] VAR. Au trône où les Hébreux ont vu régner Isis.

ÉPITRE CXVI.

AU ROI DE DANEMARK, CHRISTIAN VII[1],

SUR LA LIBERTÉ DE LA PRESSE

ACCORDÉE DANS TOUS SES ÉTATS.

Janvier 1771.

Monarque vertueux, quoique né despotique,
Crois-tu régner sur moi de ton golfe Baltique?
Suis-je un de tes sujets pour me traiter comme eux,
Pour consoler ma vie, et pour me rendre heureux?
 Peu de rois, comme toi, transgressent les limites
Qu'à leur pouvoir sacré la nature a prescrites:
L'empereur de la Chine, à qui j'écris souvent[2],
Ne m'a pas jusqu'ici fait un seul compliment.
Je suis plus satisfait de l'auguste amazone[3]
Qui du gros Moustapha vient d'ébranler le trône;
Et Stanislas-le-Sage[4], et Frédéric-le-Grand[5]
(Avec qui j'eus jadis un petit différend),
Font passer quelquefois dans mes humbles retraites
Des bontés dont la Suisse embellit ses gazettes.
 Avec Ganganelli je ne suis pas si bien:
Sur mon voyage en Prusse, il m'a cru peu chrétien.
Ce pape s'est trompé, bien qu'il soit infaillible.
 Mais, sans examiner ce qu'on doit à la *Bible*,
S'il vaut mieux dans ce monde être pape que roi,
S'il est encor plus doux d'être obscur comme moi,
Des déserts du Jura ma tranquille vieillesse

ÉPÎTRES.

Ose se faire entendre à ta sage jeunesse;
Et libre avec respect, hardi sans être vain,
Je me jette à tes pieds, au nom du genre humain.
Il parle par ma voix, il bénit ta clémence;
Tu rends ses droits à l'homme, et tu permets qu'on pense.
Sermons, romans, physique, ode, histoire, opéra,
Chacun peut tout écrire; et siffle qui voudra!
   Ailleurs on a coupé les ailes à Pégase.
Dans Paris quelquefois un commis à la phrase
Me dit: « A mon bureau venez vous adresser;
Sans l'agrément du roi vous ne pouvez penser [6].
Pour avoir de l'esprit, allez à la police;
Les filles y vont bien, sans qu'aucune en rougisse:
Leur métier vaut le vôtre, il est cent fois plus doux;
Et le public sensé leur doit bien plus qu'à vous. »
   C'est donc ainsi, grand roi, qu'on traite le Parnasse,
Et les suivants honnis de Plutarque et d'Horace!
Bélisaire à Paris ne peut rien publier [a],

---

[a] Le chapitre quinzième du roman moral de *Bélisaire* passe en général pour un des meilleurs morceaux de littérature, de philosophie, et de vraie piété, qui aient jamais été écrits dans la langue française. Son succès universel irrita un principal de collége, docteur de Sorbonne, nommé Ribalier, qui, avec un autre régent de collége, nommé Coger, souleva une grande partie de la Sorbonne contre M. Marmontel, auteur de cet ouvrage. Les docteurs cherchèrent pendant six mois entiers des propositions malsonnantes, téméraires, sentant l'hérésie. Il fallut bien qu'ils en trouvassent. On en trouverait dans le *Pater noster*, en transposant un mot, et en abusant d'un autre.

   La faculté fit enfin imprimer sa censure en latin comme en français, et elle commençait par un solécisme. Le public en rit, et bientôt on n'en parla plus (1771).

   — C'était le docteur de Sorbonne Tamponnet qui se fesait fort de trouver une foule d'hérésies dans le *Pater noster*; voyez tome XXXI, page 39.

   La censure du *Bélisaire* de Marmontel, par la faculté de théologie (voyez

S'il n'est pas de l'avis de monsieur Ribalier.
    Hélas! dans un état l'art de l'imprimerie
Ne fut en aucun temps fatal à la patrie.
Les pointes de Voiture[a], et l'orgueil des grands mots
Que prodigua Balzac assez mal à propos,
Les romans de Scarron, n'ont point troublé le monde;
Chapelain ne fit point la guerre de la Fronde.
Chez le Sarmate altier la Discorde en fureur[b],
Sous un roi sage et doux, semant partout l'horreur;
De l'empire ottoman la splendeur éclipsée,
Sous l'aigle de Moscou sa force terrassée,
Tous ces grands mouvements seraient-ils donc l'effet
D'un obscur commentaire[7] ou d'un méchant sonnet?
Non, lorsqu'aux factions un peuple entier se livre,
Quand nous nous égorgeons, ce n'est pas pour un livre.
    Hé! quel mal après tout peut faire un pauvre auteur?
Ruiner son libraire, excéder son lecteur,
Faire siffler partout sa charlatanerie,
Ses creuses visions[8], sa folle théorie.

---

tome LXIV, page 475), commence ainsi : « Hæ propositiones in quarum una Belisarius asserit... et in quarum altera cum Justinianus Belisario stupens dixisset... idem Belisarius respondet, etc. » B.

[a] Voiture, qui fut frivole, et qui ne chercha que le bel-esprit; Balzac, qui fut toujours ampoulé, et qui ne dit presque jamais rien d'utile, eurent une très grande réputation dans leur temps; Chapelain en eut encore davantage : ils étaient les rois de la littérature. Les querelles dont ils furent l'objet ne servirent qu'à faire naître enfin le bon goût, et ne causèrent d'ailleurs aucun mal (1771).

[b] Ce sera aux yeux de la postérité un événement unique, même en Pologne, qu'une guerre civile si acharnée et si cruelle, sous un roi auquel la faction opposée n'a jamais pu reprocher la moindre contravention aux lois, le plus léger abus de l'autorité, ni même la moindre action qui pût déplaire dans un particulier. C'est pour la première fois qu'on a vu un roi se borner à plaindre ceux qui se rendaient malheureux eux-mêmes en ravageant leur patrie. Il ne leur a donné que l'exemple de la modération (1771).

Un livre est-il mauvais, rien ne peut l'excuser;
Est-il bon, tous les rois ne peuvent l'écraser.
On le supprime à Rome, et dans Londre on l'admire;
Le pape le proscrit, l'Europe le veut lire.

    Un certain charlatan, qui s'est mis en crédit,
Prétend qu'à son exemple on n'ait jamais d'esprit.
Tu n'y parviendras pas, apostat d'Hippocrate;
Tu guérirais plutôt les vapeurs de ma rate.
Va, cesse de vexer les vivants et les morts;
Tyran de ma pensée, assassin de mon corps,
Tu peux bien empêcher tes malades de vivre,
Tu peux les tuer tous, mais non pas un bon livre.
Tu les brûles, Jérôme; et de ces condamnés
La flamme, en m'éclairant, noircit ton vilain nez.

    Mais voilà, me dis-tu, des phrases malsonnantes,
Sentant son philosophe, au vrai même tendantes.
Eh bien, réfute-les; n'est-ce pas ton métier?
Ne peux-tu comme moi barbouiller du papier?
Le public à profit met toutes nos querelles;
De nos cailloux frottés il sort des étincelles:
La lumière en peut naître; et nos grands érudits
Ne nous ont éclairés qu'en étant contredits.
Sifflez-moi librement, je vous le rends, mes frères.
Sans le droit d'examen, et sans les adversaires,
Tout languit comme à Rome, où depuis huit cents ans [a]
Le tranquille esclavage écrasa les talents.

    Tu ne veux pas, grand roi, dans ta juste indulgence,

---

[a] On ne voit pas en effet depuis ce temps un seul livre, écrit à Rome, qui soit un ouvrage de génie, et qui entre dans la bibliothèque des nations. Les Dante, les Pétrarque, les Boccace, les Machiavel, les Guichardin, les Boiardo, les Tasse, les Arioste, ne furent point Romains (1771).

Que cette liberté dégénère en licence;
Et c'est aussi le vœu de tous les gens sensés :
A conserver les mœurs ils sont intéressés;
D'un écrivain pervers ils font toujours justice.

 Tous ces libelles vains dictés par l'Avarice,
Enfants de l'Impudence, élevés chez Marteau^a,
Y trouvent en naissant un éternel tombeau ¹⁰.

 Que dans l'Europe entière on me montre un libelle
Qui ne soit pas couvert d'une honte éternelle,
Ou qu'un oubli profond ne retienne englouti
Dans le fond du bourbier dont il était sorti.

 On punit quelquefois et la plume et la langue,
D'un ligueur turbulent la dévote harangue,
D'un Guignard, d'un Bourgoin ^b, les horribles sermons,
Au nom de Jésus-Christ prêchés par des démons.

 Mais quoi! si quelque main dans le sang s'est trempée,
Vous est-il défendu de porter une épée?
En coupables propos si l'on peut s'exhaler,
Doit-on faire une loi de ne jamais parler?
Un cuistre en son taudis compose une satire,
En ai-je moins le droit de penser et d'écrire?
Qu'on punisse l'abus; mais l'usage est permis.

 De l'auguste raison les sombres ennemis
Se plaignent quelquefois de l'inventeur utile
Qui fondit en métal un alphabet mobile,
L'arrangea sous la presse, et sut multiplier

---

^a Célèbre imprimeur de sottises. Tous les libelles contre Louis XIV étaient imprimés à Cologne chez Pierre Marteau (1771).

^b C'étaient des écrivains, des prédicateurs de la Ligue. Guignard était un jésuite qui fut pendu, et Bourgoin un jacobin qui fut roué. Il est vrai qu'ils étaient des fanatiques imbéciles; mais avec leur imbécillité ils mettaient le couteau dans les mains des parricides (1771).

Tout ce que notre esprit peut transmettre au papier.
« Cet art, disait Boyer[a], a troublé des familles ;
Il a trop raffiné les garçons et les filles. »
Je le veux ; mais aussi quels biens n'a-t-il pas faits ?
Tout peuple, excepté Rome, a senti ses bienfaits.
Avant qu'un Allemand trouvât l'imprimerie,
Dans quel cloaque affreux barbotait ma patrie !
Quel opprobre, grand Dieu ! quand un peuple indigent
Courait à Rome, à pied, porter son peu d'argent,
Et revenait, content de la sainte Madone,
Chantant sa litanie, et demandant l'aumône !
Du temple au lit d'hymen un jeune époux conduit[b]
Payait au sacristain pour sa première nuit.
Un testateur[c], mourant sans léguer à saint Pierre,
Ne pouvait obtenir l'honneur du cimetière.
Enfin tout un royaume, interdit et damné[d],

[a] Boyer, théatin, évêque de Mirepoix, disait toujours que l'imprimerie avait fait un mal effroyable, et que, depuis qu'il y avait des livres, les filles savaient plus de sottises à dix ans qu'elles n'en avaient su auparavant à vingt (1773).

[b] Jusqu'au seizième siècle il n'était pas permis, chez les catholiques, à un nouveau marié de coucher avec sa femme sans avoir fait bénir le lit nuptial, et cette bénédiction était taxée (1773).

[c] Quiconque ne fesait pas un legs à l'Église par son testament était déclaré déconfez, on lui refusait la sépulture ; et, par accommodement, l'official, ou le curé, ou le prieur le plus voisin, fesait un testament au nom du mort, et léguait pour lui à l'Église en conscience ce que le testateur aurait dû raisonnablement donner (1773).

[d] Le commun des lecteurs ignore la manière dont on interdisait un royaume. On croit que celui qui se disait le père commun des chrétiens se bornait à priver une nation de toutes les fonctions du christianisme, afin qu'elle méritât sa grace en se révoltant contre le souverain ; mais on observait dans cette sentence des cérémonies qui doivent passer à la postérité. D'abord on défendait à tout laïque d'entendre la messe, et on n'en célébrait plus au maître-autel. On déclarait l'air impur ; on ôtait tous les corps saints

Au premier occupant restait abandonné,
Quand, du pape et de Dieu s'attirant la colère,
Le roi, sans payer Rome, épousait sa commère [11].
    Rois! qui brisa les fers dont vous étiez chargés?
Qui put vous affranchir de vos vieux préjugés?
Quelle main, favorable à vos grandeurs suprêmes,
A du triple bandeau vengé cent diadêmes?
Qui, du fond de son puits tirant la Vérité,
A su donner une ame au public hébété [12]?
Les livres ont tout fait; et, quoi qu'on puisse dire,
Rois, vous n'avez régné que lorsqu'on a su lire.
Soyez reconnaissants, aimez les bons auteurs:
Il ne faut pas du moins vexer vos bienfaiteurs.
Et comptez-vous pour rien les plaisirs qu'ils vous donnent,
Plaisirs purs que jamais les remords n'empoisonnent?
Les pleurs de Melpomène et les ris de sa sœur
N'ont-ils jamais guéri votre mauvaise humeur?
Souvent un roi s'ennuie; il se fait lire à table
De Charle ou de Louis l'histoire véritable.
Si l'auteur fut gêné par un censeur bigot,
Ne décidez-vous pas que l'auteur est un sot?
Il faut qu'il soit à l'aise; il faut que l'aigle altière
Des airs à son plaisir franchisse la carrière.

---

de leurs châsses, et on les étendait par terre dans l'église, couverts d'un voile: on dépendait les cloches, et on les enterrait dans des caveaux. Quiconque mourait dans le temps de l'interdit était jeté à la voirie. Il était défendu de manger de la chair, de se raser, de se saluer; enfin le royaume appartenait de droit au premier occupant; mais le pape prenait le soin d'annoncer ce droit par une bulle particulière, dans laquelle il désignait le prince qu'il gratifiait de la couronne vacante (1771). — Cette note avait déjà été mise par Voltaire à son *Cri des nations*, en 1769; voyez t. XLV, p. 321. B.

Je ne plains point un bœuf au joug accoutumé;
C'est pour baisser son cou que le ciel l'a formé.
Au cheval qui vous porte un mors est nécessaire.
Un moine est de ses fers esclave volontaire.
Mais au mortel qui pense on doit la liberté.
Des neuf savantes Sœurs le Parnasse habité
Serait-il un couvent sous une mère abbesse,
Qu'un évêque bénit, et qu'un Grisel confesse?

On ne leur dit jamais: « Gardez-vous bien, ma sœur,
De vous mettre à penser sans votre directeur;
Et quand vous écrirez sur l'almanach de Liége,
Ne parlez des saisons qu'avec un privilége. »
Que dirait Uranie à ces plaisants propos?
Le Parnasse ne veut ni tyrans ni bigots:
C'est une république éternelle et suprême,
Qui n'admet d'autre loi que la loi de Thélême^a;
Elle est plus libre encor que le vaillant Bernois,
Le noble de Venise, et l'esprit genevois;
Du bout du monde à l'autre elle étend son empire;
Parmi ses citoyens chacun voudrait s'inscrire.
Chez nos Sœurs, ô grand roi! le droit d'égalité,
Ridicule à la cour, est toujours respecté.
Mais leur gouvernement, à tant d'autres contraire,
Ressemble encore au tien, puisqu'à tous il sait plaire.

^a Abbaye de la fondation de Rabelais (*Gargant.*, liv. I, c. LVII). On avait gravé sur la porte: *Fay ce que vouldras* (1771).

NOTES ET VARIANTES DE L'ÉPITRE CXVI.

¹ Cette épitre est aussi de 1770; voyez la lettre à Dalembert, du 28 décembre 1770. B.

2 L'épître précédente est la seule que Voltaire ait adressée au roi de la Chine. B.

3 Catherine II, impératrice de Russie. B.

4 Le roi de Pologne, Stanislas Poniatowski; voyez tome XXXIV, page 156; et LXI, 550. B.

5 Le roi de Prusse. B.

6 VAR. Il vous faut un brevet si vous voulez penser.

7 VAR. Ou d'un lourd commentaire,

8 VAR. Ses faux raisonnemonts.

9 Il s'agit ici de Van-Swieten, premier médecin de l'impératrice-reine. Il s'était fait inquisiteur des livres, et passait pour entendre aussi parfaitement la médecine préservatrice des ames, qu'il entendait mal la médecine curative des corps. Il s'occupait surtout d'empêcher les œuvres de M. de Voltaire de pénétrer dans la ville impériale. C'était d'ailleurs un homme assez savant, et dont les compilations peuvent être utiles, quoiqu'il n'eût aucune philosophie, ni aucune connaissance des découvertes physiques faites de nos jours. K.

10 S'il faut en croire la *Correspondance de Grimm* (t. VII, p. 437), quelque temps après la publication de sa pièce, Voltaire ajouta les huit vers que voici :

  La voix des gens de bien nous suffit pour confondre
  Du fantasque Maillet le système hypocondre;
  Celui de la nature à peine s'est montré,
  Qu'au sein de la poussière il est soudain rentré.
  Non, grand Dieu! dans ce monde, où la sagesse brille,
  Jamais du blé pourri ne fit naître une anguille;
  Thémis dut mépriser ce système nouveau :
  C'est au savant d'instruire, et non pas au bourreau. B.

11 Robert, roi de France, épousa sa cousine, veuve d'Eudes, comte de Chartres et de Blois; il avait tenu sur les fonts de baptême un des enfants de cette princesse. B.

12 Au lieu de ce vers et des trois qui suivent, on lisait d'abord :

  Qui vous rendit chez vous puissants sans être impies?
  Qui sut, de votre table écartant les harpies,

Sauver le peuple et vous de leur voracité?..
Qui sut donner une ame au public hébété?

Voltaire n'eut d'autre motif pour faire ce changement que d'éviter une répétition : il est question des harpies dans les quatre derniers vers de l'épître à Dalembert, qui suit. B.

ÉPITRE CXVII.

A M. DALEMBERT.

1771.

Esprit juste et profond, parfait ami, vrai sage,
Dalembert, que dis-tu de mon dernier ouvrage[1]?
Le roi danois et toi, mes juges souverains,
Vous donnez carte blanche à tous les écrivains.
Le privilége est beau; mais que faut-il écrire?
Me permettriez-vous quelques grains de satire?
Virgile a-t-il bien fait de pincer Mævius?
Horace a-t-il raison contre Nomentanus?
Oui, si ces deux Latins, montés sur le Parnasse,
S'égayaient aux dépens de Virgile et d'Horace,
La défense est de droit; et d'un coup d'aiguillon
L'abeille en tous les temps repoussa le frelon.
La guerre est au Parnasse, au conseil, en Sorbonne :
Allons, défendons-nous, mais n'attaquons personne.
   « Vous m'avez endormi, » disait ce bon Trublet[a];
Je réveillai mon homme à grands coups de sifflet.

[a] Voyez (tome XIV) la pièce intitulée *le Pauvre Diable* (1771).

Je fis bien : chacun rit, et j'en ris même encore.
La critique a du bon ; je l'aime et je l'honore.
Le parterre éclairé juge les combattants ;
Et la saine raison triomphe avec le temps.
Lorsque dans son grenier certain Larcher réclame[a]
La loi qui prostitue et sa fille et sa femme,
Qu'il veut dans Notre-Dame établir son sérail,
On lui dit qu'à Paris plus d'un gentil bercail
Est ouvert aux travaux d'un savant antiquaire,
Mais que jamais la loi n'ordonna l'adultère.
Alors on examine ; et le public instruit
Se moque de Larcher, qui jure en son réduit.
L'abbé François[b] écrit ; le Léthé sur ses rives
Reçoit avec plaisir ses feuilles fugitives.
Tancrède en vers croisés fait-il bâiller Paris ?
On m'ennuie à mon tour des plus pesants écrits ;

---

[a] Larcher, répétiteur au collège Mazarin. Il soutint opiniâtrément que dans la grande ville de Babylone toutes les femmes et les filles de la cour étaient obligées par la loi de se prostituer une fois dans leur vie au premier venu, pour de l'argent ; et cela dans le temple de Vénus, quoique Vénus fût inconnue à Babylone. Il trouvait fort mauvais qu'on ne crût pas à cette impertinence, puisque Hérodote l'avait dite expressément. Le même Larcher disputa fortement sur le grand serpent Ophionée, sur le bouc de Mendès qui couchait avec les dames hébraïques : il traita notre auteur de vilain athée pour avoir dit que la *Providence envoie la peste et la famine sur la terre*. Il y a encore dans la poussière des colléges de ces cuistres qui semblent être du quinzième siècle. Notre auteur ne fit que se moquer de ce Larcher, et il fut secondé de tout Paris, à qui il le fit connaître (1771).

[b] Il y a en effet un abbé nommé François, des ouvrages duquel le fleuve Léthé s'est chargé entièrement. C'est un pauvre imbécile qui a fait un livre en deux volumes contre les philosophes, livre que personne ne connaît ni ne connaîtra (1771).

— Sur l'abbé François, voyez mes Préfaces des tomes XV et XXVI. B.

A Danchet, à Brunet*, le Pont-Neuf me compare ;
On préfère à mes vers Crébillon le barbare[b].

[a] Danchet est un de ces poëtes médiocres qu'on ne connait plus ; il a fait quelques tragédies et quelques opéra. Pour Brunet, nous ne savons qui c'est, à moins que ce ne soit un nommé M. Le Brun, qui avait fait autrefois une ode pour engager notre auteur à prendre chez lui mademoiselle Corneille. Quelqu'un lui dit méchamment qu'on avait voulu recevoir mademoiselle Corneille, mais point son ode, qui ne valait rien. Alors M. Le Brun écrivit contre le même homme auquel il venait de donner tant de louanges. Cela est dans l'ordre ; mais il paraît dans l'ordre aussi qu'on se moque de lui (1771).

— Voyez aussi ma note, tome XII, page 293. B.

[b] Nous ne savons si par *barbare* on entend ici la barbarie d'Atrée, ou la barbarie du style, qu'on a reprochée à Crébillon ; c'est peut-être l'un et l'autre. Mais ce n'est pas parceque Atrée est trop cruel qu'on ne joue point cette pièce, et qu'elle passe pour mauvaise chez tous les gens de goût; car dans *Rodogune*, Cléopâtre est plus cruelle encore, et cette atrocité même semblerait devoir être plus révoltante dans une femme que dans un homme; cependant cette fin de la tragédie de *Rodogune* est un chef-d'œuvre du théâtre, et réussira toujours.

Nous trouvons dans *le Mercure* de novembre 1770, p. 83, les réflexions les plus judicieuses qu'on ait encore faites sur *Atrée* ; les voici :

« En général, les vengeances, pour être intéressantes au théâtre, doivent
« être promptes, subites, violentes ; il faut toujours frapper de grands coups
« sur la scène : les horreurs longues et détaillées ne sont que rebutantes.
« M. de Crébillon, malgré ce précepte, a risqué la coupe d'Atrée ; mais elle
« n'a pu réussir, à beaucoup près. Quelques esprits faux, quelques jeunes
« têtes qui n'ont pas réfléchi, croient que les atrocités sont le plus grand
« effort de l'esprit humain, et que l'horreur est ce qu'il y a de plus tragique.
« Elles se trompent beaucoup ; c'est tout ce qu'il y a de plus facile à trou-
« ver. Nous avons des romans inconnus et fort au-dessous du médiocre,
« où l'on a rassemblé assez d'horreurs pour faire cinquante tragédies dé-
« testables. »

Il y a bien d'autres raisons qui font voir qu'*Atrée* est une fort mauvaise pièce.

1° C'est qu'elle est extrêmement mal écrite. D'abord « Atrée voit enfin
« renaître l'espoir et la douceur de se venger d'un traître. Les vents, qu'un
« dieu contraire enchaînait loin de lui, semblent exciter son courroux avec
« les flots; le calme, si long-temps fatal à sa vengeance, n'est plus d'intelli-

Cette longue dispute échauffe les esprits.
Alors du plus beau feu vingt poëtes épris,

« gence avec ses ennemis; le soldat ne craint plus qu'un indigne repos avi-
« lisse l'honneur de ses derniers travaux. »

Aussitôt après Atrée commande *que la flotte d'Atrée se prépare à vo-
guer loin de l'île d'Eubée;* il ordonne qu'on porte à tous ses chefs ses ordres
absolus; et il dit *que ce jour tant souhaité ranime dans son cœur l'espoir et
la fierté.*

Cet énorme galimatias, cet assemblage de paroles vagues, oiseuses, in-
cohérentes, qui ne disent rien, qui n'apprennent ni où l'on est, ni l'acteur
qui parle, ni de qui on parle, sont insupportables à quiconque a la plus légère connaissance du théâtre et de la langue.

Les maximes qu'Atrée débite, dès cette première scène, sont d'une extravagance qui va jusqu'au ridicule. Atrée dit:

> *Je voudrais me venger, fût-ce même des dieux;*
> *Du plus puissant de tous j'ai reçu la naissance;*
> *Je le sens au plaisir que me fait la vengeance.*

Cette plaisanterie monstrueuse n'est-elle pas bien placée! La Fontaine a
dit en riant:

> *............Je sais que la vengeance*
> *Est un morceau de roi, car vous vivez en dieux.*

Mais mettre une telle raillerie sérieusement dans une tragédie, cela est
bien déplacé; et exprimer de tels sentiments sans avoir dit encore de quoi
il veut se venger, cela est contre les principes du théâtre et du sens commun.

2° Il y a bien plus, c'est que cette fureur de vengeance, au bout de
vingt ans, est nécessairement de la plus grande froideur, et ne peut intéres-
ser personne.

3° Un homme qui jure à la première scène qu'il se vengera, et qui exé-
cute son projet à la dernière sans aucun obstacle, ne peut jamais faire aucun
effet. Il n'y a ni intrigue ni péripétie, rien qui vous tienne en suspens, rien
qui vous surprenne, rien qui vous émeuve; ce n'est qu'une atrocité longue
et plate.

4° La pièce pèche encore par un défaut plus grand, s'il est possible;
c'est un amour insipide et inutile entre un fils d'Atrée, nommé Plisthène,
et Théodamie, fille de Thieste; amour postiche qui ne sert qu'à remplir le
vide de la pièce.

5° Le style est digne de cette conduite: ce sont des répétitions continuelles du plaisir de la vengeance:

> *Un ennemi ne peut pardonner une offense;*

De chefs-d'œuvre sans nombre enrichissant la scène,
Sur de sublimes tons font ronfler Melpomène.

> Il faut un terme au crime, et non à la vengeance.
> Rien ne peut *arrêter mes transports* furieux.
> Tout est prêt, *et déjà dans mon cœur* furieux
> Je goûte le plaisir *le plus parfait* des dieux ;
> Je vais être vengé, *Thieste ; quelle joie !*

La plupart des vers sont obscurs, et ne sont pas français.

> Ah ! si je vous sais cher, que mon respect extrême
> M'acquitte bien, seigneur, de mon bonheur suprême !
> Mon amitié pour vous, par vos maux consacrée,
> A semblé redoubler par les rigueurs d'Atrée.
> Et bravant, sans respect, et les dieux et son père,
> Son cœur pour eux et lui n'a qu'une foi légère :
> Mais dût tomber sur moi le plus affreux courroux,
> Je ne saurais trahir ce que je sens pour vous.
> Que pour mieux m'obliger à lui percer le flanc,
> De sa fille, au refus, il doit verser le sang.
> Et je vais, s'il le faut, aux dépens de ma foi,
> Prouver à vos beaux yeux ce qu'ils peuvent sur moi.
> D'une indigne frayeur je vois ton âme atteinte,
> Thieste ; chasse-s-en les soupçons et la crainte.

Une pièce écrite ainsi d'un bout à l'autre pourrait-elle réussir ? Pour comble d'impertinence, la pièce finit par ce vers abominable :

> Et je jouis enfin du fruit de mes forfaits.

Un tel vers est d'un scélérat ivre. Et remarquez qu'Atrée a ci-devant regardé la vengeance comme une vertu, dans un autre vers non moins extravagant :

> Il faut un terme au crime, et non à la vengeance.

Nous avouons que la *Sémiramis* du même auteur, son *Xerxès*, son *Catilina*, son *Triumvirat*, sont des pièces encore plus mauvaises, et que tout cela pouvait bien lui mériter le nom de barbare ; mais nous ne convenons pas que son *Électre*, et surtout son *Rhadamiste*, méritent le mépris profond que Boileau avait pour ces deux tragédies. Le public a décidé qu'il y a de très belles choses, particulièrement dans *Rhadamiste* ; et quand le public a décidé constamment pendant soixante ans, il ne faut pas en appeler. Si les défauts subsistent, les beautés l'emportent. Boileau fut trop rebuté des défauts. *Rhadamiste* sera toujours jouée avec un grand succès ; et même on verra *Électre* avec plaisir, malgré l'amour qui défigure cette pièce. Il y a dans ces deux ouvrages un fond de tragique qui attache le spectateur.

L'abbé de Chaulieu disait que la pièce de *Rhadamiste* aurait été très

ÉPÎTRES.

Qu'importe que mon nom s'efface dans l'oubli?
L'esprit, le goût s'épure, et l'art est embelli.
Mais ne pardonnons pas à ces folliculaires,
De libelles affreux écrivains téméraires,
Aux stances de La Grange, aux couplets de Rousseau [a],
Que Mégère en courroux tira de son cerveau.
Pour gagner vingt écus, ce fou de La Beaumelle [b]

claire, n'eût été l'exposition. Mais quoique le premier acte soit un peu obscur, il me semble qu'il y a dans les autres de très grandes beautés (1771).

[a] Les Philippiques de La Grange et les Couplets de Rousseau passèrent assez long-temps pour être écrits avec force et enthousiasme : mais les esprits bien faits et les gens de bon goût ne s'y sont jamais laissé tromper. En effet, ôtez les injures, il ne reste rien. Le succès ne fut dû qu'à la malignité humaine. Mais quel succès qui conduisit La Grange en prison, et le portrait de Rousseau à la Grève!

La Grange était le plus coupable des deux, sans contredit; mais le duc d'Orléans régent eut encore plus de clémence que La Grange n'avait eu de folie (1771).

[b] On ne peut mieux connaître cet homme que par la lettre que nous allons copier. N'ayant ni le génie de La Grange ni celui de Rousseau, il s'est rendu aussi criminel qu'eux, mais infiniment plus méprisable. Il est né dans un village des Cévennes, auprès de Castres. Il a passé quelques années à Genève, et a été répétiteur des enfants de M. de Budé de Boisy. Il y fut proposant pour être ministre, en 1745.

Voici la lettre qui le fera connaître :

LETTRE A M. DE LA CONDAMINE,

DE L'ACADÉMIE FRANÇAISE ET DE L'ACADÉMIE DES SCIENCES, etc.

A Ferney, 8 mars 1771.

MONSIEUR,

Monsieur l'envoyé de Parme m'a fait parvenir votre lettre. J'ai l'honneur d'être votre confrère dans plus d'une académie : je suis votre ami depuis plus de quarante ans. Vous me parlez avec candeur, je vais vous répondre de même.

Le sieur de La Beaumelle, en 1752, vendit, à Francfort, au libraire Eslinger, pour dix-sept louis, *le Siècle de Louis XIV*, que j'avais composé

Insulte de Louis la mémoire immortelle.
Il croit déshonorer, dans ses obscurs écrits,
Princes, ducs, maréchaux, qui n'en ont rien appris.
Contre le vil croquant tout honnête homme éclate,
Avant que sur sa joue ou sur son omoplate

(autant qu'il avait été en moi) à l'honneur de la France et de ce monarque.

Il plut à cet écrivain de tourner cet éloge véridique en libelle diffamatoire. Il le chargea de notes, dans lesquelles il dit qu'il soupçonne Louis XIV d'avoir fait empoisonner le marquis de Louvois, son ministre, dont il était excédé; et qu'en effet ce ministre craignait que le roi ne l'empoisonnât. (Tome III, pages 269 et 271.)

Que Louis XIV ayant promis à madame de Maintenon de la déclarer reine, madame la duchesse de Bourgogne irritée engagea le prince son époux, père de Louis XV, à ne point secourir Lille, assiégée alors par le prince Eugène, et à trahir son roi, son aïeul, et sa patrie.

Il ajoute que l'armée des assiégeants jetait dans Lille des billets dans lesquels il était écrit: « Rassurez-vous, Français! la Maintenon ne sera pas « reine, nous ne lèverons pas le siége. »

La Beaumelle rapporte la même anecdote dans les mémoires qu'il a fait imprimer sous le nom de madame de Maintenon. (T. IV, p. 109).

Qu'on trouva l'acte de célébration du mariage de Louis XIV avec madame de Maintenon dans de vieilles culottes de l'archevêque de Paris, mais qu'un « tel mariage n'est pas extraordinaire, attendu que Cléopâtre déjà vieille en- « chaîna Auguste. » (Tome III, page 75.)

Que le duc de Bourbon, étant premier ministre, fit assassiner Vergier, ancien commissaire de marine, par un officier, auquel il donna la croix de Saint-Louis pour récompense. (Tome III du *Siècle*, page 323.)

Que le grand-père de l'empereur, aujourd'hui régnant, avait, ainsi que sa maison, des empoisonneurs à gages. (Tome II, page 345.)

Les calomnies absurdes contre le duc d'Orléans, régent du royaume, sont encore plus exécrables; on ne veut pas en souiller le papier. Les enfants de la Voisin, de Cartouche, et de Damiens, n'auraient jamais osé écrire ainsi, s'ils avaient su écrire. L'ignorance de ce malheureux égalait sa détestable impudence.

Cette ignorance est poussée jusqu'à dire que la loi qui veut que le premier prince du sang hérite de la couronne, au défaut d'un fils du roi, *n'exista jamais.*

Il assure hardiment que le jour que le duc d'Orléans se fit reconnaître

Des rois et des héros les grands noms soient vengés
Par l'empreinte des lis qu'il a tant outragés.
Ces serpents odieux de la littérature,
Abreuvés de poisons et rampant dans l'ordure,
Sont toujours écrasés sous les pieds des passants.

à la cour des pairs régent du royaume, le parlement suivit constamment l'instabilité de ses pensées; que le premier président de Maisons était prêt à former un parti pour le duc du Maine, quoiqu'il n'y ait jamais eu de premier président de ce nom.

Toutes ces inepties, écrites du style d'un laquais qui veut faire le bel-esprit et l'homme important, furent reçues comme elles le méritaient: on n'y prit pas garde; mais on rechercha le malheureux qui pour un peu d'argent avait tant vomi de calomnies atroces contre toute la famille royale, contre les ministres, les généraux, et les plus honnêtes gens du royaume. Le gouvernement fut assez indulgent pour se contenter de le faire enfermer dans un cachot, le 24 avril 1753. Vous m'apprenez dans votre lettre qu'il fut enfermé deux fois, c'est ce que j'ignorais.

Après avoir publié ces horreurs, il se signala par un autre libelle intitulé *Mes pensées*, dans lequel il insulta nommément MM. d'Erlach, de Watteville, de Diesbach, de Sinner, et d'autres membres du conseil souverain de Berne, qu'il n'avait jamais vus. Il voulut ensuite en faire une nouvelle édition; M. le comte d'Erlach en écrivit en France, où La Beaumelle était pour lors; on l'exila dans le pays des Cévennes, dont il est natif. Je ne vous parle, monsieur, que papiers sur table et preuves en main.

Il avait outragé la maison de Saxe dans le même libelle (p. 108), et s'était enfui de Gotha avec une femme de chambre qui venait de voler sa maîtresse.

Lorsqu'il fut en France, il demanda un certificat de madame la duchesse de Gotha. Cette princesse lui fit expédier celui-ci:

« On se rappelle très bien que vous partîtes d'ici avec la gouvernante
« des enfants d'une dame de Gotha, qui s'éclipsa furtivement avec vous,
« après avoir volé sa maîtresse; ce dont tout le public est pleinement in-
« struit ici. Mais nous ne disons pas que vous ayez part à ce vol. A Gotha,
« 24 juillet 1767. *Signé* Rousseau, conseiller aulique de son altesse séré-
« nissime. »

Son altesse eut la bonté de m'envoyer la copie de cette attestation, et m'écrivit ensuite ces propres mots, le 15 auguste 1767 : « Que vous êtes
« aimable d'entrer si bien dans mes vues au sujet de ce misérable La Beau-
« melle! Croyez-moi, nous ne pouvons rien faire de plus sage que de l'aban-

Vive le cygne heureux qui, par ses doux accents,
Célébra les saisons, leurs dons, et leurs usages,
Les travaux, les vertus, et les plaisirs des sages !
Vainement de Dijon l'impudent écolier*
Coassa contre lui du fond de son bourbier.

« donner lui et son aventurière, etc. » Je garde les originaux de ces lettres, écrites de la main de madame la duchesse de Gotha. Je pourrais alléguer des choses beaucoup plus graves ; mais comme elles pourraient être trop funestes à cet homme, je m'arrête par pitié.

Voilà une petite partie du procès bien constatée. Je vous en fais juge, monsieur, et je m'en rapporte à votre équité.

Dans ce cloaque d'infamies, sur lequel j'ai été forcé de jeter les yeux un moment, j'ai été bien consolé par votre souvenir. Je vous souhaite du fond de mon cœur une vieillesse plus heureuse que la mienne, sous laquelle je succombe dans des souffrances continuelles.

J'ai l'honneur d'être, etc.

Nous n'ajouterons rien à une lettre aussi authentique et aussi décisive. Nous nous contenterons de féliciter notre auteur philosophe d'avoir pour ennemis de tels misérables (1771).

* Un nommé Clément, jeune homme, fils d'un procureur de Dijon, et ci-devant maître de quartier dans une pension, a fait un livre entier contre M. de Saint-Lambert, M. Delille, M. Dorat, M. Watelet, et M. Lemierre. Ce jeune homme s'est avisé de dicter des arrêts du haut d'un tribunal qu'il s'est érigé. Il commence par prononcer qu'il ne faut point traduire Virgile en vers ; et ensuite il décide que M. Delille a fort mal traduit les *Géorgiques*. Sa traduction est pourtant, de l'aveu de tous les connaisseurs, la meilleure qui ait été faite dans aucune langue, et il y en a eu quatre éditions en deux ans. Ce Clément, sans respect pour le public, décide d'un ton de maître que tel vers est ridicule, tel autre plat, tel autre grossier, sans alléguer la plus faible raison. Il ressemble à ces juges qui ne motivent jamais leurs arrêts.

Nous ne connaissons point ce critique, nous ne connaissons point M. Delille ; mais nous remercions M. Delille du plaisir qu'il nous a fait. Nous avouons qu'il a égalé Virgile en plusieurs endroits, et qu'il a vaincu les plus grandes difficultés. Nous osons dire qu'il a rendu un signalé service à la langue française, et Clément n'en a rendu qu'à l'envie.

Il attaque avec plus d'orgueil encore l'estimable poëme des *Saisons*, de M. de Saint-Lambert. Mais quel chef-d'œuvre avait fait ce Clément, pour être en droit de condamner si fièrement ? à quels bons ouvrages avait-il

Nous laissons le champ libre à ces petits critiques,
De l'ivrogne Fréron disciples faméliques,
Qui, ne pouvant apprendre un honnête métier,
Devers Saint-Innocent vont salir du papier,
Et sur les dons des dieux porter leurs mains impies;
Animaux malfesants, semblables aux harpies,
De leurs ongles crochus et de leur souffle affreux
Gâtant un bon dîner qui n'était pas pour eux.

donné la vie, pour être en droit de porter ainsi des arrêts de mort? Il avait lu une tragédie de sa façon aux comédiens de Paris, qui ne purent en écouter que deux actes. Le *pauvre diable*, mourant de honte et de faim, se fit satirique pour avoir du pain. Vous trouverez dans l'histoire du *Pauvre Diable* la véritable histoire de tous ces petits écoliers qui, ne pouvant rien faire, se mettent à juger ce que les autres font (1771).

NOTE DE L'ÉPITRE CXVII.

1 Il s'agit de l'épitre au roi de Danemark, n° cxvi. Ce fut le 2 mars 1771 que fut envoyée à Dalembert l'épitre qui est à son adresse. B.

ÉPITRE CXVIII.

A L'IMPÉRATRICE DE RUSSIE, CATHERINE II.

1771.

Élève d'Apollon, de Thémis, et de Mars,
Qui sur ton trône auguste as placé les beaux-arts,
Qui penses en grand homme, et qui permets qu'on pense;

Toi qu'on voit triompher du tyran de Byzance,
Et des sots préjugés, tyrans plus odieux,
Prête à ma faible voix des sons mélodieux;
A mon feu qui s'éteint rends sa clarté première :
C'est du Nord aujourd'hui que nous vient la lumière[1].

   On m'a trop accusé d'aimer peu Moustapha,
Ses vizirs, ses divans, son mufti, ses fetfa.
Fetfa! ce mot arabe est bien dur à l'oreille;
On ne le trouve point chez Racine et Corneille :
Du dieu de l'harmonie il fait frémir l'archet.
On l'exprime en français par *lettres de cachet*.

   Oui, je les hais, madame, il faut que je l'avoue.
Je ne veux point qu'un Turc à son plaisir se joue
Des droits de la nature et des jours des humains;
Qu'un bacha dans mon sang trempe à son gré ses mains;
Que, prenant pour sa loi sa pure fantaisie,
Le vizir au bacha puisse arracher la vie,
Et qu'un heureux sultan, dans le sein du loisir,
Ait le droit de serrer le cou de son vizir.
Ce code en mon esprit fait naître des scrupules.
Je ne saurais souffrir les affronts ridicules
Que d'un faquin châtré[a] les grossières hauteurs

---

[a] Le chiaoux-bacha, qui est d'ordinaire un eunuque blanc, veut toujours prendre la main sur l'ambassadeur, quand il vient le complimenter. Quand le grand-eunuque noir marche, il faut, si un ambassadeur se trouve sur son passage, qu'il s'arrête jusqu'à ce que tout le cortége de l'eunuque soit passé. Il en est à plus forte raison de même avec le grand-vizir, les deux cadileskers, et le mufti; mais l'excès de l'insolence barbare est de faire enfermer au château des Sept-Tours les ambassadeurs des puissances auxquelles ils veulent faire la guerre. Le sultan Moustapha, avant de déclarer la guerre à la Russie, a commencé par mettre en prison le président Obreskow, au mépris du droit des gens (1771).
— Voyez la note, tome XLVI, page 607. B.

Font subir gravement à nos ambassadeurs.
Tu venges l'univers en vengeant la Russie.
Je suis homme, je pense; et je te remercie.

Puissent les dieux surtout, si ces dieux éternels
Entrent dans les débats des malheureux mortels,
Puissent ces purs esprits émanés du grand Être,
Ces moteurs des destins, ces confidents du maître,
Que jadis dans la Grèce imagina Platon,
Conduire tes guerriers aux champs de Marathon*,

---

* On connaît assez les batailles de Marathon, de Platée, et de Salamine. La victoire de Marathon fut remportée par Miltiade et neuf autres chefs ses collègues, qui n'avaient que dix mille Athéniens contre cent mille hommes de pied et dix mille cavaliers, commandés par les généraux du roi de Perse, Darius. Cet événement ressemble à la bataille de Poitiers; mais ce qui rend la victoire des Grecs plus étonnante, c'est qu'ils n'étaient point retranchés comme les Anglais l'étaient auprès de Poitiers, et qu'ils attaquèrent les ennemis. Au reste, il n'est pas bien sûr que les Perses fussent au nombre de cent dix mille; il faut toujours rabattre de ces exagérations.

La bataille de Salamine est un combat naval dans lequel Thémistocle défit la flotte de Xerxès, après que ce monarque eut réduit en cendres la ville d'Athènes. Cette journée est encore plus surprenante; les Athéniens, avant cette guerre, n'avaient jamais combattu en mer.

C'est à peu près ainsi que la petite flotte de l'impératrice Catherine II, sous le commandement du comte Alexis Orlof, a détruit entièrement la flotte ottomane, le 6 juin 1770. Le nom d'Orlof n'est pas si harmonieux que celui de Miltiade, mais doit aller de même à la postérité.

La journée de Platée est semblable à celle de Marathon. Aristide et Pausanias, avec environ soixante mille Grecs, défirent entièrement une armée de cinq cent mille Perses, selon Diodore de Sicile : supposé qu'une armée de cinq cent mille hommes ait pu se mettre en ordre de bataille dans les défilés dont la Grèce est coupée. Mardonius, chef de l'armée persane, y fut tué; supposé qu'un Perse se soit jamais appelé Mardonius, ce qui est aussi ridicule que si on l'avait appelé Villars ou Turenne.

Xerxès possédait les mêmes pays que Moustapha. Le comte de Romanzow a battu le grand-vizir turc, comme Pausanias et Aristide battirent celui de Xerxès; mais il n'a pas eu affaire à cinq cent mille Turcs : nous sommes plus modestes aujourd'hui (1771).

Aux remparts de Platée, aux murs de Salamine!
Que, sortant des débris qui couvrent sa ruine,
Athènes ressuscite à ta puissante voix.
    Rends-lui son nom, ses dieux, ses talents, et ses lois.
Les descendants d'Hercule et la race d'Homère,
Sans cœur et sans esprit couchés dans la poussière,
A leurs divins aïeux craignant de ressembler,
Sont des fripons rampants[a] qu'un aga fait trembler.
Ainsi, dans la cité d'Horace et de Scévole,
On voit des récollets aux murs du Capitole;
Ainsi, cette Circé, qui savait dans son temps
Disposer de la lune et des quatre éléments,
Gourmandant la nature au gré de son caprice,
Changeait en chiens barbets les compagnons d'Ulysse.
Tu changeras les Grecs en guerriers généreux;
Ton esprit à la fin se répandra sur eux.
Ce n'est point le climat qui fait ce que nous sommes.
    Pierre était créateur, il a formé des hommes.
Tu formes des héros... Ce sont les souverains
Qui font le caractère et les mœurs des humains.
Un grand homme du temps a dit dans un beau livre:
« Quand Auguste buvait, la Pologne était ivre[b]. »
Ce grand homme a raison : les exemples d'un roi
Feraient oublier Dieu, la nature, et la loi.

---

[a] Ceci ne doit pas s'entendre de tous les Grecs, mais de ceux qui n'ont pas secondé les Russes comme ils devaient (1771).

[b] Ce vers cité est du roi de Prusse : il est dans une épitre à son frère.

Lorsque Auguste buvait, la Pologne était ivre;
Lorsque le grand Louis brûlait d'un tendre amour,
Paris devint Cythère, et tout suivit la cour :
Quand il se fit dévot, ardent à la prière,
Le lâche courtisan marmotta son bréviaire (1771).

Si le prince est un sot, le peuple est sans génie.
Qu'un vieux sultan s'endorme avec ignominie
Dans les bras de l'orgueil et d'un repos fatal,
Ses bachas assoupis le serviront fort mal.
Mais Catherine veille au milieu des conquêtes ;
Tous ses jours sont marqués de combats et de fêtes :
Elle donne le bal, elle dicte des lois,
De ses braves soldats dirige les exploits,
Par les mains des beaux-arts enrichit son empire,
Travaille jour et nuit, et daigne encor m'écrire ;
Tandis que Moustapha, caché dans son palais,
Bâille, n'a rien à faire, et ne m'écrit jamais.
Si quelque chiaoux lui dit que sa hautesse
A perdu cent vaisseaux dans les mers de la Grèce,
Que son vizir battu s'enfuit très à propos,
Qu'on lui prend la Dacie, et Nimphée, et Colchos,
Colchos, où Mithridate expira sous Pompée[a] ;
De tous ces vains propos son ame est peu frappée ;
Jamais de Mithridate il n'entendit parler.
Il prend sa pipe, il fume ; et, pour se consoler,
Il va dans son harem, où languit sa maîtresse,
Fatiguer ses appas de sa molle faiblesse.
Son vieil eunuque noir, témoin de son transport,
Lui dit qu'il est Hercule ; il le croit, et s'endort.
O sagesse des dieux ! je te crois très profonde :
Mais à quels plats tyrans as-tu livré le monde !
Achève, Catherine, et rends tes ennemis,
Le grand-turc, et les sots, éclairés et soumis.

---

[a] Pompée défit Mithridate sur la route de l'Ibérie à la Colchide ; mais Mithridate se donna la mort à Panticapée (1771).

NOTE DE L'ÉPITRE CXVIII.

[1] Voltaire écrivait à l'impératrice, le 27 février 1767 : *Un temps viendra... où toute la lumière nous viendra du Nord;* voyez tome LXIV, page 70. B.

ÉPITRE CXIX.

AU ROI DE SUÈDE, GUSTAVE III.

1771.

Gustave, jeune roi, digne de ton grand nom,
Je n'ai donc pu goûter le plaisir et la gloire
De voir dans mes déserts, en mon humble maison,
Le fils de ce héros que célébra l'histoire !
J'aurais cru ressembler à ce vieux Philémon,
Qui recevait les dieux dans son pauvre ermitage.
Je les aurais connus à leur noble langage,
A leurs mœurs, à leurs traits, surtout à leur bonté[a] ;
Ils n'auraient point rougi de ma simplicité ;
Et Gustave surtout, pour le prix de mon zèle,
N'aurait jamais changé mon logis en chapelle.
Je serais peu content que le pouvoir divin
En un dortoir béni transformât mon jardin,
De ma salle à manger fît une sacristie :
La grand'messe pour moi n'a que peu d'harmonie ;
En vain mes chers vassaux me croiraient honoré

---

[a] Le prince son frère était avec lui (1771).

Si le seigneur du lieu devenait leur curé.
J'ai le cœur très profane, et je sais me connaître;
Je ne me flatte pas de me voir jamais prêtre;
Si Philémon le fut pour un mauvais souper,
L'éclat de ce haut rang ne saurait me frapper.
 Le grand roi des Bretons, qu'à Saint-Pierre on condamne
Est le premier prélat de l'église anglicane.
Sur les bords du Volga Catherine tient lieu
D'un grave patriarche, ou, si l'on veut, de Dieu.
De cette ambition je n'ai point l'ame éprise,
Et je suis tout au plus serviteur de l'Église.
J'aurais mis mon bonheur à te faire ma cour,
A contempler de près tout l'esprit de ta mère,
Qui forma tes beaux ans dans le grand art de plaire,
A revoir Sans-Souci, ce fortuné séjour
Où règnent la Victoire et la Philosophie,
Où l'on voit le Pouvoir avec la Modestie.
Jeune héros du Nord, entouré de héros,
A ces nobles plaisirs je ne puis plus prétendre;
Il ne m'est pas permis de te voir, de t'entendre.
Je reste en ma chaumière, attendant qu'Atropos
Tranche le fil usé de ma vie inutile;
Et je crie aux Destins, du fond de mon asile :
« Destins, qui faites tout, et qui trompez nos vœux,
« Ne trompez pas les miens, rendez Gustave heureux. »

ÉPITRE CXX.

BENALDAKI A CARAMOUFTÉE,

FEMME DE GIAFAR LE BARMÉCIDE[1].

1771.

De Barmécide épouse généreuse,
Toujours aimable, et toujours vertueuse,
Quand vous sortez des rêves de Bagdat,
Quand vous quittez leur faux et triste éclat,
Et que, tranquille aux champs de la Syrie,
Vous retrouvez votre belle patrie;
Quand tous les cœurs en ces climats heureux
Sont sur la route et vous suivent tous deux,
Votre départ est un triomphe auguste;
Chacun bénit Barmécide le juste,
Et la retraite est pour vous une cour.
Nul intérêt; vous régnez par l'amour:
Un tel empire est le seul qui vous flatte.
   Je vis hier, sur les bords de l'Euphrate,
Gens de tout âge et de tous les pays;
Je leur disais: « Qui vous a réunis?
— C'est Barmécide. — Et toi, quel dieu propice
T'a relevé du fond du précipice?
— C'est Barmécide. — Et qui t'a décoré
De ce cordon dont je te vois paré?
Toi, mon ami, de qui tiens-tu ta place,

Ta pension? Qui t'a fait cette grace?
—C'est Barmécide. Il répandait le bien
De son calife, et prodiguait le sien. »
Et les enfants répétaient: « Barmécide! »
Ce nom sacré sur nos lèvres réside
Comme en nos cœurs. Le calife à ce bruit,
Qui redoublait encor pendant la nuit,
Nous défendit de crier davantage.
Chacun se tut, ainsi qu'il est d'usage;
Mais les échos répétaient mille fois:
« C'est Barmécide! » et leur bruyante voix
Du doux sommeil priva, pour son dommage,
Le commandeur des croyants de notre âge.
Au point du jour, alors qu'il s'endormit,
Tout en rêvant, le calife redit :
« C'est Barmécide! » et bientôt sa sagesse
A rappelé sa première tendresse.

NOTE DE L'ÉPITRE CXX.

1 Cette épitre a été écrite à madame la duchesse de Choiseul, à l'occasion de la disgrace de son mari. K. — Voltaire envoya cette épitre à madame du Deffand le 19 janvier 1771; mais elle ne fut pas imprimée sur-le-champ. B.

ÉPITRE CXXI.

A HORACE[1].

1772.

Toujours ami des vers, et du diable poussé,
Au rigoureux Boileau j'écrivis l'an passé.
Je ne sais si ma lettre aurait pu lui déplaire ;
Mais il me répondit par un plat secrétaire[2],
Dont l'écrit froid et long, déjà mis en oubli,
Ne fut jamais connu que de l'abbé Mably[3].

Je t'écris aujourd'hui, voluptueux Horace,
A toi qui respiras la mollesse et la grace,
Qui, facile en tes vers, et gai dans tes discours,
Chantas les doux loisirs, les vins, et les amours,
Et qui connus si bien cette sagesse aimable
Que n'eut point de Quinault le rival intraitable.

Je suis un peu fâché pour Virgile et pour toi,
Que tous deux nés Romains vous flattiez tant un roi.
Mon Frédéric du moins, né roi très légitime,
Ne doit point ses grandeurs aux bassesses du crime.
Ton maître était un fourbe, un tranquille assassin ;
Pour voler son tuteur, il lui perça le sein ;
Il trahit Cicéron, père de la patrie ;
Amant incestueux de sa fille Julie,
De son rival Ovide il proscrivit les vers,
Et fit transir sa muse au milieu des déserts.
Je sais que prudemment ce politique Octave

Payait l'heureux encens d'un plus adroit esclave.
Frédéric exigeait des soins moins complaisants :
Nous soupions avec lui sans lui donner d'encens;
De son goût délicat la finesse agréable
Fesait, sans nous gêner, les honneurs de sa table :
Nul roi ne fut jamais plus fertile en bons mots
Contre les préjugés, les fripons, et les sots.
Maupertuis gâta tout : l'orgueil philosophique
Aigrit de nos beaux jours la douceur pacifique.
Le Plaisir s'envola ; je partis avec lui.

Je cherchai la retraite. On disait que l'Ennui
De ce repos trompeur est l'insipide frère.
Oui, la retraite pèse à qui ne sait rien faire ;
Mais l'esprit qui s'occupe y goûte un vrai bonheur.
Tibur était pour toi la cour de l'empereur ;
Tibur, dont tu nous fais l'agréable peinture,
Surpassa les jardins vantés par Épicure.
Je crois Ferney plus beau. Les regards étonnés,
Sur cent vallons fleuris doucement promenés,
De la mer de Genève admirent l'étendue ;
Et les Alpes de loin, s'élevant dans la nue,
D'un long amphithéâtre enferment ces coteaux
Où le pampre en festons rit parmi les ormeaux.
Là quatre états divers arrêtent ma pensée :
Je vois de ma terrasse, à l'équerre tracée,
L'indigent Savoyard, utile en ses travaux,
Qui vient couper mes blés pour payer ses impôts ;
Des riches Genevois les campagnes brillantes ;
Des Bernois valeureux les cités florissantes ;
Enfin cette Comté, franche aujourd'hui de nom,
Qu'avec l'or de Louis conquit le grand Bourbon :

Et du bord de mon lac à tes rives du Tibre,
Je te dis, mais tout bas: Heureux un peuple libre!
Je le suis en secret dans mon obscurité;
Ma retraite et mon âge ont fait ma sûreté.
D'un pédant d'Anneci j'ai confondu la rage [4];
J'ai ri de sa sottise : et quand mon ermitage
Voyait dans son enceinte arriver à grands flots
De cent divers pays les belles, les héros,
Des rimeurs, des savants, des têtes couronnées,
Je laissais du vilain les fureurs acharnées
Hurler d'une voix rauque au bruit de mes plaisirs.
Mes sages voluptés n'ont point de repentirs.
J'ai fait un peu de bien; c'est mon meilleur ouvrage.
Mon séjour est charmant, mais il était sauvage;
Depuis le grand édit [a], inculte, inhabité,
Ignoré des humains, dans sa triste beauté;
La nature y mourait : je lui portai la vie;
J'osai ranimer tout. Ma pénible industrie
Rassembla des colons par la misère épars;
J'appelai les métiers, qui précèdent les arts;
Et, pour mieux cimenter mon utile entreprise,
J'unis le protestant avec ma sainte Église.
Toi qui vois d'un même œil frère Ignace et Calvin,
Dieu tolérant, Dieu bon, tu bénis mon dessein!

[a] A la révocation de l'édit de Nantes, tous les principaux habitants du petit pays de Gex passèrent à Genève et dans les terres helvétiques. Cette langue de terre, qui est dans la plus belle situation de l'Europe, fut déserte; elle se couvrit de marais; il y eut quatre-vingts charrues de moins; plus d'un village fut réduit à une ou deux maisons; tandis que Genève par sa seule industrie, et presque sans territoire, a su acquérir plus de quatre millions de rentes en contrats sur la France, sans compter ses manufactures et son commerce (1773).

André Ganganelli, ton sage et doux vicaire,
Sait m'approuver en roi, s'il me blâme en saint-père.
L'ignorance en frémit, et Nonotte hébété
S'indigne en son taudis de ma félicité.
　Ne me demande pas ce que c'est qu'un Nonotte,
Un Ignace, un Calvin, leur cabale bigote,
Un prêtre, roi de Rome, un pape, un vice-dieu,
Qui, deux clefs à la main, commande au même lieu
Où tu vis le sénat aux genoux de Pompée,
Et la terre en tremblant par César usurpée.
Aux champs élysiens tu dois en être instruit.
Vingt siècles descendus dans l'éternelle nuit
T'ont dit comme tout change, et par quel sort bizarre
Le laurier des Trajans fit place à la tiare;
Comment ce fou d'Ignace, étrillé dans Paris,
Fut mis au rang des saints, même des beaux-esprits;
Comment il en déchut, et par quelle aventure
Nous vint l'abbé Nonotte après l'abbé de Pure.
Ce monde, tu le sais, est un mouvant tableau
Tantôt gai, tantôt triste, éternel, et nouveau.
L'empire des Romains finit par Augustule;
Aux horreurs de la fronde a succédé la bulle :
Tout passe, tout périt, hors ta gloire et ton nom.
C'est là le sort heureux des vrais fils d'Apollon :
Tes vers en tout pays sont cités d'âge en âge.
　Hélas! je n'aurai point un pareil avantage.
Notre langue un peu sèche, et sans inversions,
Peut-elle subjuguer les autres nations?
Nous avons la clarté, l'agrément, la justesse;
Mais égalerons-nous l'Italie et la Grèce?
Est-ce assez en effet d'une heureuse clarté,

Et ne péchons-nous pas par l'uniformité ?
Sur vingt tons différents tu sus monter ta lyre :
J'entends ta Lalagé, je vois son doux sourire ;
Je n'ose te parler de ton Ligurinus,
Mais j'aime ton Mécène, et ris de Catius.
  Je vois de tes rivaux l'importune phalange :
Sous tes traits redoublés enterrés dans la fange,
Que pouvaient contre toi ces serpents ténébreux ?
Mécène et Pollion te défendaient contre eux.
Il n'en est pas ainsi chez nos Welches modernes.
  Un vil tas de grimauds, de rimeurs subalternes,
A la cour quelquefois a trouvé des prôneurs ;
Ils font dans l'antichambre entendre leurs clameurs.
Souvent, en balayant dans une sacristie,
Ils traitent un grand roi d'hérétique et d'impie[a].
L'un dit que mes écrits, à Cramer bien vendus,
Ont fait dans mon épargne entrer cent mille écus ;
L'autre, que j'ai traité la *Genèse* de fable,
Que je n'aime point Dieu, mais que je crains le diable.
Soudain Fréron l'imprime ; et l'avocat Marchand[b]
Prétend que je suis mort, et fait mon testament.
Un autre moins plaisant, mais plus hardi faussaire,
Avec deux faux témoins s'en va chez un notaire,
Au mépris de la langue, au mépris de la hart,

---

  [a] Parmi les calomnies dont on a régalé l'auteur, selon l'usage établi, on a imprimé dans vingt libelles qu'il avait gagné quatre ou cinq cent mille francs à vendre ses ouvrages. C'est beaucoup ; mais aussi d'autres écrivains ont assuré qu'après sa mort ses écrits n'auraient plus de débit, et cela les console (1773).

  [b] Marchand, avocat de Paris, s'est amusé à faire le prétendu testament de l'auteur, et plusieurs personnes y ont été trompées (1773).

  — Voyez ma note, tome XXXI, page 401. B.

Rédiger mon symbole en patois savoyard[a].

Ainsi lorsqu'un pauvre homme, au fond de sa chaumière,
En dépit de Tissot[b] finissait sa carrière,
On vit avec surprise une troupe de rats
Pour lui ronger les pieds se glisser dans ses draps.

Chassons loin de chez moi tous ces rats du Parnasse;
Jouissons, écrivons, vivons, mon cher Horace.
J'ai déjà passé l'âge où ton grand protecteur,
Ayant joué son rôle en excellent acteur,
Et sentant que la mort assiégeait sa vieillesse,
Voulut qu'on l'applaudît lorsqu'il finit sa pièce.
J'ai vécu plus que toi; mes vers dureront moins.
Mais au bord du tombeau je mettrai tous mes soins
A suivre les leçons de ta philosophie,
A mépriser la mort en savourant la vie,
A lire tes écrits pleins de grace et de sens,
Comme on boit d'un vin vieux qui rajeunit les sens.

Avec toi l'on apprend à souffrir l'indigence,
A jouir sagement d'une honnête opulence,
A vivre avec soi-même, à servir ses amis,
A se moquer un peu de ses sots ennemis,
A sortir d'une vie ou triste ou fortunée,
En rendant grace aux dieux de nous l'avoir donnée.
Aussi lorsque mon pouls, inégal et pressé,
Fesait peur à Tronchin, près de mon lit placé;

---

[a] Il y eut en effet, le 15 avril 1768, une déclaration faite par-devant notaire, d'une prétendue profession de foi que des polissons inconnus disaient avoir entendu prononcer. Les faussaires qui rédigèrent cette pièce, écrite d'un style ridicule, ne poussèrent pas leur insolence jusqu'à prétendre qu'elle fut signée par l'auteur (1773). — Voyez la vie de M. de Voltaire. K. — Voyez aussi la lettre à Dalembert, du 24 mai 1769. B.

[b] Célèbre médecin de Lausanne, capitale du pays roman (1773).

Quand la vieille Atropos, aux humains si sévère,
Approchait ses ciseaux de ma trame légère,
Il a vu de quel air je prenais mon congé ;
Il sait si mon esprit, mon cœur était changé.
Huber[a] me fesait rire avec ses pasquinades,
Et j'entrais dans la tombe au son de ses aubades.

Tu dus finir ainsi. Tes maximes, tes vers,
Ton esprit juste et vrai, ton mépris des enfers[b],
Tout m'assure qu'Horace est mort en honnête homme.
Le moindre citoyen mourait ainsi dans Rome.
Là, jamais on ne vit monsieur l'abbé Grisel
Ennuyer un malade au nom de l'Éternel ;
Et, fatiguant en vain ses oreilles lassées,
Troubler d'un sot effroi ses dernières pensées.

Voulant réformer tout, nous avons tout perdu.
Quoi donc! un vil mortel, un ignorant tondu,
Au chevet de mon lit viendra, sans me connaître,
Gourmander ma faiblesse, et me parler en maître !
Ne suis-je pas en droit de rabaisser son ton,
En lui fesant moi-même un plus sage sermon ?
A qui se porte bien qu'on prêche la morale :
Mais il est ridicule en notre heure fatale
D'ordonner l'abstinence à qui ne peut manger.
Un mort dans son tombeau ne peut se corriger.
Profitons bien du temps ; ce sont là tes maximes.

[a] Neveu de la célèbre mademoiselle Huber, auteur de *la Religion essentielle à l'homme*, livre très profond. M. Huber avait le talent de faire des portraits en caricature, et même de les faire en papier avec des ciseaux (1771).

[b] On devait sans doute mépriser les enfers des païens, qui n'étaient que des fables ridicules ; mais l'auteur ne méprise pas les enfers des chrétiens, qui sont la vérité même constatée par l'Église (1771).

Cher Horace, plains-moi de les tracer en rimes;
La rime est nécessaire à nos jargons nouveaux,
Enfants demi-polis des Normands et des Goths.
Elle flatte l'oreille; et souvent la césure
Plaît, je ne sais comment, en rompant la mesure.
Des beaux vers pleins de sens le lecteur est charmé.
Corneille, Despréaux, et Racine, ont rimé.
Mais j'apprends qu'aujourd'hui Melpomène propose
D'abaisser son cothurne, et de parler en prose.

NOTES DE L'ÉPITRE CXXI.

1 On a donné à cette épitre la date de 1771. Voltaire était occupé à la composer en auguste 1772; voyez la lettre à Chabanon, du 30 auguste 1772. Il dut la finir en septembre.

La Harpe a fait une réponse à cette épitre: elle est intitulée *Horace à Voltaire;* imprimée d'abord séparément, puis réimprimée avec l'*Épître à Horace,* et comprise dans le tome XIV des *Nouveaux mélanges* (par Voltaire), elle fait partie des OEuvres de La Harpe. B.

2 Ces mots *plat secrétaire* désignent Clément de Dijon, et font allusion à son épitre de *Boileau à Voltaire.* Voyez la note 1 sur l'épitre cx, *à Boileau*, page 263. B.

3 M. l'abbé de Mably, frère de l'abbé de Condillac. Il avait donné d'excellentes *Observations sur l'Histoire de France*, et un grand nombre d'autres ouvrages qui respirent l'amour de la vertu. On peut lui reprocher d'avoir quelquefois montré de l'humeur contre M. de Voltaire et d'autres hommes de lettres qui devaient lui être chers, puisqu'ils avaient le même but que lui, et défendaient la même cause. Sa conduite a toujours été digne de ses ouvrages; et la protection passagère qu'il eut la faiblesse d'accorder à l'écolier de Dijon n'a été qu'une erreur d'un moment. K.

4 Voyez la note de l'épitre cxii à M. de Saint-Lambert. K.

ÉPITRE CXXII.

AU ROI DE SUÈDE, GUSTAVE III.

1772.

Jeune et digne héritier du grand nom de Gustave,
Sauveur d'un peuple libre, et roi d'un peuple brave,
Tu viens d'exécuter tout ce qu'on a prévu :
Gustave a triomphé sitôt qu'il a paru.
On t'admire aujourd'hui, cher prince, autant qu'on t'aime.
Tu viens de ressaisir les droits du diadême [1].
Et quels sont en effet ses véritables droits ?
De faire des heureux en protégeant les lois ;
De rendre à son pays cette gloire passée
Que la Discorde obscure a long-temps éclipsée ;
De ne plus distinguer ni bonnets ni chapeaux,
Dans un trouble éternel infortunés rivaux ;
De couvrir de lauriers ces têtes égarées
Qu'à leurs dissensions la haine avait livrées,
Et de les réunir sous un roi généreux :
Un état divisé fut toujours malheureux.
De sa liberté vaine il vante le prestige ;
Dans son illusion sa misère l'afflige :
Sans force, sans projets pour la gloire entrepris,
De l'Europe étonnée il devient le mépris.
Qu'un roi ferme et prudent prenne en ses mains les rênes,
Le peuple avec plaisir reçoit ses douces chaînes ;

Tout change, tout renaît, tout s'anime à sa voix :
On marche alors sans crainte aux pénibles exploits.
On soutient les travaux, on prend un nouvel être,
Et les sujets enfin sont dignes de leur maître.

NOTE DE L'ÉPITRE CXXII.

1 La question ne se réduit pas à savoir si le peuple suédois était réellement opprimé par le sénat : dans ce cas on peut, sans doute, excuser la révolution, mais elle n'en devient pas plus juste. L'abus qu'un autre fait d'un pouvoir même usurpé ne me donne pas le droit de m'en emparer. K.

— La révolution de Suède est du 19 auguste 1772. L'épitre au roi de Suède ne peut donc être au plus tôt que de septembre. B.

ÉPITRE CXXIII.

A M. MARMONTEL.

1773.

Mon très aimable successeur,
De la France historiographe,
Votre indigne prédécesseur
Attend de vous son épitaphe.
   Au bout de quatre-vingts hivers,
Dans mon obscurité profonde,
Enseveli dans mes déserts,
Je me tiens déjà mort au monde.

Mais sur le point d'être jeté
Au fond de la nuit éternelle,
Comme tant d'autres l'ont été,
Tout ce que je vois me rappelle
A ce monde que j'ai quitté.
 Si vers le soir un triste orage
Vient ternir l'éclat d'un beau jour,
Je me souviens qu'à votre cour
Le temps change encor davantage.
 Si mes paons de leur beau plumage
Me font admirer les couleurs,
Je crois voir nos jeunes seigneurs
Avec leur brillant étalage ;
Et mes coqs d'Inde sont l'image
De leurs pesants imitateurs.
 De vos courtisans hypocrites
Mes chats me rappellent les tours ;
Les renards, autres chattemittes,
Se glissant dans mes basses-cours,
Me font penser à des jésuites.
Puis-je voir mes troupeaux bêlants
Qu'un loup impunément dévore,
Sans songer à des conquérants
Qui sont beaucoup plus loups encore?
 Lorsque les chantres du printemps
Réjouissent de leurs accents
Mes jardins et mon toit rustique,
Lorsque mes sens en sont ravis,
On me soutient que leur musique
Cède aux bémols des Monsignys[1],
Qu'on chante à l'Opéra-comique.

Quel bruit chez le peuple helvétique!
Brionne [2] arrive; on est surpris,
On croit voir Pallas ou Cypris,
Ou la reine des immortelles :
Mais chacun m'apprend qu'à Paris
Il en est cent presque aussi belles.
 Je lis cet éloge éloquent
Que Thomas a fait savamment
Des dames de Rome et d'Athène [3].
On me dit : « Partez promptement;
Venez sur les bords de la Seine,
Et vous en direz tout autant,
Avec moins d'esprit et de peine. »
 Ainsi, du monde détrompé,
Tout m'en parle, tout m'y ramène;
Serais-je un esclave échappé
Que tient encore un bout de chaîne?
Non, je ne suis point faible assez
Pour regretter des jours stériles,
Perdus bien plutôt que passés
Parmi tant d'erreurs inutiles.
 Adieu, faites de jolis riens,
Vous encor dans l'âge de plaire,
Vous que les Amours et leur mère
Tiennent toujours dans leurs liens.
Nos solides historiens
Sont des auteurs bien respectables;
Mais à vos chers concitoyens
Que faut-il, mon ami? des fables.

NOTES DE L'ÉPITRE CXXIII.

¹ Pierre-Alexandre Monsigny, né en 1729, mort le 14 janvier 1817, a composé la musique d'un grand nombre d'opéra comiques. B.

² Voyez, tome LXI, page 461, un quatrain de Voltaire pour le buste de cette dame. B.

³ Thomas venait de publier son *Essai sur le caractère, les mœurs et l'esprit des femmes dans les différents siècles*, 1772, in-8°. B.

ÉPITRE CXXIV.

A M. GUYS¹.

1776.

Le bon vieillard très inutile
Que vous nommez Anacréon,
Mais qui n'eut jamais de Bathyle,
Et qui ne fit point de chanson,
Loin de Marseille et d'Hélicon
Achève sa pénible vie
Auprès d'un poêle et d'un glaçon,
Sur les montagnes d'Helvétie.
Il ne connaissait que le nom
De cette Grèce si polie.
La bigote Inquisition
S'opposait à sa passion
De faire un tour en Italie.
Il disait aux Treize-Cantons :
« Hélas ! il faut donc que je meure

Sans avoir connu la demeure
Des Virgiles et des Platons! »
Enfin il se croit au rivage
Consacré par ces demi-dieux :
Il les reconnaît beaucoup mieux
Que s'il avait fait le voyage,
Car il les a vus par vos yeux.

NOTE DE L'ÉPITRE CXXIV.

[1] Pierre-Augustin Guys, né à Marseille en 1721, mort à Zante en 1799, avait envoyé à Voltaire la seconde édition de son *Voyage littéraire de la Grèce*, 1776, deux volumes in-8°. B.

ÉPITRE CXXV.

A UN HOMME[1].

1776.

Philosophe indulgent, ministre citoyen,
Qui ne cherchas le vrai que pour faire le bien ;
Qui d'un peuple léger, et trop ingrat peut-être,
Préparais le bonheur et celui de son maître,
Ce qu'on nomme disgrace a payé tes bienfaits.
Le vrai prix du travail n'est que de vivre en paix.
Ainsi que Lamoignon[2], délivré des orages,
A toi-même rendu, tu n'instruis que les sages ;
Tu n'as plus à répondre aux discours de Paris.

Je crois voir à-la-fois Athène et Sybaris
Transportés dans les murs embellis par la Seine :
Un peuple aimable et vain, que son plaisir entraîne,
Impétueux, léger, et surtout inconstant,
Qui vole au moindre bruit, et qui tourne à tout vent,
Y juge les guerriers, les ministres, les princes,
Rit des calamités dont pleurent les provinces,
Clabaude le matin contre un édit du roi,
Le soir s'en va siffler quelque moderne, ou moi,
Et regrette à souper, dans ses turlupinades,
Les divertissements du jour des barricades.

Voilà donc ce Paris ! voilà ces connaisseurs
Dont on veut captiver les suffrages trompeurs !
Hélas ! au bord de l'Inde autrefois Alexandre
Disait, sur les débris de cent villes en cendre :
« Ah ! qu'il m'en a coûté quand j'étais si jaloux,
Railleurs athéniens, d'être loué par vous ! »

Ton esprit, je le sais, ta profonde sagesse,
Ta mâle probité n'a point cette faiblesse.
A d'éternels travaux tu t'étais dévoué
Pour servir ton pays, non pour être loué.
Caton, dans tous les temps gardant son caractère,
Mourut pour les Romains sans prétendre à leur plaire.
La sublime vertu n'a point de vanité.

C'est dans l'art dangereux par Phébus inventé,
Dans le grand art des vers et dans celui d'Orphée,
Que du desir de plaire une muse échauffée
Du vent de la louange excite son ardeur.
Le plus plat écrivain croit plaire à son lecteur.
L'amour-propre a dicté sermons et comédies.
L'éloquent Montazet[3], gourmandant les impies,

N'a point été fâché d'être applaudi par eux :
Nul mortel, en un mot, ne veut être ennuyeux.
Mais où sont les héros dignes de la mémoire,
Qui sachent mériter et mépriser la gloire?

NOTES DE L'ÉPITRE CXXV.

[1] M. Turgot. K. — Voyez tome XLVIII, page 118. B.

[2] M. de Malesherbes. K.

[3] L'archevêque de Lyon venait de publier une instruction pastorale contre l'incrédulité : les incrédules en dirent beaucoup de bien, parcequ'il n'y avait aucune de ces injures qu'un évêque qui a du goût ne doit jamais se permettre, et que d'ailleurs il n'y assurait pas que tout magistrat qui ne brûle pas les philosophes de leur vivant est éternellement brûlé après sa mort : ce que la Sorbonne et les évêques de séminaire ne manquent jamais de dire dans leurs libelles sacrés. K. — Voltaire n'a pas toujours parlé respectueusement de Montazet; voyez ma note, tome LVIII, page 566. B.

ÉPITRE CXXVI.

A MADAME NECKER.

1776.

J'étais nonchalamment tapi
Dans le creux de cette statue [1]
Contre laquelle a tant glapi
Des méchants l'énorme cohue;
Je voulais d'un écrit galant
Cajoler la belle héroïne

Qui me fit un si beau présent
Du haut de la double colline.
Mais on m'apprend que votre époux,
Qui sur la croupe du Parnasse
S'était mis à côté de vous,
A changé tout-à-coup de place;
Qu'il va de la cour de Phébus,
Petite cour assez brillante,
A la grosse cour de Plutus,
Plus solide et plus importante.
Je l'aimai lorsque dans Paris
De Colbert il prit la défense,
Et qu'au Louvre il obtint le prix
Que le goût donne à l'éloquence.
A monsieur Turgot j'applaudis,
Quoiqu'il parût d'un autre avis
Sur le commerce et la finance.
Il faut qu'entre les beaux-esprits
Il soit un peu de différence;
Qu'à son gré chaque mortel pense;
Qu'on soit honnêtement en France
Libre et sans fard dans ses écrits.
On peut tout dire, on peut tout croire:
Plus d'un chemin mène à la gloire,
Et quelquefois au paradis.

NOTE DE L'ÉPITRE CXXVI.

[1] Voyez, dans le volume précédent, page 549, les stances à madame Necker. B.

ÉPITRE CXXVII.

A M. LE MARQUIS DE VILLETTE[1].

1777.

Mon Dieu! que vos rimes en *ine*
M'ont fait passer de doux moments!
Je reconnais les agréments
Et la légèreté badine
De tous ces contes amusants.
Qui fesaient les doux passe-temps
De ma nièce et de ma voisine.
Je suis sorcier, car je devine
Ce que seront les jeunes gens;
Et je prévis bien dès ce temps[2]
Que votre muse libertine
Serait philosophe à trente ans :
Alcibiade en son printemps
Était Socrate à la sourdine.
  Plus je relis et j'examine
Vos vers sensés et très plaisants,
Plus j'y trouve un fond de doctrine[3]
Tout propre à messieurs les savants,
Non pas à messieurs les pédants
De qui la science chagrine
Est l'éteignoir des sentiments.
  Adieu, réunissez long-temps

La gaîté, la grace si fine
De vos folâtres enjouements,
Avec ces grands traits de bon sens
Dont la clarté nous illumine.
Je ne crains point qu'une coquine
Vous fasse oublier les absents:
C'est pourquoi je me détermine
A vous ennuyer de mes *ents*,
Entrelacés avec des *ine*.

NOTE ET VARIANTES DE L'ÉPITRE CXXVII.

[1] Voltaire ayant envoyé au marquis de Villette une montre à répétition à quantième, à secondes, et garnie de son portrait, Villette l'en avait remercié par une épître dont la première moitié est sur les rimes *ine* et *ents*. B.

[2] Var.   Je m'aperçus bien dès ce temps.

[3] Var.   Plus j'y vois un fond de doctrine.

ÉPITRE CXXVIII.

A M. LE MARQUIS DE VILLETTE,

SUR SON MARIAGE.

Traduction d'une épître de Properce à Tibulle, qui se mariait avec Délie [1].

Décembre 1777.

Fleuve heureux du Léthé, j'allais passer ton onde,
  Dont j'ai vu si souvent les bords:
Lassé de ma souffrance, et du jour, et du monde,

Je descendais en paix dans l'empire des morts,
    Lorsque Tibulle et Délie
    Avec l'Hymen et l'Amour
    Ont embelli mon séjour,
    Et m'ont fait aimer la vie.
Les glaces de mon cœur ont ressenti leurs feux ;
La Parque a renoué ma trame désunie ;
    Leur bonheur me rend heureux.

Enfin vous renoncez, mon aimable Tibulle,
A ce fracas de Rome, au luxe, aux vanités,
A tous ces faux plaisirs célébrés par Catulle ;
    Et vous osez dans ma cellule
    Goûter de pures voluptés !
    Des petits-maîtres emportés,
    Gens sans pudeur et sans scrupule,
    Dans leurs indécentes gaîtés
    Voudront tourner en ridicule
    La réforme où vous vous jetez.

Sans doute ils vous diront que Vénus la friponne,
La Vénus des soupers, la Vénus d'un moment,
    La Vénus qui n'aime personne,
Qui séduit tant de monde, et qui n'a point d'amant,
Vaut mieux que la Vénus et tendre et raisonnable,
Que tout homme de bien doit servir constamment.
    Ne croyez pas imprudemment
    Cette doctrine abominable.
Aimez toujours Délie : heureux entre ses bras,
    Osez chanter sur votre lyre

Ses vertus comme ses appas.
Du véritable amour établissez l'empire;
Les beaux-esprits romains ne le connaissent pas.

NOTE DE L'ÉPITRE CXXVIII.

1 Cette épitre est imprimée dans le *Journal de politique et de littérature* du 5 décembre 1771. C'est une supposition, de la donner comme une traduction de Properce. B.

ÉPITRE CXXIX.

A M. LE PRINCE DE LIGNE,

SUR LE FAUX BRUIT DE LA MORT DE L'AUTEUR,

ANNONCÉE DANS LA GAZETTE DE BRUXELLES, AU MOIS DE FÉVRIER 1778.

Prince, dont le charmant esprit
Avec tant de grace m'attire,
Si j'étais mort, comme on l'a dit,
N'auriez-vous pas eu le crédit
De m'arracher du sombre empire?
Car je sais très bien qu'il suffit
De quelques sons de votre lyre.
C'est ainsi qu'Orphée en usait
Dans l'antiquité révérée;
Et c'est une chose avérée
Que plus d'un mort ressuscitait.

Croyez que dans votre gazette,
Lorsqu'on parlait de mon trépas,
Ce n'était pas chose indiscrète;
Ces messieurs ne se trompaient pas.
En effet, qu'est-ce que la vie?
C'est un jour : tel est son destin.
Qu'importe qu'elle soit finie
Vers le soir ou vers le matin?

ÉPITRE CXXX.

A M. LE MARQUIS DE VILLETTE.

LES ADIEUX DU VIEILLARD.

A Paris, 1778.

Adieu, mon cher Tibulle, autrefois si volage,
 Mais toujours chéri d'Apollon,
Au Parnasse fêté comme aux bords du Lignon,
 Et dont l'amour a fait un sage.

Des champs élysiens, adieu, pompeux rivage,
De palais, de jardins, de prodiges bordé,
Qu'ont encore embelli, pour l'honneur de notre âge,
Les enfants d'Henri quatre, et ceux du grand Condé.
Combien vous m'enchantiez, Muses, Graces nouvelles,
 Dont les talents et les écrits
 Seraient de tous nos beaux-esprits
 Ou la censure ou les modèles!

Que Paris est changé! les Welches n'y sont plus;
Je n'entends plus siffler ces ténébreux reptiles,
Les Tartuffes affreux, les insolents Zoïles.
J'ai passé; de la terre ils étaient disparus [1].
Mes yeux, après trente ans, n'ont vu qu'un peuple aimable,
Instruit, mais indulgent, doux, vif, et sociable.
Il est né pour aimer: l'élite des Français
Est l'exemple du monde, et vaut tous les Anglais.
De la société les douceurs desirées
Dans vingt états puissants sont encore ignorées:
On les goûte à Paris; c'est le premier des arts:
Peuple heureux, il naquit, il règne en vos remparts.
Je m'arrache en pleurant à son charmant empire;
Je retourne à ces monts qui menacent les cieux,
A ces antres glacés où la nature expire:
Je vous regretterais à la table des dieux.

NOTE DE L'ÉPITRE CXXX.

[1] Voltaire avait d'abord mis ce vers dans son *Ode sur les malheurs du temps*, en 1713; voyez tome XII, pages 403 et 407. B.

FIN DES ÉPITRES.

TRADUCTIONS

ET

IMITATIONS

DE DIVERS AUTEURS ANCIENS ET MODERNES.

AVIS
DU NOUVEL ÉDITEUR.

Ces traductions et imitations sont toutes des doubles emplois, à l'exception du plus considérable, la traduction du commencement du XVI⁰ chant de l'*Iliade*, qui, depuis 1823 seulement, est dans les OEuvres de Voltaire. J'y joins aujourd'hui la traduction en prose du même morceau, qui est aussi de Voltaire.

J'ai ajouté aussi la VII⁰ des imitations de l'*Anthologie*, p. 347.

J'avais cru quelque temps Voltaire auteur du quatrain traduit de Baptiste le Mantouan, qui est tome XXXII, page 325. S'il avait été du philosophe de Ferney, les éditeurs de Kehl, qui le citent, n'auraient pas manqué de le dire. Ils l'attribuent à un poëte du dernier siècle, dont je n'ai pu trouver le nom.

Je ne pouvais comprendre parmi ces imitations et traductions en vers les morceaux mis en *vers blancs* par Voltaire, et qui sont t. XVI, p. 430; XXXIX, 550; VII, 491, 493, 495, 506-546.

BEUCHOT.

ANONYMES.

VERS
SUR LA DISGRACE DE GIAFAR LE BARMÉCIDE[1].
IMITÉS D'UN POETE ANGLAIS.

Mortel, faible mortel, à qui le sort prospère[2]
Fait goûter de ses dons les charmes dangereux,
Connais quelle est des rois la faveur passagère;
Contemple Barmécide, et tremble d'être heureux.

ÉGLOGUE ALLEMANDE[3].

HERNAND, DERNIN.

DERNIN.

Consolons-nous, Hernand : l'astre de la nature
Va de nos aquilons tempérer la froidure;
Le Zéphyr à nos champs promet quelques beaux jours :
Nous chanterons aussi nos vins et nos amours.
Nous n'égalerons pas la Grèce et l'Ausonie;
Nous sommes sans printemps, sans fleurs, et sans génie;

---

[1] Voyez ma note, tome XXXIX, page 567. B.
[2] Tome XV, page 335. B.
[3] Tome XXIX, page 58. B.

Nos voix n'ont jamais eu ces sons harmonieux
Qu'aux pasteurs de Sicile ont accordés les dieux.
Ne pouvons-nous jamais, en lisant leurs ouvrages,
Surmonter l'âpreté de nos climats sauvages,
Vers ces coteaux du Rhin que nos soins assidus
Ont forcés à s'orner des trésors de Bacchus?

Forçons le dieu des vers, exilé de la Grèce,
A venir de nos chants adoucir la rudesse:
Nous connaissons l'amour, nous connaissons les vers.
Orphée était de Thrace; il brava les hivers;
Il aimait, c'est assez: Vénus monta sa lyre.
Il polit son pays; il eut un doux empire
Sur des cœurs étonnés de céder à ses lois.

HERNAND.

On dit qu'il amollit les tigres de ses bois.
Humaniserons-nous les loups qui nous déchirent?

Depuis qu'aux étrangers les destins nous soumirent,
Depuis que l'esclavage affaissa nos esprits,
Nos chants furent changés en de lugubres cris.
D'un commis odieux l'insolence affamée
Vient ravir la moisson que nous avons semée,
Vient décimer nos fruits, notre lait, nos troupeaux;
C'est pour lui que ma main couronna ces coteaux
Des pampres consolants de l'amant d'Ariane.

Si nous osons nous plaindre, un traitant nous condamne.
Nous craignons de gémir, nous dévorons nos pleurs.
Ah! dans la pauvreté, dans l'excès des douleurs,
Le moyen d'imiter Théocrite et Virgile!
Il faut pour un cœur tendre un esprit plus tranquille.
Le rossignol tremblant dans son obscur séjour
N'élève pas sa voix sous le bec du vautour.

Fuyons, mon cher Dernin, ces malheureuses rives ;
Portons nos chalumeaux et nos lyres plaintives
Aux bords de l'Adigo, loin des yeux des tyrans.

VERS

IMITÉS D'UN AUTEUR ANGLAIS.

Un mélange secret de feu, de terre, et d'eau [1],
Fit le cœur de César et celui de Nassau.
D'un ressort inconnu le pouvoir invincible
Rendit Slone impudent et sa femme sensible.

ÉPIGRAMMES

IMITÉES DE L'ANTHOLOGIE GRECQUE [2].

I.

SUR LES SACRIFICES A HERCULE.

Un peu de miel, un peu de lait,
Rendent Mercure favorable :
Hercule est bien plus cher, il est bien moins traitable,
Sans deux agneaux par jour il n'est point satisfait.
On dit qu'à mes moutons ce dieu sera propice.
Qu'il soit béni ! mais, entre nous,
C'est un peu trop en sacrifice :
Qu'importe qui les mange, ou d'Hercule, ou des loups ?

---

[1] Tome XXVII, page 448. B.
[2] Tome XXIX, page 136. B.

II.

SUR LAÏS,
QUI REMIT SON MIROIR DANS LE TEMPLE DE VÉNUS.

Je le donne à Vénus, puisqu'elle est toujours belle ;
    Il redouble trop mes ennuis.
Je ne saurais me voir, dans ce miroir fidèle,
Ni telle que j'étais, ni telle que je suis.

III.

SUR UNE STATUE DE VÉNUS.

Oui, je me montrai toute nue
Au dieu Mars, au bel Adonis,
A Vulcain même, et j'en rougis :
Mais Praxitèle, où m'a-t-il vue ?

IV.

SUR UNE STATUE DE NIOBÉ.

Le fatal courroux des dieux
Changea cette femme en pierre ;
Le sculpteur a fait bien mieux,
Il a fait tout le contraire.

V.

SUR DES FLEURS.
A UNE FILLE GRECQUE QUI PASSAIT POUR ÊTRE FIÈRE.

Je sais bien que ces fleurs nouvelles
Sont loin d'égaler vos appas :

Ne vous enorgueillissez pas,
Le temps vous fanera comme elles.

VI.

SUR LÉANDRE,

QUI NAGEAIT VERS LA TOUR D'HÉRO PENDANT UNE TEMPÊTE.

(Épigramme imitée depuis par Martial.)

Léandre, conduit par l'amour,
En nageant disait aux orages:
« Laissez-moi gagner les rivages,
Ne me noyez qu'à mon retour. »

VII.

Des pigeons dans un casque ont logé leurs petits [1] :
Le dieu Mars et Vénus de tout temps sont amis.

ADDISON.

Oui, Platon, tu dis vrai : notre ame est immortelle [2] ;
C'est un Dieu qui lui parle, un Dieu qui vit en elle.
Et d'où viendrait sans lui ce grand pressentiment,
Ce dégoût des faux biens, cette horreur du néant?
Vers des siècles sans fin je sens que tu m'entraînes;
Du monde et de mes sens je vais briser les chaînes,

---

[1] Tome LX, page 588. B.
[2] Tome XXXVII, page 227; et XXVII, 80. B.

Et m'ouvrir, loin d'un corps dans la fange arrêté,
Les portes de la vie et de l'éternité.
L'éternité! quel mot consolant et terrible!
O lumière! ô nuage! ô profondeur horrible!
Que suis-je? où suis-je? où vais-je? et d'où suis-je tiré?
Dans quel climat nouveau, dans quel monde ignoré,
Le moment du trépas va-t-il plonger mon être?
Où sera cet esprit qui ne peut se connaître?
Que me préparez-vous, abîmes ténébreux?
Allons, s'il est un Dieu, Caton doit être heureux.
Il en est un sans doute, et je suis son ouvrage;
Lui-même au cœur du juste il empreint son image;
Il doit venger sa cause, et punir les pervers...
Mais comment? dans quel temps? et dans quel univers?
Ici la vertu pleure, et l'audace l'opprime;
L'innocence à genoux y tend la gorge au crime;
La fortune y domine, et tout y suit son char.
Ce globe infortuné fut formé pour César.
Hâtons-nous de sortir d'une prison funeste.
Je te verrai sans ombre, ô vérité céleste!
Tu te caches de nous dans nos jours de sommeil;
Cette vie est un songe, et la mort un réveil.

ARIOSTE.

Qui dans la glu du tendre Amour s'empêtre[1],
De s'en tirer n'est pas long-temps le maître;
On s'y démène, on y perd son bon sens :

[1] Tome XXIX, page 161. B.

Témoin Roland, et d'autres personnages,
Tous gens de bien, mais fort extravagants ;
Ils sont tous fous : ainsi l'ont dit les sages.

Cette folie a différents effets :
Ainsi qu'on voit dans de vastes forêts,
A droite, à gauche, errer à l'aventure
Des pélerins au gré de leur monture;
Leur grand plaisir est de se fourvoyer;
Et, pour leur bien, je voudrais les lier.

A ce propos quelqu'un me dira : « Frère,
C'est bien prêché; mais il fallait te taire.
Corrige-toi, sans sermonner les gens. »
Oui, mes amis, oui, je suis très coupable,
Et j'en conviens quand j'ai de bons moments :
Je prétends bien changer avec le temps;
Mais jusqu'ici le mal est incurable.

Oh! si quelqu'un voulait monter pour moi [2]
Au paradis! s'il y pouvait reprendre
Mon sens commun! s'il daignait me le rendre!
Belle Aglaé, je l'ai perdu pour toi;
Tu m'as rendu plus fou que Roland même :
C'est ton ouvrage; on est fou quand on aime.
Pour retrouver mon esprit égaré,
Il ne faut pas faire un si long voyage.

[1] Tome XXIX, page 159. B.

Tes yeux l'ont pris, il en est éclairé;
Il est errant sur ton charmant visage,
Sur ton beau sein, ce trône des amours;
Il m'abandonne : un seul regard peut-être,
Un seul baiser peut le rendre à son maître;
Mais sous tes lois il restera toujours.

SUR AUGUSTE.

Tyran de son pays, et scélérat habile[1],
Il mit Pérouse en cendre, et Rome dans les fers :
Mais il avait du goût; il se connut en vers :
Auguste au rang des dieux est placé par Virgile.

Rois, empereurs, et successeurs de Pierre[2],
Au nom de Dieu signent un beau traité;
Le lendemain ces gens se font la guerre.
Pourquoi cela? c'est que la piété,
La bonne foi, ne les tourmentent guère,
Et que, malgré saint Jacque et saint Matthieu,
Leur intérêt est leur unique dieu.

L'amitié sous le chaume habita quelquefois[3] :
On ne la trouve point dans les cours orageuses,

---

[1] Tome XXVII, page 204. B.
[2] Tome XXVIII, page 459. B.
[3] Tome XXIX, page 158. B.

Sous les lambris dorés des prélats et des rois,
Séjour des faux serments, des caresses trompeuses,
Des sourdes factions, des effrénés desirs;
Séjour où tout est faux, et même les plaisirs.

Les papes, les césars, apaisant leur querelle,
Jurent sur l'Évangile une paix fraternelle.
Vous les voyez demain l'un de l'autre ennemis;
C'était pour se tromper qu'ils s'étaient réunis :
Nul serment n'est gardé, nul accord n'est sincère;
Quand la bouche a parlé, le cœur dit le contraire.
Du ciel qu'ils attestaient ils bravent le courroux;
L'intérêt est le dieu qui les gouverne tous.

———

Entendez-vous leur armure guerrière[1]
Qui retentit des coups de cimeterre?
Moins violents, moins prompts, sont les marteaux
Qui vont frappant les célestes carreaux,
Quand, tout noirci de fumée et de poudre,
Au mont Etna Vulcain forge la foudre.
. . . .
. . . .
Concert horrible, exécrable harmonie
De cris aigus et de longs hurlements,
Du bruit des cors, des plaintes des mourants,
Et du fracas des maisons embrasées,
Que sous leurs toits la flamme a renversées!
Des instruments de ruine et de mort

[1] Tome XXIX, page 163. B.

Volant en foule et d'un commun effort,
Et la trompette, organe du carnage,
De plus d'horreur emplissent ce rivage
Que n'en ressent l'étonné voyageur
Alors qu'il voit tout le Nil en fureur,
Tombant des cieux qu'il touche et qu'il inonde,
Sur cent rochers précipiter son onde.
. . . .
. . . .
Alors, alors, cette ame si terrible,
Impitoyable, orgueilleuse, inflexible,
Fuit de son corps, et sort en blasphémant,
Superbe encore à son dernier moment,
Et défiant les éternels abîmes
Où s'engloutit la foule de ses crimes.

AUSONE[1].

Crispa pour ses amants ne fut jamais farouche;
Elle offre à leurs plaisirs et sa langue et sa bouche;
Tous ses trous en tout temps furent ouverts pour eux :
Célébrons, mes amis, des soins si généreux.

[1] Tome XXXI, page 4. B.

BUTLER[1].

Quand les profanes et les saints
Dans l'Angleterre étaient aux prises,
Qu'on se battait pour des églises
Aussi fort que pour des catins ;
Lorsque anglicans et puritains
Fesaient une si rude guerre,
Et qu'au sortir du cabaret
Les orateurs de Nazareth
Allaient battre la caisse en chaire ;
Que partout, sans savoir pourquoi,
Au nom du ciel, au nom du roi,
Les gens d'armes couvraient la terre ;
Alors monsieur le chevalier,
Long-temps oisif ainsi qu'Achille,
Tout rempli d'une sainte bile,
Suivi de son grand-écuyer,
S'échappa de son poulailler,
Avec son sabre et l'Évangile,
Et s'avisa de guerroyer.

Sire Hudibras, cet homme rare,
Était, dit-on, rempli d'honneur,
Avait de l'esprit et du cœur,
Mais il en était fort avare.
D'ailleurs, par un talent nouveau,

[1] Tome XXXVII, page 252. B.

Il était tout propre au barreau,
Ainsi qu'à la guerre cruelle;
Grand sur les bancs, grand sur la selle,
Dans les camps et dans un bureau;
Semblable à ces rats amphibies
Qui, paraissant avoir deux vies,
Sont rats de campagne et rats d'eau.
Mais malgré sa grande éloquence,
Et son mérite et sa prudence,
Il passa chez quelques savants
Pour être un de ces instruments
Dont les fripons avec adresse
Savent user sans dire mot,
Et qu'ils tournent avec souplesse :
Cet instrument s'appelle un *sot*.
Ce n'est pas qu'en théologie,
En logique, en astrologie,
Il ne fût un docteur subtil :
En quatre il séparait un fil,
Disputant sans jamais se rendre,
Changeant de thèse tout-à-coup,
Toujours prêt à parler beaucoup
Quand il fallait ne point s'entendre.

 D'Hudibras la religion
Était, tout comme sa raison,
Vide de sens et fort profonde;
Le puritanisme divin,
La meilleure secte du monde,
Et qui certes n'a rien d'humain;
La vraie Église militante,
Qui prêche un pistolet en main;

Pour mieux convertir son prochain,
A grands coups de sabre argumente;
Qui promet les célestes biens
Par le gibet et par la corde,
Et damne sans miséricorde
Les péchés des autres chrétiens,
Pour se mieux pardonner les siens;
Secte qui, toujours détruisante,
Se détruit elle-même enfin.
Tel Samson de sa main puissante
Brisa le temple philistin;
Mais il périt par sa vengeance,
Et lui-même il s'ensevelit,
Écrasé sous la chute immense
De ce temple qu'il démolit.
Au nez du chevalier antique
Deux grandes moustaches pendaient,
A qui les Parques attachaient
Le destin de la république.
Il les garde soigneusement;
Et si jamais on les arrache,
C'est la chute du parlement :
L'état entier en ce moment
Doit tomber avec sa moustache.
Ainsi Taliacotius,
Grand Esculape d'Étrurie,
Répara tous les nez perdus
Par une nouvelle industrie :
Il vous prenait adroitement
Un morceau du cul d'un pauvre homme,
L'appliquait au nez proprement;

Enfin il arrivait qu'en somme,
Tout juste à la mort du prêteur
Tombait le nez de l'emprunteur;
Et souvent dans la même bière,
Par justice et par bon accord,
On remettait au gré du mort
Le nez auprès de son derrière.
   Notre grand héros d'Albion,
Grimpé dessus sa haridelle,
Pour venger la religion
Avait à l'arçon de sa selle
Deux pistolets et du jambon;
Mais il n'avait qu'un éperon.
C'était de tout temps sa manière,
Sachant que si la talonnière
Pique une moitié du cheval,
L'autre moitié de l'animal
Ne resterait point en arrière.
Voilà donc Hudibras parti;
Que Dieu bénisse son voyage,
Ses arguments et son parti,
Sa barbe rousse et son courage!

C'est assez pour des vers méchants[1],
Qu'un pour la rime, un pour le sens.

[1] Tome XXXV, page 140. B.

CERTAIN.

Honneur de l'Italie, émule de la Grèce [1],
Vanini fait connaître et chérir la sagesse.

CICÉRON.

Tel on voit cet oiseau qui porte le tonnerre [2],
Blessé par un serpent élancé de la terre;
Il s'envole, il entraîne au séjour azuré
L'ennemi tortueux dont il est entouré;
Le sang tombe des airs. Il déchire, il dévore
Le reptile acharné qui le combat encore;
Il le perce, il le tient sous ses ongles vainqueurs;
Par cent coups redoublés il venge ses douleurs.
Le monstre, en expirant, se débat, se replie;
Il exhale en poisons les restes de sa vie;
Et l'aigle tout sanglant, fier et victorieux,
Le rejette en fureur, et plane au haut des cieux.

[1] Tome XLIII, page 485. — Grégoire Certain, médecin de la faculté de Paris, qui n'a place ni dans le *Dictionnaire* d'Éloy, ni dans l'*Index funereus* de Jean de Vaux, vivait au commencement du dix-septième siècle; en tête de l'ouvrage de Vanini, intitulé *De admirandis naturæ reginæ deæque mortalium arcanis*, Paris, 1616, in-8°, on trouve une pièce de vers latins par G. Certain, dans laquelle sont les deux vers traduits. B.

[2] Tome VI, page 298. B.

CLAUDIEN.

Je vois les noirs coursiers du fier dieu des enfers [1] ;
Ils ont percé la terre, ils font mugir les airs.
Voici ton lit fatal, ô triste Proserpine!
Tous mes sens ont frémi d'une fureur divine;
Le temple est ébranlé jusqu'en ses fondements;
L'enfer a répondu par ses mugissements;
Cérès a secoué ses torches menaçantes.
D'un nouveau jour qui luit les clartés renaissantes
Annoncent Proserpine à nos regards contents;
Triptolème la suit. Dragons obéissants,
Traînez sur l'horizon son char utile au monde;
Hécate, des enfers fuyez la nuit profonde;
Brillez, reine des temps; et toi, divin Bacchus,
Bienfaiteur adoré de cent peuples vaincus,
Que ton superbe thyrse amène l'allégresse.

DANTE.

Jadis on vit dans une paix profonde [2]
De deux soleils les flambeaux luire au monde,
Qui, sans se nuire, éclairant les humains,
Du vrai devoir enseignaient les chemins,

---

[1] Tome XXX, page 379. B.
[2] Tome XVI, page 424; XXXIX, 551. B.

Et nous montraient de l'aigle impériale
Et de l'agneau les droits et l'intervalle.
Ce temps n'est plus, et nos cieux ont changé.
L'un des soleils, de vapeur surchargé,
En s'échappant de sa sainte carrière,
Voulut de l'autre absorber la lumière.
La règle alors devint confusion,
Et l'humble agneau devint un fier lion,
Qui, tout brillant de la pourpre usurpée,
Voulut porter la houlette et l'épée.

Je m'appelais le comte de Guidon [1];
Je fus sur terre et soldat et poltron ;
Puis m'enrôlai sous saint François d'Assise,
Afin qu'un jour le bout de son cordon
Me donnât place en la céleste église ;
Et j'y serais, sans ce pape félon
Qui m'ordonna de servir sa feintise,
Et me rendit aux griffes du démon.
Voici le fait : Quand j'étais sur la terre,
Vers Rimini je fis long-temps la guerre,
Moins, je l'avoue, en héros qu'en fripon ;
L'art de fourber me fit un grand renom.
Mais quand mon chef eut porté poil grison,
Temps de retraite où convient la sagesse,
Le repentir vint ronger ma vieillesse,
Et j'eus recours à la confession.
O repentir tardif et peu durable !

[1] Tome XXVIII, page 291. B.

Le bon saint-père en ce temps guerroyait
Non le soudan, non le Turc intraitable,
Mais les chrétiens, qu'en vrai Turc il pillait.
Or, sans respect pour tiare et tonsure,
Pour saint François, son froc, et sa ceinture :
« Frère, dit-il, il me convient d'avoir
Incessamment Préneste en mon pouvoir.
Conseille-moi, cherche sous ton capuce
Quelque beau tour, quelque gentille astuce,
Pour ajouter en bref à mes états
Ce qui me tente, et ne m'appartient pas.
J'ai les deux clefs du ciel en ma puissance ;
De Célestin la dévote imprudence
S'en servit mal, et moi je sais ouvrir
Et refermer le ciel à mon plaisir :
Si tu me sers, ce ciel est ton partage. »
Je le servis, et trop bien, dont j'enrage ;
Il eut Préneste, et la Mort me saisit.
Lors devers moi saint François descendit,
Comptant au ciel amener ma bonne ame ;
Mais Belzébuth vint en poste, et lui dit :
« Monsieur d'Assise, arrêtez, je réclame
Ce conseiller du saint-père, il est mien ;
Bon saint François, que chacun ait le sien. »
Lors, tout penaud, le bon homme d'Assise
M'abandonnait au grand diable d'enfer.
Je lui criai : « Monsieur de Lucifer,
Je suis un saint, voyez ma robe grise ;
Je fus absous par le chef de l'Église. »
— « J'aurai toujours, répondit le démon,
Un grand respect pour l'absolution ;

On est lavé de ses vieilles sottises,
Pourvu qu'après autres ne soient commises.
J'ai fait souvent cette distinction
A tes pareils; et, grace à l'Italie,
Le diable sait de la théologie. »
Il dit, et rit. Je ne répliquai rien
A Belzébuth; il raisonnait trop bien.
Lors il m'empoigne; et, d'un bras roide et ferme,
Il appliqua sur mon triste épiderme
Vingt coups de fouet, dont bien fort il me cuit :
Que Dieu le rende à Boniface huit !

DRYDEN.

De desseins en regrets, et d'erreurs en desirs[1],
Les mortels insensés promènent leur folie.
Dans des malheurs présents, dans l'espoir des plaisirs,
Nous ne vivons jamais, nous attendons la vie.
Demain, demain, dit-on, va combler tous nos vœux :
Demain vient, et nous laisse encor plus malheureux.
Quelle est l'erreur, hélas ! du soin qui nous dévore !
Nul de nous ne voudrait recommencer son cours :
De nos premiers moments nous maudissons l'aurore,
Et de la nuit qui vient nous attendons encore
Ce qu'ont en vain promis les plus beaux de nos jours.

---

[1] Tome XXXVII, page 225. B.

LE ROI SÉBASTIEN[1] !
Ne me connais-tu pas, traître, insolent?

ALONZE.

Qui? moi!
Je te connais fort bien, mais non pas pour mon roi.
Tu n'es plus dans Lisbonne, où ta cour méprisable
Nourrissait de ton cœur l'orgueil insupportable.
Un tas d'illustres sots et de fripons titrés,
Et de gueux du bel air et d'esclaves dorés,
Chatouillaient ton oreille, et fascinaient ta vue;
On t'entourait en cercle ainsi qu'une statue.
Quand tu disais un mot, chacun, le cou tendu,
S'empressait d'applaudir sans t'avoir entendu;
Et ce troupeau servile admirait en silence
Ta royale sottise et ta noble arrogance:
Mais te voilà réduit à ta juste valeur.

Tel est chaque parti dans sa rage obstiné[2]:
Aujourd'hui condamnant, et demain condamné.

GARTH.

Muse, raconte-moi les débats salutaires[3]
Des médecins de Londre et des apothicaires.
Contre le genre humain si long-temps réunis,

[1] Tome XXXVII, page 226. B.
[2] Tome XXVII, page 379. B.
[3] Ibid., page 414. B.

Quel dieu pour nous sauver les rendit ennemis?
Comment laissèrent-ils respirer leurs malades,
Pour frapper à grands coups sur leurs chers camarades?
Comment changèrent-ils leur coiffure en armet,
La seringue en canon, la pilule en boulet?
Ils coururent la gloire : acharnés l'un sur l'autre,
Ils prodiguaient leur vie, et nous laissaient la nôtre.

GUARINI.

De cent baisers, dans votre ardente flamme [1],
Si vous pressez belle gorge et beau bras,
C'est vainement : ils ne les rendent pas.
Baisez la bouche, elle répond à l'ame;
L'ame se colle aux lèvres de rubis,
Aux dents d'ivoire, à la langue amoureuse.
Ame contre ame alors est fort heureuse;
Deux n'en font qu'un, et c'est un paradis.

Ramper avec bassesse en affectant l'audace [2],
S'engraisser de rapine en attestant les lois,
Étouffer en secret son ami qu'on embrasse :
Voilà l'honneur qui règne à la suite des rois.

[1] Tome XXVII, page 270. B.
[2] Tome XXX, page 256. B.

HARVEY.

Qu'ai-je donc vu dans l'Italie?
Orgueil, astuce, et pauvreté,
Grands compliments, peu de bonté,
Et beaucoup de cérémonie;
L'extravagante comédie
Que souvent l'Inquisition
Veut qu'on nomme religion,
Mais qu'ici nous nommons folie.
La nature, en vain bienfesante,
Veut enrichir ces lieux charmants;
Des prêtres la main désolante
Étouffe ses plus beaux présents.
Les monsignor, soi-disant grands,
Seuls dans leurs palais magnifiques,
Y sont d'illustres fainéants,
Sans argent et sans domestiques.
Pour les petits, sans liberté,
Martyrs du joug qui les domine,
Ils ont fait vœu de pauvreté,
Priant Dieu par oisiveté,
Et toujours jeûnant par famine.
Ces beaux lieux, du pape bénis,
Semblent habités par les diables,
Et les habitants misérables
Sont damnés dans le paradis.

³ Tome XXXVII, page 241. B.

HÉSIODE.

Prométhée autrefois pénétra dans les cieux [1];
Il prit le feu sacré qui n'appartient qu'aux dieux.
Il en fit part à l'homme, et la race mortelle
De l'esprit qui meut tout obtint quelque étincelle.
« Perfide ! s'écria Jupiter irrité,
Ils seront tous punis de ta témérité. »
Il appela Vulcain; Vulcain créa Pandore.

De toutes les beautés qu'en Vénus on adore
Il orna mollement ses membres délicats :
Les Amours, les Desirs, forment ses premiers pas;
Les trois Graces et Flore arrangent sa coiffure,
Et mieux qu'elles encore elle entend la parure.
Minerve lui donna l'art de persuader;
La superbe Junon, celui de commander.
Du dangereux Mercure elle apprit à séduire,
A trahir ses amants, à cabaler, à nuire;
Et par son écolière il se vit surpassé.

Ce chef-d'œuvre fatal aux mortels fut laissé;
De Dieu sur les humains tel fut l'arrêt suprême :
« Voilà votre supplice, et j'ordonne qu'on l'aime. »

Il envoie à Pandore un écrin précieux;
Sa forme et son éclat éblouissent les yeux.

[1] Tome XXIX, page 144. B.

Quels biens doit renfermer cette boîte si belle !
De la bonté des dieux c'est un gage fidèle ;
C'est là qu'est renfermé le sort du genre humain.
Nous serons tous des dieux... Elle l'ouvre ; et soudain
Tous les fléaux ensemble inondent la nature.
Hélas ! avant ce temps, dans une vie obscure
Les mortels moins instruits étaient moins malheureux ;
Le vice et la douleur n'osaient approcher d'eux ;
La pauvreté, les soins, la peur, la maladie,
Ne précipitaient point le terme de leur vie ;
Tous les jours étaient purs, et tous les cœurs sereins.

Dans les temps bienheureux de Saturne et de Rhée[1],
Le mal fut inconnu, la fatigue ignorée ;
Les dieux prodiguaient tout : les humains satisfaits,
Ne se disputant rien, forcés de vivre en paix,
N'avaient point corrompu leurs mœurs inaltérables.
La mort, l'affreuse mort, si terrible aux coupables,
N'était qu'un doux passage, en ce séjour mortel,
Des plaisirs de la terre aux délices du ciel.
Les hommes de ces temps sont nos heureux génies,
Nos démons fortunés, les soutiens de nos vies ;
Ils veillent près de nous ; ils voudraient de nos cœurs
Écarter, s'il se peut, le crime et les douleurs.

[1] Tome XXVI, page 383. B.

HOMÈRE.

FRAGMENT
DU NEUVIÈME CHANT DE L'ILIADE [1].

Les Prières, mon fils, devant vous éplorées,
Du souverain des dieux sont les filles sacrées ;
Humbles, le front baissé, les yeux baignés de pleurs,
Leur voix triste et plaintive exhale leurs douleurs.
On les voit, d'une marche incertaine et tremblante,
Suivre de loin l'Injure impie et menaçante ;
L'Injure au front superbe, au regard sans pitié,
Qui parcourt à grands pas l'univers effrayé.
Elles demandent grace ;... et, lorsqu'on les refuse,
C'est au trône des dieux que leur voix vous accuse ;
On les entend crier, en lui tendant les bras :
« Punissez le cruel qui ne pardonne pas ;
Livrez ce cœur farouche aux affronts de l'Injure ;
Rendez-lui tous les maux qu'il aime qu'on endure ;
Que le barbare apprenne à gémir comme nous ! »
Jupiter les exauce, et son juste courroux
S'appesantit bientôt sur l'homme impitoyable.

---

[1] Tome XXIX, page 150. R.

COMMENCEMENT

DU SEIZIÈME LIVRE DE L'ILIADE [1].

TRADUCTION LITTÉRALE

DE LA RAPSODIE [a] DE L'ILIADE, INTITULÉE :
PATROCLÉE.

C'est ainsi qu'ils combattaient autour des vaisseaux garnis de bancs de rameurs. Mais Patrocle était au-

[1] Il parut, après la mort de Voltaire, une brochure intitulée *Commencement du seizième chant de l'Iliade, sujet proposé par l'académie française pour le prix de poésie de l'année 1778, traduit par M. le marquis de Villette*, Paris, Demonville, 1778, in-8° de 23 pages, contenant 1° la *traduction littérale* ci-dessus; 2° la *traduction libre* qui est ci-après 375, et qui fut envoyée à l'académie française sous le nom du marquis de Villette, pour concourir au prix de poésie.

Après avoir fait l'envoi à l'académie sous son nom, le marquis de Villette ne pouvait pas en mettre un autre à l'ouvrage qui n'avait pas eu le prix; et après cette première édition de 1778, il était difficile de ne pas comprendre ces morceaux dans les éditions qu'il donna de ses OEuvres. Mais quoique fesant partie des *OEuvres du marquis de Villette*, la *Traduction littérale* et la *Traduction libre* sont de Voltaire. Cela est prouvé, pour la *Traduction libre*, par les autorités que je rapporte pages 375-76; pour la *Traduction littérale*, par M. Raynouard, qui (voyez le *Journal des savants* du mois de septembre 1830) a reconnu « la touche du vieillard de Ferney, *ex ungue leonem*, à ces vers qui ne sont pas fournis par l'original. La traduction en prose, par Voltaire, porte : Je ne crains pas les prédictions..., etc. (voyez ci-après, page 378) : la traduction en vers s'exprime en ces termes :

      Je méprise, dit-il, cette erreur populaire
      Qui croit que l'avenir au prêtre est révélé,
      Et qu'il nous faut mourir lorsque Delphe a parlé.

Ces derniers vers sont imités de Lucain (livre IX), et c'est la troisième imitation qu'en donne Voltaire; voyez tome V, pages 508 et 572; et XII, 159 et 179.

La traduction libre est, depuis 1823 seulement, dans les OEuvres de Voltaire; la traduction littérale n'était encore dans aucune (juillet 1833). B.

[a] C'est le titre qui fut donné à *l'Iliade* dans toutes les anciennes éditions.

près d'Achille pasteur des peuples, pleurant à chaudes larmes, comme une fontaine noire qui, du haut d'un rocher, répand son eau noire. Le divin Achille, puissant des pieds, eut pitié de lui; et élevant la voix avec des paroles qui avaient des ailes, lui dit: « Patrocle, pourquoi pleures-tu comme une petite fille qui, courant avec sa mère, la prie de la prendre entre ses bras, la retient par sa robe, tandis que sa mère se hâte de marcher, et qui la regarde en pleurant, jusqu'à ce que la mère l'ait mise dans ses bras? Semblable à elle, ô Patrocle, tu répands des larmes molles! Apportes-tu des nouvelles aux Myrmidons ou à moi-même? As-tu écouté quelque messager de Phthie? Ils disent pourtant que Ménestée ton père, fils d'Actor, est vivant; et qu'Æacide Pélée est parmi les Myrmidons. Certes, s'ils étaient morts, nous nous attristerions. Pleures-tu pour les Grecs, parcequ'on les tue vers leurs vaisseaux creux, à cause de leur injustice? Parle, ne me cache rien; nous ne sommes que nous deux. »

Tu soupiras alors profondément, ô Patrocle, bon écuyer! tu lui dis: « O Achille, fils de Pélée, le plus vaillant des Grecs! une douleur cruelle oppresse les Grecs; car tous ceux qui étaient les plus forts sont couchés dans leurs vaisseaux, blessés de loin et de près. Le fort Diomède, fils de Tydée, a été blessé de loin; et Ulysse, fameux par sa lance, a été blessé de près; et Eurypyle l'est à la cuisse par une flèche. Les médecins sont occupés à leur préparer des médicaments et à guérir leurs blessures.

« Mais vous êtes inexorable, ô Achille ! Dieu me préserve de ressentir jamais une colère comme la vôtre ! Vous êtes fort pour le mal. Qui secourrez-vous donc dorénavant, si vous n'avez pas pitié des Grecs, et si vous les abandonnez à leur ruine? Non, Pélée, le dompteur de chevaux, n'était point votre père, ni Thétis votre mère; mais les flots bleus de la mer et les rochers escarpés vous ont engendré; car votre ame est cruelle.

« Mais si vous craignez quelques prédictions, et si votre vénérable mère vous a dit quelque chose de la part de Jupiter, prêtez-moi du moins au plus vite les troupes de vos Myrmidons : je pourrai servir de lumière et de secours aux Grecs. Mettez aussi vos armes sur mes épaules, afin que je m'arme. Peut-être en me prenant pour vous, à cause de la ressemblance, les Troyens renonceront à la bataille, et les enfants de la Grèce respireront devant Mars. Ils sont accablés actuellement : ils reprendront haleine ; nous repousserons facilement les ennemis fatigués ; nous leur ferons regagner la ville loin de nos navires et de nos tentes. »

C'est ainsi qu'il parla en suppliant, et c'était avec beaucoup d'imprudence ; car il demandait une mort fatale. Achille au pied léger lui répondit avec de profonds soupirs : « Hélas! illustre Patrocle, que m'as-tu dit ? je ne crains point les prédictions. Ma respectable mère ne m'en a jamais fait de la part de Jupiter : mais une douleur cruelle occupe mon ame. Un homme dont je suis l'égal m'a voulu priver de mon partage, parcequ'il est plus puissant que moi ; il m'a ravi le prix que j'avais gagné : cette injure tourmente mon esprit.

« Cette fille que les Grecs m'avaient donnée pour ma récompense, et que j'avais méritée avec ma lance en renversant une ville très forte, Agamemnon, fils d'Atrée, l'a ravie de mes mains, et m'a traité comme un homme sans honneur. Mais cet outrage est fait, n'en parlons plus. Il ne faut pas que la colère soit toujours dans le cœur. J'avais résolu de ne vaincre mon ressentiment que quand les ennemis et le danger seraient venus jusqu'à mes vaisseaux. Endosse mes armes brillantes sur tes épaules, et conduis mes belliqueux Myrmidons au combat : car une nuée de Troyens environne les vaisseaux ; le danger augmente ; notre flotte est enfermée sur le bord de la mer dans un espace fort étroit, et la ville entière de Troie fond sur nous, pleine de confiance ; car les Troyens ne voient pas encore mon casque resplendissant ; ils auraient bientôt couvert nos fossés de leurs cadavres, si le roi Agamemnon avait été plus doux envers moi ; mais à présent ils assiégent notre armée enfermée.

« La lance de Diomède, fils de Tydée, ne peut écarter la mort qui fond sur les Grecs. Je n'ai point entendu la voix du fils d'Atrée mon ennemi ; mais j'ai entendu la voix tonnante d'Hector, qui exhorte les Troyens ; ils répondent par des frémissements guerriers. Les vainqueurs sont dans tout notre camp. Mais qu'ainsi ne soit ; Patrocle, va chasser au loin cette peste ; attaque-les vaillamment ; qu'ils ne portent point la flamme dans nos vaisseaux ; qu'ils ne nous privent point d'un doux retour. Fais périr tous les Troyens, mais abstiens-toi d'attaquer Hector. Obéis à ma remontrance ; qu'elle soit présente à ton esprit : conserve-moi le grand honneur et la gloire que j'attends de tous les Grecs; qu'ils me rendent la belle fille qu'on m'a enlevée, et qu'ils me fassent de riches présents.

« Dès que tu auras repoussé les ennemis des vaisseaux, reviens à moi, si tu veux que le tonnant mari de Junon te donne de la gloire. Ne cède point à l'ambition de combattre sans moi contre les belliqueux Troyens; car tu m'exposerais à la honte. Ne te laisse point emporter à la chaleur du combat, en tuant les Troyens jusqu'aux murs d'Ilion, de peur que quelque dieu ne descende de l'éternel Olympe; car Apollon, qui tire de très loin, protége Troie. Reviens dès que tu auras mis en sûreté les vaisseaux. Laisse aller les Troyens dans la campagne. Plût à Dieu que le père Jupiter, et Minerve, et Apollon, nous livrassent tous les Troyens! qu'aucun n'évitât la mort, et qu'aucun des Grecs n'échappât! que nous évitassions la mort tous deux seuls, et que nous pussions tous deux seuls renverser les murs sacrés de Troie! »

C'est ainsi qu'Achille et Patrocle parlaient ensemble. Ajax cependant ne pouvait plus résister. Il était accablé de traits. Les décrets de Jupiter et les illustres archers troyens l'oppressaient. Son casque brillant rendait un son terrible autour de ses tempes ; car il était frappé sans cesse sur les clous très bien arrangés de son casque. Il repoussait les traits ennemis de l'épaule gauche, tenant toujours d'une main ferme son bouclier ; et les Troyens, qui le pressaient, ne pouvaient, à coups de javelots, le faire remuer de sa place. Il haletait ; la sueur coulait de tous ses membres, il ne pouvait plus respirer : mal sur mal fondait sur lui.

Dites-moi à présent, muses, habitantes des maisons de l'Olympe, comment le feu prit d'abord aux vaisseaux des Grecs.

Hector, qui était tout auprès, frappa avec sa grande épée la lance de bois de frêne (la lance d'Ajax), et la coupa juste à l'endroit par lequel le bois tenait à la hampe. Ajax Télamon empoigna alors inutilement sa pique mutilée. La hampe d'airain était tombée à terre loin de lui, en retentissant.

Ajax, d'un esprit éclairé, reconnut l'ouvrage des dieux ; et comme Jupiter, foudroyant d'en haut, renversait tous les desseins des Grecs dans la bataille, et décernait la victoire aux Troyens, il se retira donc de la mêlée ; et les Troyens jetèrent de tous côtés des feux sur les vaisseaux agiles ; et la flamme inextinguible s'étendit soudain partout, car le feu environna la poupe.

Alors Achille, s'étant frappé les cuisses, parla ainsi : « Hâte-toi, illustre Patrocle, dompteur de chevaux ; car je vois sur les vaisseaux l'impétuosité d'un feu ennemi : crains que les flammes ne les embrasent tous, et qu'il n'y ait plus ensuite moyen de s'enfuir. Prends les armes incessamment ; et moi j'assemblerai les troupes. »

Il parla ainsi, et Patrocle s'arma d'un brillant airain. Il mit d'abord les bottines autour de ses belles jambes. Ensuite il attacha autour de sa poitrine la cuirasse du prompt Achille, peinte de couleurs diverses, et semée d'étoiles. Il pendit à ses épaules l'épée d'airain enrichie de clous d'argent, et le bouclier vaste et solide. Il mit sur sa forte tête le casque bien battu, dont l'aigrette était de crins de cheval; et une crête terrible flottait au-dessus d'eux. Il mit dans ses mains deux forts javelots carrés, propres pour elles. Il ne prit point la lance du brillant Achille, grande, pesante, forte, qu'aucun autre des Grecs ne put manier, et que le seul Achille sut lancer. C'était un bois de frêne péliaque, que Chiron avait donné à Pélée, père d'Achille, coupé sur le haut du mont Pélion, pour donner un jour la mort aux héros.

Il ordonne à Automédon d'atteler sur-le-champ les chevaux. Il honorait Automédon, après Achille, comme le plus capable de rompre les bataillons ennemis ; car il était fidèle et attentif dans la bataille à soutenir les efforts menaçants des ennemis. Automédon lui amena donc sous le joug Xante et Balie, chevaux impétueux qui égalaient les vents à la course. La harpie Podarge les avait conçus du vent Zéphyre, un jour qu'elle paissait dans un pré sur le bord de l'Océan. Il joignit encore aux courroies du timon l'illustre Pédase. Achille avait pris ce cheval au sac de la ville d'Étion. Ce Pédase, quoique mortel, allait fort bien avec les chevaux immortels.

Achille fit prendre les armes à ses Myrmidons, allant par toutes les tentes avec des armes. Ils étaient comme des loups, dévorant de la chair crue, exerçant une grande force dans leurs entrailles, qui déchirent et mangent dans les montagnes un cerf aux grandes andouillées, après l'avoir tué. Leur mâchoire est toute rouge de sang; et ils s'en vont en troupe, d'une fontaine aux eaux noires, boire à petites gorgées la superficie d'une eau noire que leur gueule mêle avec des grumeleaux de sang. Leur poitrine est intrépide, et leur large ventre est tendu fortement.

C'est ainsi que les chefs des Myrmidons, et les princes, accompagnaient le courageux serviteur d'Achille au pied léger; et ils allaient d'un grand courage. Achille était au milieu d'eux, semblable à Mars, les exhortant, eux, et leurs chevaux, et leurs boucliers.[a]

TRADUCTION LIBRE[1].

Tandis que les héros défenseurs du Scamandre
Mettaient la Grèce en fuite et ses vaisseaux en cendre,

---

[a] Ce sont là les 167 vers sur lesquels l'académie a voulu qu'on travaillât; si l'auteur a poussé son travail jusqu'au 217e vers, ce n'est que pour parvenir au moment où Patrocle va combattre.

[1] L'académie française avait, en 1777, proposé, pour sujet du prix de poésie pour 1778, la traduction en vers du seizième livre de *l'Iliade*. Voici ce qu'on lit dans la *Correspondance* de La Harpe, tome II, page 273 :

« Une anecdote très remarquable, et dont j'ai la certitude, c'est que M. de Voltaire avait envoyé au concours une pièce sous le nom du marquis de Villette. Cette pièce s'est trouvée la cinquième du concours, et a été jugée très faible, quoique facile. On n'en sera pas étonné si on fait réflexion que le talent de la haute poésie demande une force qui n'est pas celle de quatre-vingt-quatre ans. Mais quelle étrange avidité de gloire de venir à cet âge disputer le prix de l'académie aux jeunes poëtes! Ce trait, peut-être unique, peint bien le caractère de cet homme, en qui tout a été un excès, et surtout l'amour de la gloire. Dépositaire de ce secret, que m'avait confié le marquis de Villette, et qui aujourd'hui n'en est plus un, j'observais avec curiosité, je l'avoue, l'effet que produirait la pièce de Voltaire sur des juges qui n'en connaîtraient pas l'auteur : elle ne fit aucune

Patrocle aux pieds d'Achille apportait ses douleurs.
Ses yeux étaient baignés de deux ruisseaux de pleurs;
Il éclate en sanglots. Le fils de la déesse
D'un regard dédaigneux contemple sa faiblesse;
Mais dans son fier courroux respectant l'amitié,
Indigné de ses pleurs, attendri de pitié :
« Quoi! c'est l'ami d'Achille! il m'apporte des larmes.
N'est-il qu'un faible enfant dont la mère en alarmes,
En pleurant avec lui, le serre entre ses bras?
Est-ce avec des sanglots qu'on revient des combats?
Qui peux-tu regretter? Tes parents ni mon père
N'ont point de leurs vieux ans terminé la carrière.
Alors, certes, alors ma juste piété
Égalerait du moins ta sensibilité.
Qui pleures-tu? dis-moi : des Grecs qui me trahissent,
Qui n'ont pas su combattre, et que les dieux punissent;
Les esclaves d'un roi qui m'a persécuté?
Va, s'ils sont malheureux, ils l'ont bien mérité. »
 Patrocle lui répond d'une voix lamentable :
« Grand et cruel Achille, Achille inexorable!

---

sensation. A peine y vit-on un beau vers, et on eut peine à aller jusqu'à la fin. Elle n'aurait pas même obtenu une mention, si je n'avais, en opinant, ramené mes confrères à mon avis, et si je ne leur eusse représenté qu'elle était écrite du moins assez purement, mérite que l'académie doit toujours encourager. Mais je me disais à moi-même : Si vous saviez quel homme vous jugez en ce moment! si vous saviez que vous balancez à relire un ouvrage qui est de l'auteur de *Zaïre* et de *la Henriade!* Voilà ce que je pensais intérieurement, et je plaignais le sort de l'humanité qui méconnaît sa faiblesse, et le sort du génie qui s'avilit. »

Le point le plus important du récit de La Harpe se trouve confirmé par une note de Wagnière, secrétaire de Voltaire.

L'académie française ne donna point de prix; on le réserva pour augmenter la valeur de celui de l'année suivante, et dont le sujet était l'éloge de Voltaire. B.

Malheur à qui serait, dans ce mortel effroi,
Dans ce malheur public, aussi ferme que toi !
La mort est sur nos pas : Diomède, Eurypyle,
Ulysse, sont blessés, et tu restes tranquille !
Le sang du puissant roi qui t'osait outrager,
Le sang d'Agamemnon coule pour te venger.
Crois-moi, voilà le temps où les grands cœurs pardonnent.
A quels affreux loisirs tes chagrins s'abandonnent !
A perdre tes amis quels dieux t'ont animé ?
O ciel ! Hector triomphe ! Achille est désarmé !
Il voit d'un œil content la Grèce désolée...!
Non, tu n'es pas le fils du généreux Pélée ;
Non, la tendre Thétis n'a point formé ton cœur,
Ce cœur que j'implorais, et qui me fait horreur,
Qui dédaigne Patrocle et qui hait sa patrie.
Les autans déchaînés, les vagues en furie,
T'ont formé, t'ont vomi dans les antres affreux,
Pour être plus terrible et plus funeste qu'eux.
Pardonne, j'en dis trop : mais si vers cette rive
Ton éternel courroux tient ta valeur captive,
Ou si de nos devins quelque oracle menteur
Enchaîne ton courage et nous ôte un vengeur,
Souffre au moins qu'un ami puisse tenir ta place.
Prête-moi ton armure, et j'aurai ton audace.
Autour de nos vaisseaux Ajax combat encor,
Ton casque sur mon front fera trembler Hector ;
Et ton nom préparant un triomphe facile,
Les Troyens sont vaincus s'ils pensent voir Achille. »

C'est ainsi qu'il parlait : ainsi, par sa vertu,
Il ébranle un courroux de pitié combattu ;
Il l'assiége, il le presse. Ah ! malheureux, arrête ;

Hélas! tu ne vois point ce que le ciel t'apprête :
Ta vertu te trompait; tu courais au trépas.

 Achille cependant ne le rebutait pas;
Mais dans sa bonté même éclatait sa colère.
« Je méprise, dit-il, cette erreur populaire
Qui croit que l'avenir au prêtre est révélé;
Et qu'il nous faut mourir lorsque Delphe a parlé.
Je ne m'occupe point d'une chimère vaine;
J'écoute mon dépit, je me livre à ma haine;
Elle est juste, il suffit. Je n'ai point pardonné
A cet indigne roi par mes mains couronné,
A cet Atride ingrat, au rival que j'abhorre,
Qui m'ôta Briséis, et la retient encore,
Qui devant tous les Grecs osa m'humilier :
Non, jamais tant d'affronts ne pourront s'oublier.

 « Mais enfin j'ai prescrit un terme à ma vengeance;
J'ai promis, si jamais, poursuivis sans défense,
Les Argiens tremblants aux bords du Ximoïs
Fuyaient jusqu'aux vaisseaux par nous-mêmes conduits,
Qu'alors de ces vaincus j'aurais pitié peut-être;
Que je pourrais souffrir qu'on secourût leur maître;
Qu'on le couvrît de honte en conservant ses jours.
Ce temps est arrivé; va, marche à son secours.
Je vois d'Agamemnon la fuite avilissante;
D'Hector qui le poursuit j'entends la voix tonnante.
Il t'appelle à la gloire, arme-toi contre lui;
Et si le ciel vengeur te seconde aujourd'hui,
N'abuse point surtout du bonheur qu'il t'envoie;
Ne tente point les dieux, ne va point jusqu'à Troie :
Modère ta valeur; c'est assez d'écarter
Cet Hector insolent qui nous ose insulter;

C'est assez d'arracher aux flammes, au pillage,
Nos vaisseaux exposés sur cet affreux rivage.
Puissent ces fils de Tros, et ces Grecs odieux,
Ces communs ennemis, en horreur à mes yeux,
S'égorger l'un par l'autre, et tomber nos victimes!
Que leur sang détestable efface enfin leurs crimes!
Qu'il ne reste que nous pour détruire à jamais
Les lieux qu'ils ont souillés d'opprobre et de forfaits! »

Tandis que, d'une voix si terrible et si fière,
Achille à sa pitié mêlait tant de colère,
Ajax versait son sang. Ce fils de Télamon,
Défenseur de la Grèce et terreur d'Ilion,
Combattait une armée, Hector, et les dieux mêmes.
Sa force défaillit; ses périls sont extrêmes :
L'immense bouclier dont le poids le défend
Va bientôt échapper à son bras languissant.

O muse! apprenez-moi; muse fière et sensible,
Qui gardez de nos maux la mémoire terrible,
Dites aux nations quel mortel ou quel dieu,
Lançant avec la mort et le fer et le feu,
Sur les vaisseaux des Grecs apporta l'incendie.

C'est le fils de Priam; c'est cette main hardie
Qui, d'un glaive tranchant, fit tomber en éclats
La lance dont Ajax armait encor son bras :
Apollon dirigeait un coup si redoutable.
Ajax périra-t-il sous le dieu qui l'accable?
Il a trop reconnu qu'il ne peut résister
A ce dieu qui s'obstine à le persécuter;
Il pâlit, il succombe, il cède, il se retire.

Les Troyens acharnés, que son absence attire,
Lancent sur les vaisseaux des brandons allumés.

Quelles voiles, quels bois, sont déjà consumés?
C'est le vaisseau d'Ajax : il périt à sa vue ;
La flamme en tourbillons monte et fuit dans la nue.
Achille en est témoin ; il se frappe les flancs ;
Il s'écrie : « Arme-toi, cher Patrocle, il est temps ;
Va combattre et sauver la flotte menacée. »
  De Patrocle déjà la valeur empressée
Du bouclier d'Achille avait chargé son bras ;
Il essayait sa lance, et ne s'en servit pas :
Le seul fils de Thétis en pouvait faire usage.
Mais il saisit le glaive, instrument du carnage,
Dont l'argent le plus pur est le simple ornement.
Il a couvert son front du casque étincelant
Dont le flottant panache inspirait l'épouvante ;
Sa poitrine soutient la cuirasse pesante ;
Deux puissants javelots brillaient entre ses mains,
Tout prêts à se plonger dans le sang des humains.
  Le brave Automédon, digne écuyer d'Achille,
Déjà d'une main prompte, et ferme autant qu'habile,
Attelait du héros les coursiers écumants,
Des amours du Zéphyre impétueux enfants ;
Ils prouvent leur naissance, et leur course légère
Dans les champs des combats a devancé leur père.
Patrocle impatient sur le char est monté.
  Enfin, maître de soi, quoique encore irrité,
A ses Thessaliens Achille se présente.
Sur cinquante vaisseaux aux rivages du Xante
Il les avait conduits pour venger Ménélas :
Trop long-temps en ces lieux il enchaîna leurs bras.
  Cinq héros commandaient leur troupe partagée.
Sous le fier Ménestus la première est rangée ;

Ménestus est le fils d'un des dieux ignorés
Qu'aux champs thessaliens le temps a consacrés,
Et qui sut captiver la belle Polydore.
La seconde phalange est sous les lois d'Eudore,
Héros que Polymèle, hélas! a mis au jour
Quand le flatteur Mercure eut trompé son amour.
Phénix, de qui la Grèce a vanté la prudence,
Qui du fils de Pélée a gouverné l'enfance,
Conduisait aux combats un autre bataillon.
Les derniers ont suivi Pisandre, Alcimédon,
Alcimédon, parent du dangereux Ulysse.
 Non loin de ses vaisseaux, dans une vaste lice,
Achille les rassemble, et leur parle en ces mots :
« Assez et trop long-temps mon funeste repos,
Braves Thessaliens, excita vos murmures.
Du fier Agamemnon l'outrage et les injures,
Mes affronts, mes malheurs, ne vous ont point touchés;
Ma vengeance est un droit que vous me reprochez.
Vous me disiez toujours : Impitoyable Achille,
Jusqu'à quand rendrez-vous la valeur inutile?
Aux vallons de Tempé renvoyez vos soldats,
Si votre dureté les tient loin des combats,
Si vous leur défendez de servir la patrie.
Eh bien! vous le voulez? j'entends la voix qui crie,
Aux armes! aux assauts! aux périls! à la mort!
Vous l'emportez : marchez; je me rends sans effort.
Marchez avec Patrocle, et laissez votre maître
Dévorer ses chagrins, qu'il combattra peut-être :
Ma main ne peut servir l'indigne roi des rois. »
 Ses guerriers cependant se pressent à sa voix;
Tout obstiné qu'il est, lui-même il les arrange.

En bataillons serrés il unit sa phalange ;
Les soldats aux soldats paraissent s'appuyer ;
Le bouclier d'airain se joint au bouclier ;
Le casque joint le casque ; une forêt mouvante
De panaches brillants porte au loin l'épouvante.
Tel d'un vaste palais l'habile ordonnateur
Par des marbres épais en soutient la hauteur,
Les unit l'un à l'autre ; et le superbe faîte
S'élève inaccessible aux coups de la tempête.

FRAGMENT

DU VINGT-QUATRIÈME LIVRE DE L'ILIADE[1].

L'horizon se couvrait des ombres de la nuit ;
L'infortuné Priam, qu'un dieu même a conduit,
Entre, et paraît soudain dans la tente d'Achille.
Le meurtrier d'Hector, en ce moment tranquille,
Par un léger repos suspendait ses douleurs.
Il se détourne : il voit ce front baigné de pleurs,
Ce roi jadis heureux, ce vieillard vénérable,
Que le fardeau des ans et la douleur accable,
Exhalant à ses pieds ses sanglots et ses cris,
Et lui baisant la main qui fit périr son fils.
Il n'osait sur Achille encor jeter la vue ;
Il voulait lui parler, et sa voix est perdue.
Enfin il le regarde, et, parmi ses sanglots,
Tremblant, pâle, et sans force, il prononce ces mots :

[1] Tome XXXII, page 205. B.

« Songez, seigneur, songez que vous avez un père...»
Il ne put achever. — Le héros sanguinaire
Sentit que la pitié pénétrait dans son cœur.
Priam lui prend les mains.—«Ah, prince! ah, mon vainqueur!
J'étais père d'Hector! et ses généreux frères
Flattaient mes derniers jours et les rendaient prospères...
Ils ne sont plus... Hector est tombé sous vos coups...
Puisse l'heureux Pélée, entre Thétis et vous,
Prolonger de ses ans l'éclatante carrière!
Le seul nom de son fils remplit la terre entière;
Ce nom fait son bonheur ainsi que son appui :
Vos honneurs sont les siens, vos lauriers sont à lui.
Hélas! tout mon honneur et toute mon attente
Est de voir de mon fils la dépouille sanglante ;
De racheter de vous ces restes mutilés,
Traînés devant mes yeux sous nos murs désolés.
Voilà le seul espoir, le seul bien qui me reste;
Achille, accordez-moi cette grace funeste,
Et laissez-moi jouir de ce spectacle affreux. »
 Le héros, qu'attendrit ce discours douloureux,
Aux larmes de Priam répondit par des larmes :
« Tous nos jours sont tissus de regrets et d'alarmes,
Lui dit-il; par mes mains les dieux vous ont frappé :
Dans le malheur commun moi-même enveloppé,
Mourant avant le temps loin des yeux de mon père,
Je teindrai de mon sang cette terre étrangère.
J'ai vu tomber Patrocle, Hector me l'a ravi :
Vous perdez votre fils, et je perds un ami.
Tel est donc des humains le destin déplorable :
Dieu verse donc sur nous la coupe inépuisable,
La coupe des douleurs et des calamités :

Il y mêle un moment de faibles voluptés ;
Mais c'est pour en aigrir la fatale amertume. »

HORACE.

    Les torrents impétueux[1],
    La mer qui gronde et s'élance,
    La fureur et l'insolence
    D'un peuple tumultueux,
    Des fiers tyrans la vengeance,
    N'ébranlent pas la constance
    D'un cœur ferme et vertueux.

Sois le dieu des festins, le dieu de l'allégresse[2];
    Que nos tables soient tes autels ;
    Préside à nos jeux solennels,
    Comme Hercule aux jeux de la Grèce !
Seul tu fais les beaux jours : que tes jours soient sans fin !
C'est ce que nous disons en revoyant l'aurore,
Ce qu'en nos douces nuits nous redisons encore,
    Entre les bras du dieu du vin.

Voyez les habitants de l'affreuse Scythie[3],
    Qui vivent sur des chars :

[1] Tome XIX, page 398. B.
[2] Tome XXVII, page 399.
[3] Tome XV, page 65. B.

Avec plus d'innocence ils consument leur vie
Que le peuple de Mars.

Castor veut des chevaux, Pollux veut des lutteurs [1] :
Comment concilier tant de goûts, tant d'humeurs ?

Lorsque l'on vit Bacchus et l'invincible Alcide [2],
Et Pollux, et Castor, et le grand Romulus,
Secourir les humains par des soins assidus,
Venger sur les tyrans l'innocence timide,
Réprimer les brigands, pardonner aux vaincus,
Polir les nations dans l'enceinte des villes,
Protéger les beaux-arts, donner des lois utiles,
Quel fut le prix des biens par leurs mains répandus ?
L'homme ingrat et méchant noircissait leurs vertus.
Ils furent mordus tous par la dent de l'envie ;
On fit de ces héros cent contes odieux ;
On les persécuta tout le temps de leur vie :
Furent-ils enterrés, le monde en fit des dieux.

Rendons toujours justice au beau [3] :
Est-il laid pour être nouveau ?
Pourquoi donner la préférence
Aux méchants vers du temps jadis ?

---

[1] Tome XXVII, page 343. B.
[2] Tome XLV, page 164. B.
[3] Tome XXVI, page 345. B.

C'est en vain qu'ils sont applaudis;
Ils n'ont droit qu'à notre indulgence.
« Les vieux livres sont des trésors, »
Dit la sotte et maligne envie:
Ce n'est pas qu'elle aime les morts;
Elle hait ceux qui sont en vie.

Nos aïeux ont été des monstres exécrables [1],
Nos pères ont été méchants;
On voit aujourd'hui leurs enfants,
Étant plus éclairés, devenir plus traitables.

LUCAIN.

Qu'importe du bûcher le triste et faux honneur [2]?
Le feu consumera le ciel, la terre, et l'onde;
Tout deviendra bûcher: la cendre attend le monde.

LUCRÈCE [3].

Tendre Vénus, ame de l'univers [4],
Par qui tout naît, tout respire, et tout aime;

---

[1] Tome XLII, page 514. B.

[2] Tome XXIX, page 421. B.

[3] Voltaire avait eu le projet de mettre en vers le troisième livre de Lucrèce (voyez la lettre à madame du Deffand, du 13 octobre 1759, t. LVIII, p. 201); mais il n'a pas exécuté ce projet. L'exorde du chant XIV de *la Pucelle* est imité de Lucrèce; voyez tome XI, page 224. B.

[4] Tome XXIX, page 306. B.

Toi dont les feux brûlent au fond des mers,
Toi qui régis la terre et le ciel même.

On peut, sans être belle, être toujours aimable [1] :
L'attention, le goût, les soins, la propreté,
Un esprit naturel, un air toujours affable,
Donnent à la laideur les traits de la beauté.

La nature languit, la terre est épuisée [2] ;
L'homme dégénéré, dont la force est usée,
Fatigue un sol ingrat par des bœufs affaiblis.

On voit avec plaisir, dans le sein du repos [3],
Des mortels malheureux lutter contre les flots.
On aime à voir de loin deux terribles armées
Dans les champs de la mort au combat animées :
Non que le mal d'autrui soit un plaisir si doux ;
Mais son danger nous plaît quand il est loin de nous.
Heureux qui, retiré dans le temple des sages,
Voit en paix sous ses pieds se former les orages,
Qui contemple de loin les mortels insensés,
De leur joug volontaire esclaves empressés,

[1] Tome XXVI, page 267. B.
[2] Tome XXVI, page 344. B.
[3] Tome XXVIII, page 279. B.

Inquiets, incertains du chemin qu'il faut suivre,
Sans penser, sans agir, ignorant l'art de vivre,
Dans l'agitation consumant leurs beaux jours,
Poursuivant la fortune, et rampant dans les cours!
O vanité de l'homme! ô faiblesse! ô misère!

Le hasard incertain de tout alors dispose [1].
L'animal est sans germe, et l'effet est sans cause.
On verra les humains sortir du fond des mers,
Les troupeaux bondissants tomber du haut des airs,
Les poissons dans les bois naissant sur la verdure;
Tout pourra se produire : il n'est plus de nature.

Si l'on voyait du moins un terme à son malheur [2],
On soutiendrait sa peine, on combattrait l'erreur;
On pourrait supporter le fardeau de la vie :
Mais d'un plus grand supplice elle est, dit-on, suivie :
Après de tristes jours on craint l'éternité.

Ils conjurent ces dieux qu'ont forgés nos caprices [3];
Ils fatiguent Pluton de leurs vains sacrifices;
Le sang d'un belier noir coule sous leurs couteaux :
Plus ils sont malheureux, et plus ils sont dévots.

---

[1] Tome XLIV, page 270. B.
[2] Tome XXIX, page 110. B.
[3] Ibid., page 111. B.

Sa raison parle en vain, sa crainte le dévore [1],
Comme si n'étant plus il pouvait être encore.

MACHIAVEL [2].

Animaux à deux pieds, sans vêtement, sans armes,
Point d'ongle, un mauvais cuir, ni plume, ni toison,
Vous pleurez en naissant, et vous avez raison :
Vous prévoyez vos maux; ils méritent vos larmes.
Les perroquets et vous ont le don de parler;
La nature vous fit des mains industrieuses;
Mais vous fit-elle, hélas! des ames vertueuses?
Et quel homme en ce point pourrait nous égaler?
L'homme est plus vil que nous, plus méchant, plus sauvage :
Poltrons ou furieux, dans le crime plongés,
Vous éprouvez toujours ou la crainte ou la rage;
Vous tremblez de mourir, et vous vous égorgez.
Jamais de porc à porc [3] on ne vit d'injustices :
Notre bauge est pour nous le temple de la paix.
Ami, que le bon Dieu me préserve à jamais
De redevenir homme, et d'avoir tous ses vices!

---

[1] Tome XXX, page 277. B.
[2] Tome XXVI, page 371. B.
[3] Machiavel fait prononcer ces paroles par un porc. B.

MANDEVILLE[1].

LES ABEILLES.

FABLE.

Les abeilles autrefois
Parurent bien gouvernées,
Et leurs travaux et leurs rois
Les rendirent fortunées.
Quelques avides bourdons
Dans les ruches se glissèrent.
Ces bourdons ne travaillèrent,
Mais ils firent des sermons.
Ils dirent dans leur langage:
« Nous vous promettons le ciel;
Accordez-nous en partage
Votre cire et votre miel. »
Les abeilles, qui les crurent,
Sentirent bientôt la faim;
Les plus sottes en moururent.
Le roi d'un nouvel essaim
Les secourut à la fin.
Tous les esprits s'éclairèrent;
Ils sont tous désabusés:
Les bourdons sont écrasés,
Et les abeilles prospèrent.

[1] Tome XXVI, page 44. R.

MARVEL.

CROMWELL,

ENVOYANT SON PORTRAIT À CHRISTINE, REINE DE SUÈDE.

Les armes à la main j'ai défendu les lois [1];
D'un peuple audacieux j'ai vengé la querelle.
Regardez sans frémir cette image fidèle :
Mon front n'est pas toujours l'épouvante des rois.

MIDLETON.

Tel est l'esprit français : je l'admire, et le plains [2].
Dans son abaissement quel excès de courage !
La tête sous le joug, les lauriers dans les mains,
Il chérit à-la-fois la gloire et l'esclavage ;
Ses exploits et sa honte ont rempli l'univers.
Vainqueur dans les combats, enchaîné par ses maîtres,
Pillé par des traitants, aveuglé par des prêtres ;
Dans la disette il chante ; il danse avec ses fers.
Fier dans la servitude, heureux dans sa folie,
De l'Anglais libre et sage il est encor l'envie.
Les muses cependant ont habité ces bords,

---

[1] Tome XXVIII, page 265. B.
[2] Tome XLII, page 699. B.

Lorsqu'à leurs favoris prodiguant ses trésors,
Louis encourageait l'imitateur d'Horace,
Ce Boileau, plein de sel encor plus que de grace,
Courtisan satirique, ayant le double emploi
De censeur des Cotin, et de flatteur du roi.

Mais je t'aime encor mieux, ô respectable asile !
Chantilli, des héros séjour noble et tranquille;
Lieux où l'on vit Condé, fuyant de vains honneurs,
Lassé de factions, de gloire, et de grandeurs,
Caché sous ses lauriers, dérobant sa vieillesse
Aux dangers d'une cour infidèle et traîtresse,
Ayant éprouvé tout, dire avec vérité :
« Rien ne remplit le cœur, et tout est vanité. »

MILTON.

« Toi sur qui mon tyran prodigue ses bienfaits [1],
Soleil, astre de feu, jour heureux que je hais,
Jour qui fais mon supplice, et dont mes yeux s'étonnent,
Toi qui sembles le dieu des cieux qui t'environnent,
Devant qui tout éclat disparaît et s'enfuit,
Qui fais pâlir le front des astres de la nuit,
Image du Très-Haut qui régla ta carrière,
Hélas ! j'eusse autrefois éclipsé ta lumière.
Sur la voûte des cieux élevé plus que toi,
Le trône où tu t'assieds s'abaissait devant moi.
Je suis tombé; l'orgueil m'a plongé dans l'abîme :

[1] Tome XXIX, page 181. B.

Hélas! je fus ingrat, c'est là mon plus grand crime;
J'osai me révolter contre mon Créateur.
C'est peu de me créer : il fut mon bienfaiteur.
Il m'aimait : j'ai forcé sa justice éternelle
D'appesantir son bras sur ma tête rebelle.
Je l'ai rendu barbare en sa sévérité;
Il punit à jamais, et je l'ai mérité.
Mais si le repentir pouvait obtenir grace!...
Non, rien ne fléchira ma haine et mon audace;
Non, je déteste un maître; et sans doute il vaut mieux
Régner dans les enfers qu'obéir dans les cieux. »

MORDAUNT.

L'opium peut aider le sage [1];
Mais, suivant mon opinion,
Il lui faut, au lieu d'opium,
Un pistolet et du courage.

ORPHÉE.

Sur un grand trône d'or il siége en souverain [2]
    Au haut de la voûte étoilée;
    Sous ses pieds la terre est foulée,
    Il tient l'océan dans sa main.

---

[1] Tome XXVII, page 512. B.
[2] Tome XLVIII, page 514. B.

Sur son trône éternel assis dans les nuages[1],
Immobile, il régit les vents et les orages;
Ses pieds pressent la terre, et du vague des airs
Sa main touche à-la-fois aux rives des deux mers:
Il est principe, fin, milieu de toutes choses.

———

Lui seul il est parfait; tout est sous son pouvoir[2]:
Il voit tout l'univers, et nul ne peut le voir.

OVIDE.

Fatal Amour, tes traits sont différents[3]:
Les uns sont d'or; ils sont durs et perçants;
Il faut qu'on aime: et d'autres, au contraire,
Sont d'un vil plomb qui rend froid et sévère.
O dieu d'amour, en qui j'ai tant de foi,
Prends tes traits d'or pour Aminte et pour moi!

———

Formé par des cailloux, soit fable ou vérité[4],
Hélas! le cœur de l'homme en a la dureté.

———

[1] Tome XXIX, page 78. B.
[2] Tome XXVII, page 338. B.
[3] Tome XXIX, page 417. B.
[4] Id. ibid. B.

Ainsi l'ont ordonné les destins implacables[1] :
L'air, la terre, et les mers, et les palais des dieux,
Tout sera consumé d'un déluge de feux.

Le Temps, qui donne à tout le mouvement et l'être[2],
Produit, accroît, détruit, fait mourir, fait renaître,
Change tout dans les cieux, sur la terre, et dans l'air.
L'âge d'or à son tour suivra l'âge de fer;
Flore embellit des champs l'aridité sauvage.
La mer change son lit, son flux, et son rivage;
Le limon qui nous porte est né du sein des eaux;
Où croissent les moissons voguèrent les vaisseaux.
La main lente du Temps aplanit les montagnes;
Il creuse les vallons, il étend les campagnes;
Tandis que l'Éternel, le souverain des temps,
Demeure inébranlable en ces grands changements.

On attaqua le ciel aussi bien que la terre[3];
Les géants, chez les dieux osant porter la guerre,
Entassèrent des monts jusqu'aux astres des nuits.

PERSE.

Voici le jour d'Hérode, où tout infame Juif[4]
Fait fumer sa lanterne avec l'huile ou le suif.

[1] Tome XXIX, page 421. B.
[2] Tome XLIV, page 256. B.
[3] Tome XXVIII, page 97. B.
[4] Tome XXIX, page 14. B.

PÉTRARQUE.

Claire fontaine, onde aimable, onde pure [1],
Où la beauté qui consume mon cœur,
Seule beauté qui soit dans la nature,
Des feux du jour évitait la chaleur;
    Arbre heureux, dont le feuillage,
    Agité par les Zéphyrs,
    La couvrit de son ombrage;
    Qui rappelles mes soupirs
    En rappelant son image;
Ornement de ces bords, et filles du matin,
Vous dont je suis jaloux, vous moins brillantes qu'elle,
Fleurs, qu'elle embellissait quand vous touchiez son sein;
Rossignol, dont la voix est moins douce et moins belle;
Air devenu plus pur; adorable séjour,
    Immortalisé par ses charmes;
Douce clarté des nuits, que je préfère au jour,
Lieux dangereux et chers, où de ses tendres armes
    L'Amour a blessé tous mes sens :
    Écoutez mes derniers accents,
    Recevez mes dernières larmes.

---

[1] Tome XVI, page 425. B.

PÉTRONE.

Quelle nuit! ô transports, ô voluptés touchantes[1]!
Nos corps entrelacés et nos ames errantes
Se confondaient ensemble et mouraient de plaisir.
C'est ainsi qu'un mortel commença de périr.

PINDARE.

Charmantes filles de Mendès[2],
Quels amants cueillent sur vos lèvres
Ces doux baisers que je prendrais?
Quoi! ce sont les amants des chèvres?

POLIGNAC.

Ah! si par toi le vice eût été combattu[3],
Si ton cœur pur et droit eût chéri la vertu,
Pourquoi donc rejeter au sein de l'innocence
Un dieu qui nous la donne et qui la récompense?
Tu le craignais, ce dieu: son règne redouté

---

[1] Tome XLIV, page 427. B.
[2] Tome XXVII, page 404. B.
[3] Tome XXVI, page 415. B.

Mettait un frein trop dur à ton impiété.
Précepteur des méchants et professeur du crime,
Ta main de l'injustice ouvrit le vaste abîme,
Y fit tomber la terre, et le couvrit de fleurs.

POPE.

Umbriel à l'instant, vieux gnome rechigné [1],
Va, d'une aile pesante et d'un air refrogné,
Chercher en murmurant la caverne profonde
Où, loin des doux rayons que répand l'œil du monde,
La déesse aux vapeurs a choisi son séjour.
Les tristes aquilons y sifflent à l'entour,
Et le souffle malsain de leur aride haleine
Y porte aux environs la fièvre et la migraine.
Sur un riche sofa, derrière un paravent,
Loin des flambeaux, du bruit, des parleurs, et du vent,
La quinteuse déesse incessamment repose,
Le cœur gros de chagrin, sans en savoir la cause;
N'ayant pensé jamais, l'esprit toujours troublé,
L'œil chargé, le teint pâle, et l'hypocondre enflé.
La médisante Envie est assise auprès d'elle,
Vieux spectre féminin, décrépite pucelle,
Avec un air dévot déchirant son prochain,
Et chansonnant les gens, l'Évangile à la main.
Sur un lit plein de fleurs, négligemment penchée,
Une jeune beauté non loin d'elle est couchée:

---

[1] Tome XXXVII, page 259. B.

C'est l'Affectation, qui grasseye en parlant,
Écoute sans entendre, et lorgne en regardant,
Qui rougit sans pudeur, et rit de tout sans joie,
De cent maux différents prétend qu'elle est la proie,
Et, pleine de santé, sous le rouge et le fard,
Se plaint avec mollesse, et se pâme avec art.

―――

De se voir attendris les méchants s'étonnèrent[1];
Le crime eut des remords, et les tyrans pleurèrent.

PRIOR.

Je n'aurai pas la fantaisie[2]
D'imiter ce pauvre Caton,
Qui meurt dans notre tragédie
Pour une page de Platon;
Car, entre nous, Platon m'ennuie.
La tristesse est une folie :
Être gai, c'est avoir raison.
Çà, qu'on m'ôte mon Cicéron,
D'Aristote la rapsodie,
De René la philosophie,
Et qu'on m'apporte mon flacon.

―――

[1] Tome XXXI, page 3. B.
[2] Tome XXVII, page 415. B.

Osez-vous assigner, pédants insupportables [1],
Une cause diverse à des effets semblables?
Avez-vous mesuré cette mince cloison
Qui semble séparer l'instinct de la raison?
Vous êtes mal pourvus et de l'un et de l'autre.
Aveugles insensés, quelle audace est la vôtre!
L'orgueil est notre instinct. Conduirez-vous nos pas
Dans ces chemins glissants que vous ne voyez pas?

PRUDENCE.

SUR L'EMPEREUR JULIEN.

Fameux par ses vertus, par ses lois, par la guerre [2],
Il méconnut son Dieu, mais il servit la terre.

ROCHESTER.

Cet esprit que je hais, cet esprit plein d'erreur [3],
Ce n'est pas ma raison, c'est la tienne, docteur;
C'est ta raison frivole, inquiète, orgueilleuse,
Des sages animaux rivale dédaigneuse,
Qui croit entre eux et l'ange occuper le milieu,
Et pense être ici-bas l'image de son Dieu;

---

[1] Tome XXVI, page 212. B.
[2] Ibid., page 483. B.
[3] Tome XXXVII, page 243. B.

Vil atome importun, qui croit, doute, dispute,
Rampe, s'élève, tombe, et nie encor sa chute;
Qui nous dit : «Je suis libre,» en nous montrant des fers,
Et dont l'œil trouble et faux croit percer l'univers.
Allez, révérends fous, bienheureux fanatiques,
Compilez bien l'amas de vos riens scolastiques.
Pères de visions et d'énigmes sacrés,
Auteurs du labyrinthe où vous vous égarez,
Allez obscurément éclaircir vos mystères,
Et courez dans l'école adorer vos chimères.
Il est d'autres erreurs; il est de ces dévots
Condamnés par eux-même à l'ennui du repos.
Ce mystique encloîtré, fier de son indolence,
Tranquille au sein de Dieu, qu'y peut-il faire ? il pense.
Non, tu ne penses point, misérable, tu dors;
Inutile à la terre, et mis au rang des morts,
Ton esprit énervé croupit dans la mollesse :
Réveille-toi, sois homme, et sors de ton ivresse.
L'homme est né pour agir, et tu prétends penser!

RUTILIUS.

Plût aux dieux que Titus, plût aux dieux que Pompée [1],
N'eussent jamais dompté cette infame Judée !
Ses poisons parmi nous en sont plus répandus :
Les vainqueurs opprimés vont céder aux vaincus.

[1] Tome XLIII, page 135. B.

SADDI[1].

Qu'un Perse ait conservé le feu sacré cent ans[2],
Le pauvre homme est brûlé quand il tombe dedans.

SANTEUL.

Dans son appartement, ce monarque suprême[3]
Se voit avec plaisir, et vit avec lui-même.

SÉNÈQUE.

Sois sans crainte et sans espérance[4],
Que ton sort ne te trouble pas.
Que devient-on dans le trépas ?
Ce qu'on fut avant sa naissance.

Rien n'est après la mort; la mort même n'est rien...
Après la vie où pourrai-je être[5]?
Où j'étais avant que de naître.

---

[1] Un passage de Saddi, traduit en vers blancs, est tome XVI, page 430; et XXXIX, 550. B.
[2] Tome XXXII, page 522. B.
[3] Tome XLVI, page 380. B.
[4] Tome XLVIII, page 72. B.
[5] Tome XLVI, page 139. B.

Le palais de Pluton, son portier à trois têtes[1],
Les couleuvres d'enfer à mordre toujours prêtes,
Le Styx, le Phlégéton, sont des contes d'enfants,
Des songes importuns, des mots vides de sens.

SHAKESPEARE.

Demeure : il faut choisir, et passer à l'instant[2]
De la vie à la mort, et de l'être au néant :
Dieux cruels, s'il en est, éclairez mon courage[3].
Faut-il vieillir courbé sous la main qui m'outrage ;
Supporter ou finir mon malheur et mon sort ?
Qui suis-je ? qui m'arrête ? et qu'est-ce que la mort ?
C'est la fin de nos maux, c'est mon unique asile ;
Après de longs transports, c'est un sommeil tranquille :
On s'endort, et tout meurt. Mais un affreux réveil
Doit succéder peut-être aux douceurs du sommeil.
On nous menace ; on dit que cette courte vie
De tourments éternels est aussitôt suivie.
O mort ! moment fatal ! affreuse éternité !
Tout cœur à ton seul nom se glace épouvanté.
Eh ! qui pourrait sans toi supporter cette vie ;
De nos prêtres menteurs bénir l'hypocrisie ;
D'une indigne maîtresse encenser les erreurs ;

---

[1] Tome XXIX, page 109. B.
[2] Tome XXXVII, page 222 ; et XXVII, 80. B.
[3] Var. Demeure ; il faut choisir de l'être ou du néant :
   Ou souffrir ou périr, c'est là ce qui m'attend.
   Ciel, qui voyez mon trouble, éclairez mon courage.

Ramper sous un ministre, adorer ses hauteurs,
Et montrer les langueurs de son ame abattue
A des amis ingrats qui détournent la vue?
La mort serait trop douce en ces extrémités.
Mais le scrupule parle, et nous crie: « Arrêtez! »
Il défend à nos mains cet heureux homicide,
Et d'un héros guerrier fait un chrétien timide.

ÉPITAPHE DE J. DACOMBE.

Ci-gît un financier, puissant [1]
Que nous appelions Dix-pour-cent;
Je gagerais cent contre dix
Qu'il n'est pas dans le paradis.
Lorsque Belzébuth arriva
Pour s'emparer de cette tombe,
On lui dit: « Qu'emportez-vous là? »
— « Eh! c'est notre ami Jean Dacombe. »

THÉOCRITE.

Reine des nuits, dis quel fut mon amour [2];
Comme en mon sein les frissons et la flamme
Se succédaient, me perdaient tour à tour;
Quels doux transports égarèrent mon ame;
Comment mes yeux cherchaient en vain le jour;

---

[1] Tome XXVI, page 302. B.
[2] Tome XXIX, page 57. B.

Comme j'aimais, et sans songer à plaire !
Je ne pouvais ni parler, ni me taire...
Reine des nuits, dis quel fut mon amour.
Mon amant vint, ô moments délectables !
Il prit mes mains : tu le sais, tu le vis ;
Tu fus témoin de ses serments coupables,
De ses baisers, de ceux que je rendis,
Des voluptés dont je fus enivrée.
Moments charmants, passez-vous sans retour ?
Daphnis trahit la foi qu'il a jurée.
Reine des nuits [1], dis quel fut mon amour.

TRITHÈME.

Ils se moquent du ciel et de la providence [2] ;
Ils aiment mieux Bacchus et la mère d'Amour ;
Ce sont leurs deux grands saints pour la nuit et le jour.
Des pauvres à prix d'or ils vendent la substance ;
Ils s'abreuvent dans l'or ; l'or est sur leurs lambris ;
L'or est sur leurs catins, qu'on paie au plus haut prix ;
Et, passant mollement de leur lit à la table,
Ils ne craignent ni lois, ni rois, ni Dieu, ni diable.

---

[1] Toutes les éditions portent ici, *Reine des cieux ;* mais il est évident qu'il faut répéter le premier vers de la pièce, comme à la fin de la première strophe. B.

[2] Tome XXVII, page 368. B.

VÉGA (LOPE DE).

Les Vandales, les Goths, dans leurs écrits bizarres [1],
Dédaignèrent le goût des Grecs et des Romains.
Nos aïeux ont marché dans ces nouveaux chemins :
    Nos aïeux étaient des barbares.
L'abus règne, l'art tombe, et la raison s'enfuit;
    Qui veut écrire avec décence,
Avec art, avec goût, n'en recueille aucun fruit;
Il vit dans le mépris, et meurt dans l'indigence.
Je me vois obligé de servir l'ignorance,
    D'enfermer sous quatre verrous
    Sophocle, Euripide, et Térence.
J'écris en insensé; mais j'écris pour des fous...
. . . .
Le public est mon maître, il faut bien le servir;
Il faut, pour son argent, lui donner ce qu'il aime;
    J'écris pour lui, non pour moi-même,
Et cherche des succès dont je n'ai qu'à rougir.

    Sicile, en cet heureux jour [2],
    Vois ce héros plein de gloire,
    Qui règne par la victoire,
    Mais encor plus par l'amour.

[1] Tome VIII, page 73; et XXVII, 71. B.
[2] Tome VIII, page 11. B.

VIRGILE.

Les astres de la nuit roulaient dans le silence [1];
Éole a suspendu les haleines des vents;
Tout se tait sur les eaux, dans les bois, dans les champs;
Fatigué des travaux qui vont bientôt renaître,
Le tranquille taureau s'endort avec son maître;
Les malheureux humains ont oublié leurs maux;
Tout dort, tout s'abandonne aux charmes du repos :
Élise veille, et pleure [2].

———

Heureux qui peut sonder les lois de la nature [3],
Qui des vains préjugés foule aux pieds l'imposture,
Qui regarde en pitié le Styx et l'Achéron,
Et le triple Cerbère, et la barque à Caron!

———

L'univers étonné, que la terreur poursuit [4],
Tremble de retomber dans l'éternelle nuit.

———

A d'éternels tourments je te vis condamnée [5],
Superbe impiété du tyran Salmonée.

---

[1] Tome XXVI, page 284. B.
[2] Voyez ma note, tome XXVI, page 284. B.
[3] Tome XXIX, page 109. B.
[4] Ibid., page 421. B.
[5] Tome XXXII, page 382. B.

Rival de Jupiter, il crut lui ressembler;
Il imita la foudre, et ne put l'égaler:
De la foudre des dieux il fut frappé lui-même.

―――

Là sont ces insensés qui, d'un bras téméraire[1],
Ont cherché dans la mort un secours volontaire;
Qui n'ont pu supporter, faibles et furieux,
Le fardeau de la vie imposé par les dieux.
Hélas! ils voudraient tous se rendre à la lumière,
Recommencer cent fois leur pénible carrière:
Ils regrettent la vie, ils pleurent; et le sort,
Le sort pour les punir les retient dans la mort:
L'abîme du Cocyte, et l'Achéron terrible,
Met entre eux et la vie un obstacle invincible.

―――

Les cœurs les plus parfaits, les ames les plus pures[2],
Sont aux regards des dieux tout chargés de souillures;
Il faut en arracher jusqu'au seul souvenir.
Nul ne fut innocent: il faut tous nous punir.
Chaque ame a son démon, chaque vice a sa peine;
Et dix siècles entiers nous suffisent à peine
Pour nous former un cœur qui soit digne des dieux.

[1] Tome XXVII, page 517. B.
[2] Tome XXXII, page 139. B.

WALLER.

ÉLOGE DE CROMWELL.

Il n'est plus; c'en est fait: soumettons-nous au sort[1].
Le ciel a signalé ce jour par des tempêtes,
Et la voix du tonnerre, éclatant sur nos têtes,
    Vient d'annoncer sa mort.
Par ses derniers soupirs il ébranle cette île,
Cette île que son bras fit trembler tant de fois,
    Quand, dans le cours de ses exploits,
    Il brisait la tête des rois,
Et soumettait un peuple à son joug seul docile.
Mer, tu t'en es troublée: ô mer, tes flots émus
Semblent dire en grondant, aux plus lointains rivages,
Que l'effroi de la terre et ton maître n'est plus!
Tel au ciel autrefois s'envola Romulus;
Tel il quitta la terre au milieu des orages;
Tel d'un peuple guerrier il reçut les hommages:
Obéi dans sa vie, à sa mort adoré,
Son palais fut un temple, etc.

XÉNOPHANE.

Grand Dieu! quoi que l'on fasse, et quoi qu'on ose feindre[2],
On ne peut te comprendre, et moins encor te peindre.

[1] Tome XXXVII, page 246. B.
[2] Tome XXIX, page 78. B.

Chacun figure en toi des attributs divers :
Les oiseaux te feraient voltiger dans les airs,
Les bœufs te prêteraient leurs cornes menaçantes,
Les lions t'armeraient de leurs dents déchirantes,
Les chevaux dans les champs te feraient galoper.

On ne pense qu'à soi; l'amour-propre est sans bornes [1] :
Dieu même à leur image est fait par les humains.
    Si les bœufs avaient eu des mains,
    Ils le peindraient avec des cornes.

[1] Tome XLVIII, page 514. B.

FIN

DU TOME SECOND DES POÉSIES.

TABLE

DES PIÈCES CONTENUES DANS LE SECOND VOLUME

DES POÉSIES.

ÉPITRES.

Avertissement du nouvel Éditeur.	Page 1
I. A Monseigneur, fils unique de Louis XIV (1706 ou 1707).	3
Notes et Variantes.	4
II. A madame la comtesse de Fontaines, sur son roman de *la Comtesse de Savoie* (1713).	ibid.
Notes et Variante.	5
III. A M. l'abbé Servien, prisonnier au château de Vincennes (1714).	6
Note.	10
IV. A madame de Montbrun-Villefranche (1714).	11
Notes.	12
V. A M. le prince de Vendôme, grand-prieur de France (1715).	ibid.
Notes et Variantes.	16
VI. A M. l'abbé de ***, qui pleurait la mort de sa maîtresse (1715).	17
Note.	18
VII. A une Dame un peu mondaine et trop dévote (1715).	19
Notes et Variantes.	21
VIII. A M. le duc d'Aremberg.	ibid.
Notes.	23
IX. A M. le prince Eugène (1716).	ibid.
Notes.	25
X. A madame de Gondrin, sur le péril qu'elle avait couru en traversant la Loire (1716).	ibid.
Notes.	27
XI. A madame de *** (1716).	28
XII. A Samuel Bernard, au nom de madame de Fontaine-Martel.	29
Notes.	31

XIII. A madame de G*** (1716). 31
Notes. 33
XIV. A M. le duc d'Orléans, régent (1716). ibid.
Notes et Variantes. 37
XV. A M. l'abbé de Bussy, depuis évêque de Luçon (1716). 39
Note et Variante. 42
XVI. A S. A. R. Mgr le prince de Conti (1718). 43
Note. 45
XVII. A M. de La Falueère de Genonville, conseiller au parlement, et ami intime de l'auteur. Sur une maladie (1719). 46
Notes. 48
XVIII. Au roi d'Angleterre, George Ier, en lui envoyant la tragédie d'*OEdipe* (1719). ibid.
XIX. A madame la maréchale de Villars (1719). 49
XX. A M. le duc de Sulli (1720). 50
XXI. A M. le maréchal de Villars (1721). 53
Notes. 55
XXII. Au cardinal Dubois (1721). 56
Notes. 57
XXIII. A M. le duc de La Feuillade (1722). 58
Note. 59
XXIV. A madame de ***. ibid.
Notes. 60
XXV. A M. de Gervasi, médecin. ibid.
Notes et Variantes. 63
XXVI. A la Reine, en lui envoyant la tragédie de *Mariamne* (1725). 64
Note. ibid.
XXVII. A madame la marquise de Prie, en lui présentant *l'Indiscret* (1725). 65
Note. 66
XXVIII. A M. Pallu, conseiller d'état. ibid.
XXIX. A mademoiselle Le Couvreur. 67
XXX. A M. Pallu. 69
Notes et Variantes. 71
XXXI. Aux mânes de M. de Genonville (1729). 72
Note et Variante. 74
XXXII. A M. de Formont, en lui envoyant les OEuvres de Descartes et de Malebranche. 75
Notes. 76
XXXIII. A M. de Cideville (1731). ibid.
Notes et Variantes. 78
XXXIV. Connue sous le nom des Vous et des Tu. ibid.

Notes et Variantes.	80
XXXV. A M. LE COMTE DE TRESSAN.	82
XXXVI. A MADEMOISELLE DE LUBERT, qu'on appelait Muse et Grace (1732).	83
Note.	85
XXXVII. A UNE DAME, ou soi-disant telle (1732).	ibid.
Notes.	87
XXXVIII. A MADAME DE FONTAINE-MARTEL (1732).	89
Notes et Variantes.	91
XXXIX. A MADEMOISELLE GAUSSIN, qui a représenté le rôle de Zaïre avec beaucoup de succès (1732).	92
Notes et Variantes.	93
XL. A MADAME LA MARQUISE DU CHATELET, sur sa liaison avec Maupertuis.	94
XLI. A M. CLÉMENT DE DREUX.	95
XLII. A MADAME LA MARQUISE DU CHATELET. Sur la Calomnie.	96
Notes et Variantes.	103
XLIII. A MADEMOISELLE SALLÉ.	105
Notes et Variantes.	107
XLIV. A MADEMOISELLE DE GUISE, sur son mariage avec le duc de Richelieu.	108
Notes.	109
XLV. A M. ***.	110
Notes.	111
XLVI. A M. LE COMTE DE TRESSAN. (1734).	ibid.
XLVII. A URANIE (1734).	112
Notes.	113
XLVIII. A URANIE (1734).	114
XLIX. A MADAME DU CHATELET (1734).	115
Notes.	117
L. A M. LE COMTE ALGAROTTI (1735).	ibid.
Notes.	119
LI. A M. BERGER.	ibid.
Notes.	120
LII. A M. DE SAINT-LAMBERT (1736).	121
LIII. A MADEMOISELLE DE LUBERT.	122
Note.	123
LIV. A MADAME LA MARQUISE DU CHATELET.	ibid.
Notes et Variantes.	127
LV. AU PRINCE ROYAL, depuis roi de Prusse. De l'usage de la science dans les princes.	ibid.
Notes et Variante.	131

LVI. A mademoiselle de T.... de Rouen, qui avait écrit à l'auteur, conjointement avec M. de Cideville (1738). ibid.
Note. 132
LVII. Au Prince royal de Prusse (1738). 133
LVIII. Au même, au nom de madame la marquise du Châtelet, à qui il avait demandé ce qu'elle fesait à Cirey (1738). 135
Note. 137
LIX. A M. Helvétius (1738). ibid.
LX. Au roi de Prusse, Frédéric-le-Grand, en réponse à une lettre dont il honora l'auteur à son avénement à la couronne (1740). 138
Notes et Variantes. 140
LXI. A un ministre d'état. Sur l'encouragement des arts (1740). 142
Notes et Variantes. 145
LXII. Au roi de Prusse. 146
LXIII. Au même (1741). 148
Notes. 150
LXIV. Au même (1742). 151
Notes. 152
LXV. Réponse aux premiers vers du marquis de Ximenès, du 31 décembre 1742 (1743). ibid.
Note. 153
LXVI. Au roi de Prusse. Fragment. ibid.
LXVII. Au même (1744). 154
Notes et Variante. 157
LXVIII. A M. le président Hénault (1744). 159
Notes. 161
LXIX. Au roi de Prusse (1744). ibid.
LXX. Au Roi. Présentée à sa majesté, au camp devant Fribourg (1744). 164
LXXI. Au roi de Prusse. Fragment. 166
Note. 167
LXXII. Au même. ibid.
LXXIII. Au même, qui avait adressé des vers à l'auteur sur des rimes redoublées (1745). 168
LXXIV. Au duc de Richelieu (1745). 169
Note. 170
LXXV. A M. le comte Algarotti, qui était alors à la cour de Saxe, et que le roi de Pologne avait fait son conseiller de guerre (1747). 171
Notes et Variantes. 174
LXXVI. Au roi de Prusse (1747). ibid.
Notes et Variantes. 176
LXXVII. A S. A. S. Mme la duchesse du Maine, sur la victoire remportée par le roi à Lawfelt (1747). 177

Notes et Variantes. 181
LXXVIII. A M. LE DUC DE RICHELIEU. 182
LXXIX. A M. LE MARÉCHAL DE SAXE, en lui envoyant les OEuvres de M. le marquis de Rochemore, son ancien ami, mort depuis peu. (Ce dernier est supposé lui faire un envoi de l'autre monde.) 183
Note. 184
LXXX. A MADAME DENIS, nièce de l'auteur. La Vie de Paris et de Versailles (1748). 185
Notes et Variantes. 190
LXXXI. A M. LE PRÉSIDENT HÉNAULT (1748). 192
Variante. 195
LXXXII. A M. LE DUC DE RICHELIEU, à qui le sénat de Gênes avait érigé une statue (1748). 196
Notes. 198
LXXXIII. A M. DE SAINT-LAMBERT (1749). ibid.
LXXXIV. A M. DARGET (1750). 200
LXXXV. A M. DESMAHIS (1750). 201
LXXXVI. A M. LE CARDINAL QUIRINI (1751). 202
LXXXVII. A M. DARGET (1751). 204
LXXXVIII. AU ROI DE PRUSSE (1751). 205
LXXXIX. AU MÊME (1751). 206
XC. AU MÊME. 207
Notes. 209
XCI. L'AUTEUR arrivant dans sa terre près du lac de Genève (1755). 210
Notes et Variante. 214
XCII. A M. DESMAHIS (1756). 215
Note. 217
XCIII. A L'EMPEREUR FRANÇOIS 1er ET L'IMPÉRATRICE, REINE DE HONGRIE. Sur l'inauguration de l'université de Vienne (1756). 217
Notes. 218
XCIV. A M. LE DUC DE RICHELIEU, sur la conquête de Mahon (1756). ibid.
Note. 220
XCV. A M. L'ABBÉ DE LA PORTE (1759). 221
Note. 222
XCVI. A UNE JEUNE VEUVE. ibid.
XCVII. A M. LE PRÉSIDENT HÉNAULT, sur son ballet du *Temple des Chimères*, mis en musique par M. le duc de Nivernais, et représenté chez M. le maréchal de Belle-Isle, en 1760. 223
Note. 224
XCVIII. A DAPHNÉ, célèbre actrice (1761). ibid.
Notes et Variantes. 229
XCIX. A MADAME DENIS. Sur l'Agriculture (1761). 232
Notes et Variantes. 237

C. A madame Élie de Beaumont, en réponse à une épître en vers au sujet de mademoiselle Corneille. 238
CI. Au duc de La Vallière, grand-fauconnier de France (1761). 239
CII. A mademoiselle Clairon (1765). 240
Note. 243
CIII. A Henri IV, sur ce qu'on avait écrit à l'auteur que plusieurs citoyens de Paris s'étaient mis à genoux devant la statue équestre de ce prince pendant la maladie du dauphin (1766). 244
Notes et Variantes. 246
CIV. A M. le chevalier de Boufflers (1766). 247
CV. A M. François de Neufchateau (1766). 248
CVI. A M. de Chabanon, qui, dans une pièce de vers, exhortait l'auteur à quitter l'étude de la métaphysique pour la poésie (1766). 249
CVII. A madame de Saint-Julien, née comtesse de La Tour-du-Pin. 250
Note. 252
CVIII. A madame de Saint-Julien (1768). ibid.
Notes. 253
CIX. A mon Vaisseau (1768). 254
Notes. 256
CX. A Boileau, ou Mon Testament (1769). 257
Notes et Variantes. 263
CXI. A l'Auteur du livre des *Trois Imposteurs* (1769). 264
Notes et Variantes. 268
CXII. A M. de Saint-Lambert (1769). ibid.
Notes et Variantes. 272
CXIII. A M. de La Harpe (1769). ibid.
Notes. 275
CXIV. A M. Pigale (1770). ibid.
Note et Variantes. 276
CXV. Au roi de la Chine, sur son recueil de vers qu'il a fait imprimer (1771). 277
Notes et Variantes. 289
CXVI. Au roi de Danemark, Christian VII, sur la liberté de la presse accordée dans tous ses états (1771). 290
Notes et Variantes. 297
CXVII. A M. Dalembert (1771). 299
Notes et Variantes. 308
CXVIII. A l'impératrice de Russie, Catherine II (1771). ibid.
Note. 313
CXIX. Au roi de Suède, Gustave III (1771). ibid.
CXX. Benaldaki a Caramouftée, femme de Giafar le Barmécide (1771). 315
Note. 316

TABLE.

CXXI. A Horace (1772). 317
    Notes. 324
CXXII. Au roi de Suède, Gustave III (1772). 325
    Note. 326
CXXIII. A M. Marmontel (1773). . . . . ibid.
    Notes. 329
CXXIV. A M. Guys (1776). . . . . ibid.
    Note. 330
CXXV. A un Homme (1776). . . . . ibid.
    Notes. 332
CXXVI. A madame Necker (1776). . . . . ibid.
    Note. 333
CXXVII. A M. le marquis de Villette (1777). . . . 334
    Note et Variantes. 335
CXXVIII. A M. le marquis de Villette, sur son mariage. Traduction d'une épitre de Properce à Tibulle, qui se mariait avec Délie (1777). . . . . ibid.
    Note. 337
CXXIX. A M. le prince de Ligne, sur le faux bruit de la mort de l'auteur, annoncée dans la gazette de Bruxelles, au mois de février 1778. . . . . ibid.
CXXX. A M. le marquis de Villette. Les Adieux du vieillard (1778). 338
    Note. 339

TRADUCTIONS ET IMITATIONS.

Avis du nouvel Éditeur. 342
ANONYMES. Vers sur la disgrace de Giafar le Barmécide, imités d'un poëte arabe. 343
    Églogue allemande. . . . . ibid.
    Vers imités d'un auteur anglais. 345
    Épigrammes imitées de l'Anthologie grecque. — I. Sur les sacrifices à Hercule. . . . . ibid.
    II. Sur Laïs, qui remit son miroir dans le temple de Vénus. 346
    III. Sur une statue de Vénus. . . . . ibid.
    IV. Sur une statue de Niobé. . . . . ibid.
    V. Sur des fleurs. A une fille grecque qui passait pour être fière. ibid.
    VI. Sur Léandre, qui nageait vers la tour d'Héro pendant une tempête (imitée depuis par Martial). 347
    VII. . . . . ibid.
ADDISON. . . . . ibid.

Poésies. II.

ARIOSTE.	348
Sur Auguste.	350
AUSONE.	352
BUTLER.	353
CERTAIN.	357
CICÉRON.	ibid.
CLAUDIEN.	358
DANTE.	ibid.
DRYDEN.	361
GARTH.	362
GUARINI.	363
HARVEY.	364
HÉSIODE.	365
HOMÈRE. Fragment du IXe chant de *l'Iliade*.	367
Commencement du XVIe livre de *l'Iliade*. — Traduction littérale.	368
Traduction libre.	375
Fragment du XXIVe livre de *l'Iliade*.	382
HORACE.	384
LUCAIN.	386
LUCRÈCE.	ibid.
MACHIAVEL.	389
MANDEVILLE. — Les Abeilles, fable.	390
MARVEL. — Cromwell, envoyant son portrait à Christine, reine de Suède.	391
MIDLETON.	ibid.
MILTON.	392
MORDAUNT.	393
ORPHÉE.	ibid.
OVIDE.	394
PERSE.	395
PÉTRARQUE.	396
PÉTRONE.	397
PINDARE.	ibid.
POLIGNAC.	ibid.
POPE.	398
PRIOR.	399
PRUDENCE. Sur l'empereur Julien.	400
ROCHESTER.	ibid.
RUTILIUS.	401
SADDI.	402
SANTEUL.	ibid.
SÉNÈQUE.	ibid.

SHAKESPEARE.	403
Épitaphe de J. Dacombe.	404
THÉOCRITE.	ibid.
TRITHÈME.	405
VÉGA (LOPE DE).	406
VIRGILE.	407
WALLER. Éloge de Cromwell.	409
XÉNOPHANE.	ibid.

FIN DE LA TABLE.

www.ingramcontent.com/pod-product-compliance
Lightning Source LLC
Chambersburg PA
CBHW051832230426
43671CB00008B/933